21世纪高职高专规划教材·汽车运用与维修系列

汽车发动机电控技术（第二版）

主　编　杨洪庆
副主编　刘映凯　孔祥宇

中国人民大学出版社
·北京·

21世纪高职高专规划教材·汽车运用与维修系列

编委会

出版说明

进入21世纪以来，随着我国汽车工业的迅猛发展和人民生活水平的不断提高，随着公路运输设施和城市基础设施建设投资的迅速增加，以及政府鼓励汽车消费政策的逐步实施，我国汽车保有量迅速增长。目前，我国汽车数量每年以两位数的增长率递增，据此，预计仅汽车维修业近两年就将新增80万从业人员，其中大部分从业人员需要接受职业教育与培训。中国人民大学出版社经过充分的市场调研，策划出版了这套高职高专汽车运用与维修专业的系列教材。

本套教材紧密贴近我国高职教学改革的实际，力求体现以下几个特点。

1. 以企业需求为基本依据，以就业为导向

教材的编写以就业为导向，以能力为本位，能够满足企业的工作需求，提高学生学习的主动性和积极性。我们对每本书的主编精心遴选，除了要求主编必须是高职院校的骨干教师外，还要求他们有在一线汽车相关企业的工作经验或实验实训经历，确保教材的内容既能紧密贴合教学大纲，又能准确把握市场需求、加强实践操作环节内容。

2. 适应汽车企业技术发展，体现教学内容的先进性和前瞻性

本套教材关注我国汽车制造和维修企业的最新技术发展，通过校企合作编写的形式，及时调整教材内容，突出本专业领域的新知识、新技术、新工艺和新方法，克服旧教材存在的内容陈旧、更新缓慢、片面强调学科体系完整、不能适应企业发展需要的弊端。每本教材结合专业要求，使学生在学习专业基本知识和基本技能的基础上，及时了解、掌握本领域的最新技术发展及相关技能，实现专业教学基础性与先进性的统一。

3. 教材内容按模块化形式编写

教材力求摆脱学科课程旧思想的束缚，从岗位需求出发，尽早让学生接触实践操作内容。根据具体的专业情况，有的是每本书一个模块，有的是每本书分为多个模块，每部分内容都以工作岗位所需要的技能展开。

4. 跨区域开发、整合多方优势

由于我国幅员辽阔，各地区经济发展都具有不同的地域特点，而作为与经济建设密切相关的职业教育也必然存在区域间的差异。为了打造出一套适用性强、博采众长的教材，我们在教材的策划阶段，即与不同区域的众多开设汽车相关专业的高职院校取得了联系，并进行了深入调研，经过反复研讨后确定了具体的编写大纲。教材在编写过程中得到了辽宁交通高等专科学校、承德石油高等专科学校、长春汽车工业高等专科学校、内蒙古交通职业技术学院、河南交通职业技术学院、河北交通职业技术学院、广东轻工职业技术学院等二十多家职业院校的参与与大力支持。

5. 教材配备完善的立体化教学资源

本系列教材在研发的同时，希望能够在相关课件的开发制作方面做出自己的特色，从而提升教材的核心竞争力。通过对市场的前期调研，我们对目前已经出版的相关教材配套

课件情况进行了分析，针对目前同类产品存在的不足，制定了专业基础课教材课件完整、专业主干课教材演示视频丰富、全系列教材教学资源整合形成网上资源平台的策划思路，力求使本套教材成为真正的立体化教材。

本套教材在编写过程中，除了得到多所高职院校的帮助外，《汽车维修技师》、辽宁交通高等专科学校汽车研究所、辽宁鑫迪汽车销售服务有限公司、大连新盛荣汽车销售服务有限公司、辽宁宝时汽车销售服务有限公司、安徽宝德汽车维修有限公司等在技术和资料方面给予了很多支持，在此表示衷心的感谢。

希望本套教材的出版能够为高职高专院校汽车运用与维修专业的教学工作起到积极的促进作用，也欢迎本套教材的使用者针对教材中存在的不足提出宝贵的建议。

中国人民大学出版社

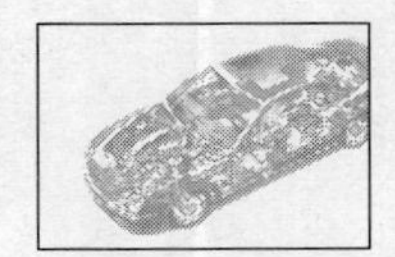

第二版修订说明

Preface

随着汽车电子技术的日趋发展和完善，汽车发动机电控技术已达到相当高的水平，这使得汽车维修行业及从事维修行业人员面临一次新的技术挑战。为此，传统的维修理念和维修方法已无法适应现代电子化汽车的维修，这就要求汽车维修人员必须掌握新型汽车技术及其维修技术和方法。

本书充分考虑了目前国内高职高专教育的特点，力求从生产一线对该专业人才知识、能力的需要出发，既适用国内中、高职汽车专业学生，也适用已从事维修工作的人员。在编写过程中，本着理论知识够用的原则，重点对发动机电控系统主要元件的结构和工作原理、常见故障诊断方法、检修方法进行了详细介绍。内容丰富，条理清晰，易于理解和掌握。

本书在第二版中做了一些修订：第六章中的柴油机电路识图内容已经删掉，这样降低了全书的篇幅；各章的工作单做了修改，修改后的作业单更能使学生清晰掌握所学核心内容；将第一版中附录Ⅱ删掉，而增加了工作单成绩汇总表，这样能让老师对学生学习情况有一个更清晰的了解，也便于总结。

全书共分七单元：发动机电控技术概述、汽油机电控燃油喷射系统、汽油喷射控制过程、汽油机电控点火系统、汽油机辅助控制系统、柴油机电控燃油喷射系统、汽油机常见故障诊断分析。全书由辽宁交通高等专科学校杨洪庆教授主编，抚顺职业技术学院刘映凯、湖南大学汽车专业硕士孔祥宇任副主编，参编人员有辽宁省交通高等专科学校李晗、沈沉、明光星、惠有利、王丽梅、张凤云、项仁峰、李培军、张义、李园、马成、李政、孔繁瑞等。

本书编写过程中，参考了有关文献资料，谨向这些作者表示诚挚的谢意。

由于时间仓促和水平所限，书中不当甚至错误在所难免，恳请读者批评指正。

编者　于沈阳

2012 年 4 月

目录

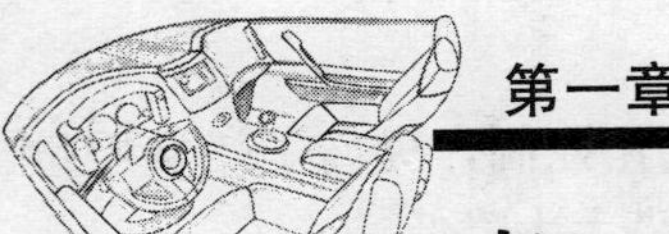

第一章

概　　述

引言

自全球第一辆汽车问世以来，随着汽车技术和电子技术的发展，汽车电子技术也得到了迅速发展，它已成为一个国家汽车工业发展水平的标志。

学习任务一　汽车电子技术的发展

学习目标：了解电控技术对发动机工作性能的影响。

学习方法：本任务为理论基础学习，教师可以通过 PPT 等多媒体手段来完成。

一、汽车电子技术的发展阶段

从 20 世纪 60 年代至今，汽车电子技术的发展可分为三个阶段。第一阶段：从 20 世纪 60 年代中期到 20 世纪 70 年代中期，主要以硅二极管整流的交流发电机和电子调节器的应用为代表；第二阶段：从 20 世纪 70 年代末期到 20 世纪 90 年代中期，主要以电控汽油喷射系统、防抱死制动系统和电控点火系统的应用为代表；第三阶段：20 世纪 90 年代中期以后，电子技术在汽车上的应用越来越普遍，有电控车身高度和悬架刚度系统、定速巡航电控系统、电控空调系统、电控安全气囊系统、电控门窗系统等很多方面。因此，现代汽车电控技术的发展具备交通安全、环境保护和节能三大特点。

二、电控技术对发动机性能的影响

1. 提高了发动机动力性

在电控发动机上，电控燃油喷射系统的应用减小了进气阻力，提高了充气效率，从而使进入气缸的空气得到了充分的利用，提高了发动机的动力性。

2. 提高了发动机经济性

在各种运行工况和运行环境下，电控系统均能精确控制发动机工作所需的混合气浓度，使燃烧更完全、燃油利用更充分，从而提高发动机的燃油经济性。

3. 降低了排放污染

电控系统通过对发动机在各种运行工况和运行环境下的优化控制，提高了燃烧质量。同时各种排放控制系统在汽车上的应用，都使发动机的排放污染大大降低。

4. 改善了发动机的加速和减速性能

在加速或减速运行的过渡工况下，电子控制单元的高速处理功能，使控制系统能够迅速响应，使汽车加速或减速反应更灵敏。

5. 改善了发动机的启动性能

在发动机启动和暖机过程中，控制系统能根据发动机的温度变化，对进气量和供油量进行精确控制，从而保证发动机顺利启动和平稳地经过暖机过程，可明显改善发动机的低温启动性能和热机运转性能。

此外，电控系统对发动机各种运行工况的优化控制和电控系统的不断完善，使发动机的故障率大大降低。自我诊断与报警系统的应用，提高了故障诊断的速度和准确性，缩短了汽车因发动机故障而停驶的时间，具有良好的社会效益和经济效益。

学习任务二　发动机电控系统的控制内容与方式

学习目标：了解发动机电控系统的控制内容和方式。

学习方法：本任务为理论基础学习，教师可以通过 PPT 等多媒体手段来完成。

一、发动机电控系统的控制内容

1. 电控燃油喷射系统（EFI）

电控燃油喷射系统的功能是电子控制单元（ECU）根据进气量确定基本的喷油量，再根据其他传感器（如冷却液温度传感器、节气门位置传感器等）信号对喷油量进行修正，使发动机在各种运行工况下均能获得最佳浓度的混合气，从而提高发动机的动力性、经济性和排放性。除喷油量控制外，电控燃油喷射系统的功能还包括喷油正时控制、断油控制和燃油泵控制。

2. 电控点火装置（ESA）

电控点火装置的功能是点火提前角控制。该系统根据各相关传感器信号，判断发动机的运行工况和运行条件，选择最理想的点火提前角点燃混合气，从而改善发动机的燃烧过程，以实现提高发动机动力性、经济性和降低排放污染的目的。此外，电控点火装置还具有通电时间控制和爆震控制的功能。

3. 怠速控制系统

怠速控制（ISC）系统是发动机辅助控制系统，其功能是在发动机怠速工况下，根据发动机冷却液温度、空调压缩机是否工作、变速器是否挂入挡位等，通过怠速控制阀对发动机的进气量进行控制，使发动机随时以最佳怠速转速运转。

4. 排放控制系统

排放控制系统的功能主要是对发动机排放控制装置的工作实行电子控制。排放控制的项目主要包括：废气再循环（EGR）控制、活性炭罐电磁阀控制、氧传感器和空燃比闭环控制、二次空气喷射控制等。

5. 进气控制系统

进气控制系统的功能是根据发动机转速和负荷的变化，对发动机的进气进行控制，以提高发动机的充气效率，从而改善发动机的动力性。

6. 增压控制系统

增压控制系统的功能是对发动机进气增压装置的工作进行控制。在装有废气涡轮增压装置的汽车上，ECU 根据检测到的进气管压力，对增压装置进行控制，从而控制增压装置对进气增压的强度。

7. 巡航控制系统

驾驶员设定巡航控制模式后，ECU 根据汽车运行工况和运行环境信息，自动控制发动机工作，使汽车自动维持一定车速行驶。

8. 警告提示

由 ECU 控制各种指示和报警装置，一旦控制系统出现故障，该系统能及时发出信号以警告提示，如氧传感器失效、油箱油温过高等。

9. 自诊断与报警系统

在发动机控制系统中，电子控制单元（ECU）都具有自诊断系统，对控制系统各部分的工作情况进行监测。当 ECU 检测到来自传感器或输送给执行元件的故障信号时，立即点亮仪表盘上的“CHECK ENGINE”灯（俗称故障指示灯），以提示驾驶员发动机有故障；同时，系统将故障信息以设定的数码（故障码）形式储存在存储器中，以便帮助维修人员确定故障类型和范围。对车辆进行维修时，维修人员可通过特定的操作程序（有些需借助专用设备）调取故障码。故障排除后，必须通过特定的操作程序清除故障码，以免与新的故障信息混杂，给故障诊断带来困难。

10. 失效保护系统

失效保护系统的功能主要是当传感器或传感器线路发生故障时，控制系统自动按电脑中预先设定的参考信号值工作，使发动机能继续运转。如：冷却液温度传感器电路有故障时，可能会向 ECU 输入低于－50℃或高于 139℃的冷却液温度信号，失效保护系统将自动按设定的标准冷却液温度信号（80℃）控制发动机工作，否则会引起混合气过浓或过稀，导致发动机不能工作。

此外，当对发动机工作影响较大的传感器或电路发生故障时，失效保护系统则会自动停止发动机工作。如：ECU 收不到点火控制器返回的点火确认信号时，失效保护系统则立即停止燃油喷射，以防大量燃油进入气缸而不能点火工作。

11. 应急备用系统

应急备用系统的功能是当控制系统电脑发生故障时，自动启用备用系统（备用集成电路），按设定的信号控制发动机转入强制运转状态，以防车辆停驶在路途中。应急备用系统只能维持发动机运转的基本功能，但不能保证发动机性能。

除上述控制系统外，应用在发动机上的电控系统还有冷却风扇控制系统、配气正时控制系统、发电机控制系统等。应当说明的是，上述各控制系统在不同的汽车发动机上，只是或多或少地被采用。此外，随着汽车技术和电子技术的发展，发动机控制系统的功能必将日益增加。

二、电控系统的控制方式

1. 开环控制

在控制系统中，如果输出端与输入端之间不存在反馈回路，输出量对系统的控制作用没有影响，该系统称为开环控制系统。发动机电控系统的开环控制是指 ECU 只根据各传感器信号对执行元件进行控制，而控制的结果是否达到预期目标，对其控制过程没有影响。开环控制方式比较简单，但系统出现扰动时，控制精度会降低。

2. 闭环控制

在控制系统中，如果输出端与输入端之间存在反馈回路，输出量对系统的控制作用有直接影响的系统，称为闭环控制系统。发动机电控系统的闭环控制系统除具有开环控制系统的功能外，还对其控制结果进行检测，并将检测结果（即反馈信号）输入 ECU，ECU 则根据反馈信号对其控制误差进行修正，所以闭环控制系统的控制精度比开环控制系统高。

在发动机电控系统中，空燃比反馈控制、爆震控制、废气再循环控制及点火提前角反馈控制等都采用了闭环控制。

学习任务三　发动机电控系统的功能与组成

学习目标： 掌握发动机电控系统的功能与组成。

学习方法： 本任务为理论基础学习，教师可以通过 PPT 等多媒体手段来完成。

一、电控系统的基本组成

发动机电控系统主要由传感器、电控单元和执行器三大部分组成，如图 1—1 所示。

图 1—1　电控系统的基本组成

1. 传感器

传感器是电控系统中的信号输入装置，其功用是采集控制系统所需的信息，并将其转换成电信号，通过线路输送给 ECU。

2. 电控单元

电控单元的全称为 Electronic Control Unit，简称 ECU，是一种综合电子控制装置，其功用是储存该车型的特征参数和运算中所需的有关数据信息；给各传感器提供参考（基准）电压，接收传感器或其他装置输入的电信号，并对所接收的信号进行存储、计算和分析处理，根据计算和分析的结果向执行元件发出指令，或根据指令输出自身已储存的信息；有自我修正功能等。

3. 执行器

执行器是电控系统中的执行机构，其功能是接受电控单元的指令，完成具体的控制动作。

二、常见传感器

发动机电控系统中常见的传感器及其类型和主要功能如表 1—1 所示。

表 1—1 **常见传感器**

序号	类型	英文缩写	主要功能
1	空气流量计	MAFS	在 L 型电控燃油喷射系统中，由空气流量计测量发动机的进气量，并将信号输入 ECU，作为燃油喷射和点火控制的主控制信号
2	进气管绝对压力传感器	MAPS	在 D 型电控燃油喷射系统中，由进气管绝对压力传感器测量进气管内气体的绝对压力，并将该信号输入 ECU，作为燃油喷射和点火控制的主控制信号
3	节气门位置传感器	TPS	检测节气门的开度及开度变化，如全关（怠速）、全开及节气门开闭的速率（单位时间内开闭的角度）信号，此信号输入 ECU，用于燃油喷射控制及其他辅助控制
4	凸轮轴位置传感器	CPS	给 ECU 提供曲轴转角基准位置信号（G 信号），作为喷油正时控制和点火正时控制的主控制信号
5	曲轴位置传感器（转速传感器）	CPS	用来检测曲轴转角位移，给 ECU 提供发动机转速信号和曲轴转角信号，作为喷油正时控制和点火工时控制的主控制信号
6	进气温度传感器	IATS	给 ECU 提供进气温度信号，作为燃油喷射控制和点火控制的修正信号
7	冷却液温度传感器	ECTS	给 ECU 提供发动机冷却液温度信号，作为燃油喷射控制和点火控制的修正信号。冷却液温度传感器信号也是其他控制系统（如怠速控制和废气再循环控制等）的控制信号
8	车速传感器	VSS	检测汽车的行驶速度，给 ECU 提供车速信号（SPI 信号），用于巡航控制和限速断油控制，也是自动变速器的主控制信号
9	氧传感器	O_2S	检测排气中的氧含量，向 ECU 输送空燃比的反馈信号，进行喷油量的闭环控制
10	爆震传感器	KS	检测汽油机是否爆震及爆震强度，将此信号输入 ECU，作为点火正时控制的修正（反馈）信号
11	启动开关	STA	给 ECU 提供一个启动信号，作为燃油喷射控制和点火控制的修正信号
12	空调开关	A/C	当空调开关打开，向 ECU 输入信号，作为燃油喷射控制和点火控制的修正信号

续前表

序号	类型	英文缩写	主要功能
13	挡位开关	P/N	由 P/N 挡位挂入其他挡位时，挡位开关向 ECU 输入信号，作为燃油喷射控制和点火控制的修正信号。当挂入 P 或 N 挡位时，空挡位置开关向 ECU 提供 P/N 挡位信号，防止发动机启动
14	制动灯开关		在制动时，由制动灯开关向 ECU 提供制动信号，作为燃油喷射控制和点火控制的修正信号
15	动力转向开关		当方向盘由中间位置向左右转动时，动力转向开关向 ECU 输入信号，作为燃油喷射控制和点火控制的修正信号
16	蓄电池电压信号	U_{BAT}	向 ECU 提供电压信号，作为燃油喷射控制的修正信号

三、常见执行器

发动机电控系统的常见执行器及其类型和主要功能如表 1—2 所示。

表 1—2　常见执行器

序号	类型	英文缩写	主要功能
1	喷油器	INJ	根据 ECU 的喷油脉冲信号，精确计量燃油喷射量
2	点火器	ICM	根据 ECU 脉冲信号，控制点火
3	怠速控制阀	ISCV	控制发动机的怠速转速
4	巡航控制电磁阀	CCSV	根据 ECU 控制巡航系统
5	节气门控制电动机	TC	根据 ECU 控制节气门的开度
6	废气再循环阀	EGRV	根据 ECU 控制废气再循环量
7	进气控制阀	IACV	根据 ECU 控制进气系统工作
8	二次空气喷射阀	SAIV	根据 ECU 脉冲信号控制二次空气喷射量
9	活性炭罐电磁阀	ACCV	根据电控单元的控制指令信号，回收发动机内部的燃油蒸汽，以减少污染
10	燃油泵	FP	供给燃油喷射系统规定压力的燃油
11	真空电磁阀	VSV	根据 ECU 控制真空管路通断
12	空调控制真空电磁阀	ACV	根据 ECU 控制空调工作

知识与能力拓展

电控汽油喷射发动机，全部工况都在 ECU 的监控下运行，为防止由于使用方法不当，维修不正确而造成损坏，使用人员必须熟读汽车使用说明书、掌握电控汽油喷射和电控点火的基础知识，此外还应注意以下几点：

（1）应掌握仪表盘上各开关、显示灯、仪表等的作用和功能，并尽量弄清仪表盘上各英文缩写的含义，熟练掌握操作要领，避免误操作。

（2）应经常检查各线束连接器是否有油污、潮湿、松动等情况，特别要避免电子元件的受潮、油污和剧烈振动。

（3）蓄电池的极性不能接反，避免用外接电源启动发动机；在使用过程中不要随意断开蓄电池负极，以免丢失已存的故障信息。

(4) 打开点火开关后，“故障指示灯”点亮或均匀闪烁几秒钟后熄灭或发动机启动后熄灭为正常现象，在其他情况下“故障指示灯”点亮说明电控系统出现故障，应及时诊断维修。

(5) 对汽车加装额外大功率电器设备时要谨慎，如必须加装时，一定要考虑电波干扰问题。

(6) 在点火开关接通时，不允许拆开任何 12V 电器装置（如：蓄电池、怠速控制阀、喷油器、点火装置等）的连接线路，以防止电器装置中的线圈因自感作用产生的瞬时电压损坏 ECU 或传感器。

(7) 在维修中，需拆开线束连接器时，应注意各车型线束连接器的锁扣型式，不可盲目用力硬拉。安装时应注意将连接器插接到位，并将锁扣锁住。

(8) 在对燃油系统进行拆卸作业前，应拆开蓄电池负极电缆线，再释放燃油系统残余压力。

(9) 对电控系统电路或元件进行检查时，要正确使用工具、仪器等，万用表必须使用高阻抗数字型表。

学习测试

测试 1：汽车电子技术的发展分为哪几个阶段？

测试 2：电控技术对发动机工作性能有何影响？

测试 3：发动机电控系统控制内容有哪些？

测试 4：发动机电控系统控制方式有哪些？

测试 5：分析电控系统的基本组成及功用？

测试 6：电控系统常见传感器及执行器有哪些？各有何作用？

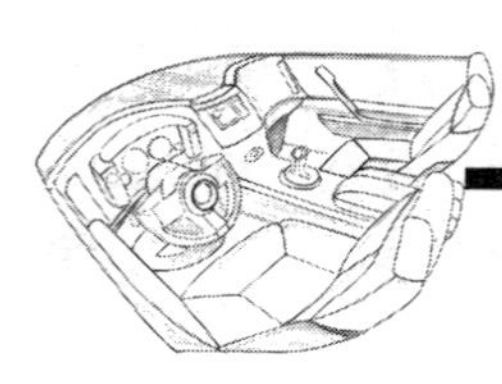

第二章

汽油机电控燃油喷射系统

引言

20世纪60年代后期，随着电子技术的飞速发展，电子技术在汽车上的应用成为各国汽车工业的重要发展方向。电控燃油喷射系统的英文全称为“Electronic Fuel Injection”，简称EFI系统。目前，国内外汽车普遍采用电控燃油喷射系统。电控燃油喷射系统能根据汽车运行工况的变化，精确控制供给气缸的混合气浓度，实现最佳空燃比控制及最佳点火提前角控制，提高发动机的动力性、燃料经济性和降低排放污染。

学习任务一 电控燃油喷射系统组成及分类

学习目标：掌握电控燃油喷射系统的组成及分类。

学习方法：本任务为理论基础学习，教师可以通过PPT等多媒体手段来完成。

一、发动机电控燃油喷射系统的组成

汽车发动机电控燃油喷射系统由空气供给系统、燃油供给系统和电子控制系统三部分组成。

1. 空气供给系统

空气供给系统为发动机提供清洁的空气并控制发动机正常工作时的进气量。

2. 燃油供给系统

燃油供给系统是供给喷油器一定压力燃油的装置，喷油器则根据电脑指令喷油。

3. 电子控制系统

ECU根据空气流量信号和发动机转速信号确定基本的喷油时间（喷油量），再根据其他传感器（如冷却液温度传感器、节气门位置传感器等）对喷油时间进行修正，并按最后确定的总喷油时间向喷油器发出指令，使喷油器喷油（通电）或断油（断电）。

D型燃油喷射系统及主要组成元件如图2—1所示。L型燃油喷射系统及主要组成元件如图2—2所示。

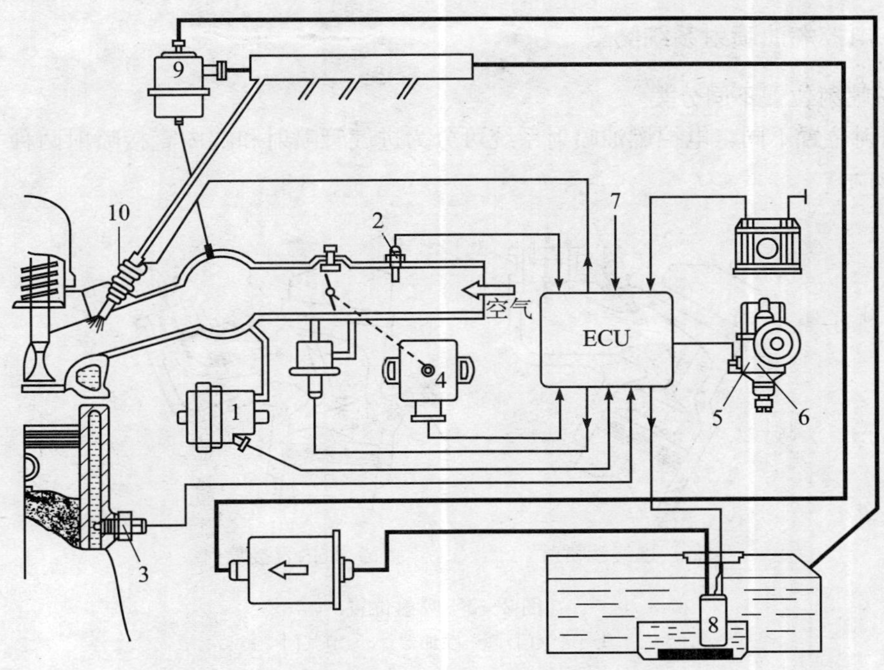

图 2—1　D 型燃油喷射系统

1—进气压力传感器；2—进气温度传感器；3—冷却液温度传感器；4—节气门位置传感器；5—凸轮轴位置传感器；6—转速传感器；7—氧传感器信号；8—电动燃油泵；9—燃油压力调节器；10—喷油器

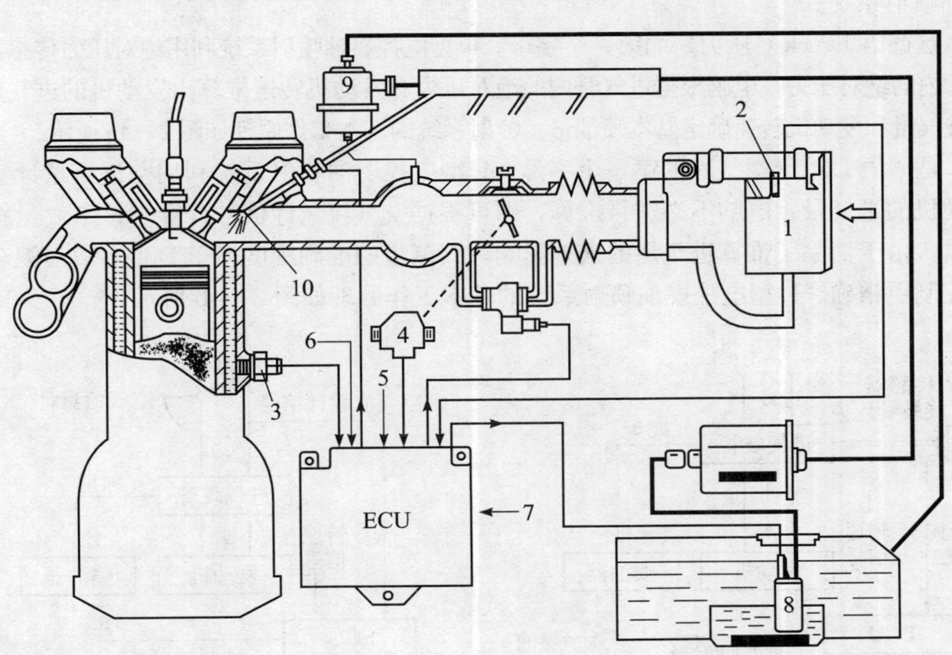

图 2—2　L 型燃油喷射系统

1—空气流量计；2—进气温度传感器；3—冷却液温度传感器；4—节气门位置传感器；5—凸轮轴位置传感器信号；6—转速传感器信号；7—氧传感器信号；8—电动燃油泵；9—燃油压力调节器；10—喷油器

二、电控燃油喷射系统类型

1. 按喷射位置不同分类

按喷射位置不同，电控燃油喷射系统可分为进气管喷射和缸内直接喷射两种类型，如图 2—3 所示。

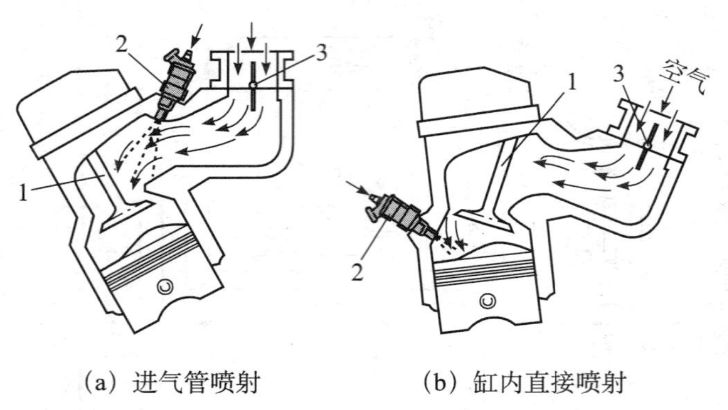

图 2—3 喷射位置

1—进气门；2—喷油器；3—节气门

2. 按测量空气量方式不同分类

按测量空气量方式不同，电控燃油喷射系统可分为 D 型电控燃油喷射系统和 L 型电控燃油喷射系统。

D 是德语 Druck（压力）的第一个字母。D 型电控燃油喷射系统利用绝对压力传感器检测进气管内的绝对压力，电脑根据进气管内的绝对压力和发动机转速推算出发动机的进气量，再根据进气量和发动机转速确定基本喷油量。喷射系统的基本工作原理如图 2—4a 所示。

L 是德语 Luft（空气）的第一个字母。L 型电控燃油喷射系统利用空气流量计直接测量发动机的进气量，电脑不必进行推算，即可根据空气流量计信号计算与该空气量相应的喷油量。由于消除了推算进气量的误差影响，其测量的准确程度高于 D 型，故对混合气浓度的控制更精确。L 型电控燃油喷射系统的基本工作原理如图 2—4b 所示。

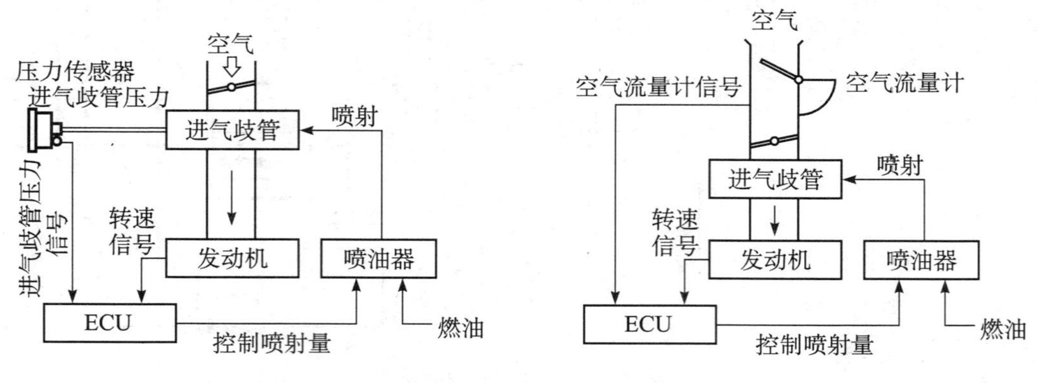

图 2—4 两种测量空气量方式

3. 按喷油器数量不同分类

按喷油器数量的不同，电控燃油喷射系统可分为单点喷射（SPI）系统和多点喷射（MPI）系统，如图 2—5 所示。

（1）多点喷射系统。多点喷射系统是在每缸进气门处装有 1 只喷油器，由电子控制单元（ECU）控制喷油，因此多点喷射又称为多气门喷射。多点喷射系统的燃油分配均匀性好，进气管可按最大进气量来设计，而且无论发动机处于冷态或热态，其过渡的响应及燃油经济性都是最佳的；但多点电控燃油喷射系统的控制系统比较复杂，成本较高，主要应用于对汽车性能要求较高的中、高级轿车上。

（2）单点喷射系统。单点喷射系统是在节气门上方装一个中央喷射装置，用 1～2 只喷油器集中喷射。

汽油喷入进气流中，形成的可燃混合气由进气歧管分配到各气缸中。单点喷射又称为节气门体燃油喷射（TBI）或中央燃油喷射（CFI）。

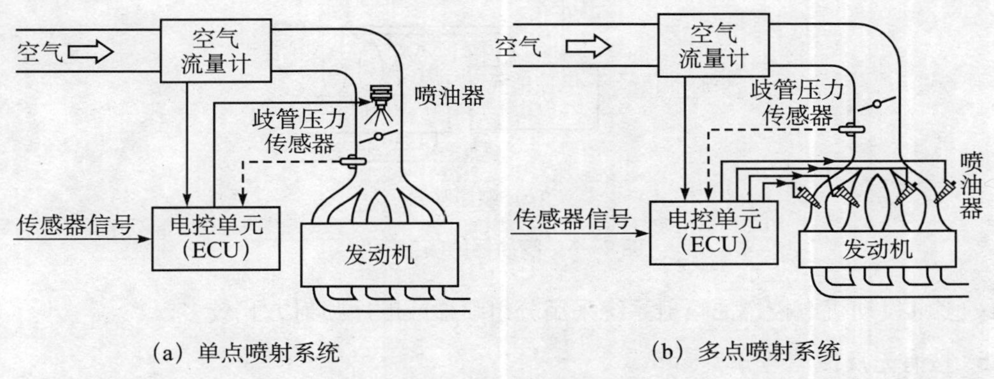

（a）单点喷射系统　　（b）多点喷射系统

图 2—5　喷油器数量

4. 按喷射顺序不同分类

按各缸喷油器的喷射顺序不同，电控燃油喷射系统可分为同时喷射、分组喷射和顺序喷射，如图 2—6 所示。

（1）同时喷射。

如图 2—6a 所示，同时喷射是将各缸的喷油器并联，在发动机运转期间，所有喷油器由电脑的同一个喷油指令控制，同时喷油、同时断油。采用此种喷射方式，对各缸而言，喷油时刻不可能都是最佳的，其性能较差，一般用在部分缸数较少的汽油发动机上，如韩国大宇轿车上使用的四缸发动机电控多点燃油喷射系统等。

采用同时喷射方式的电控燃油喷射系统，一般都是曲轴每转一圈，各缸同时喷油一次，对每个气缸来说，每一次燃烧所需的供油量需要喷射两次，即曲轴每转一圈喷射 1/2 的油量。

（2）分组喷射。

如图 2—6b 所示，分组喷射是指将各缸的喷油器分成几组，它是同时喷射的变形方案，电脑向某组的喷油器发出喷油或断油指令时，同一组的喷油器同时喷油或断油。

（3）顺序喷射。

如图 2—6c 所示，顺序喷射是指各喷油器由电脑分别控制，按发动机各缸的工作顺序

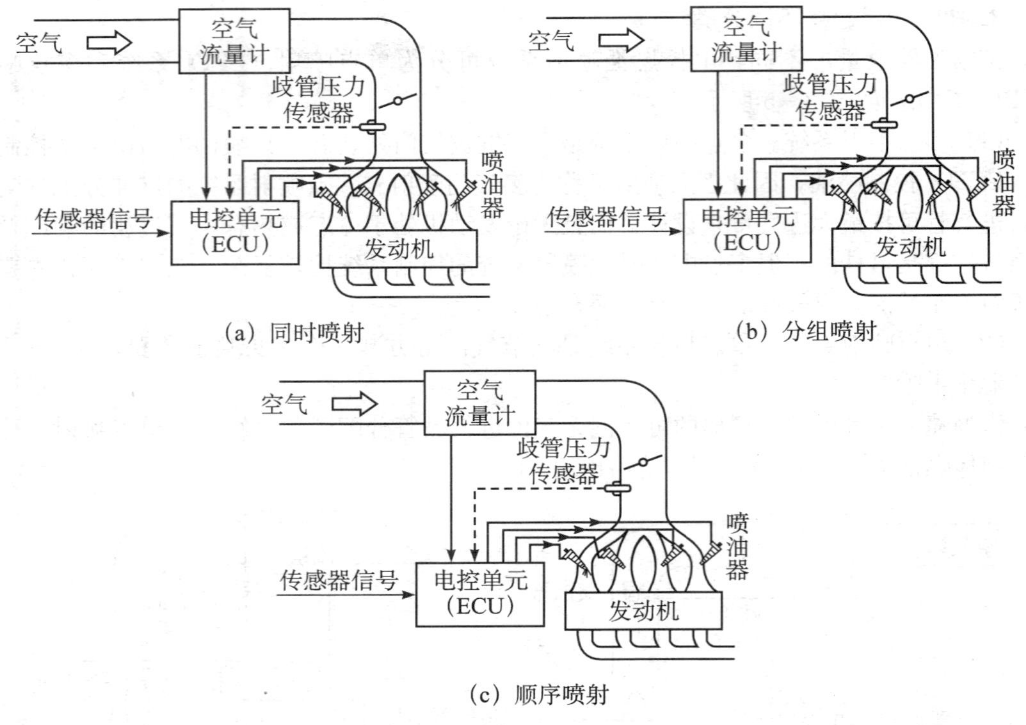

(a) 同时喷射

(b) 分组喷射

(c) 顺序喷射

图 2—6 喷油器的喷射顺序

喷油；多缸发动机电控燃油喷射系统采用分组喷射或顺序喷射方式较多。

5. 按有无反馈信号分类

电控燃油喷射系统按有无反馈信号，可分为开环控制系统和闭环控制系统。

(1) 开环控制系统（无氧传感器）。

开环控制系统是将通过实验确定的发动机各工况的最佳供油参数预先存入电脑，在发动机工作时，电脑根据系统中各传感器的输入信号，判断自身所处的运行工况，并计算出最佳喷油量，通过对喷油器喷射时间的控制，来控制混合气的浓度，使发动机优化运行。

(2) 闭环控制系统（有氧传感器）。

在闭环控制系统中，发动机排气管上加装了氧传感器，根据排气中含氧量的变化，判断实际进入气缸的混合气空燃比，再通过电脑与设定的目标空燃比进行比较，并根据误差修正喷油器喷油量，使空燃比保持在设定的目标值附近。目前发动机电控燃油喷射系统普遍采用开环和闭环相结合的控制方案。

学习任务二 空气流量计结构和原理

学习目标：掌握空气流量计的作用、类型、结构及工作原理。

学习方法：本任务为理论基础学习，教师可以通过 PPT 等多媒体手段来完成。

一、空气流量计的作用和类型

空气流量计的英文是 Mass Air Flow，简称 MAF，其作用是测量发动机的进气量，并将进气量转换成电信号输送给 ECU。按结构原理不同，空气流量计可分为叶片式、热线式、热膜式和卡门旋涡式四种类型。空气流量计一般安装在空气滤清器和节气门体之间。

二、叶片式空气流量计

叶片式空气流量计又称为翼片式空气流量计，主要由检测部件、电位计、调整部件、接线插座和进气温度传感器等组成，如图 2—7 所示。测量叶片 7 和缓冲叶片 4 制成一体，称为检测部件，安装在空气流量计壳体内的转轴上，转轴的一端装有回位弹簧 9，电位计 1 安装在空气流量计壳体的上方，电位计的滑动触点与叶片为同轴结构。日本丰田凌志 ES300、佳美（CAMRY）、马自达（MAZDA）、子弹头（PREVIA）等很多轿车仍采用叶片式空气流量计。

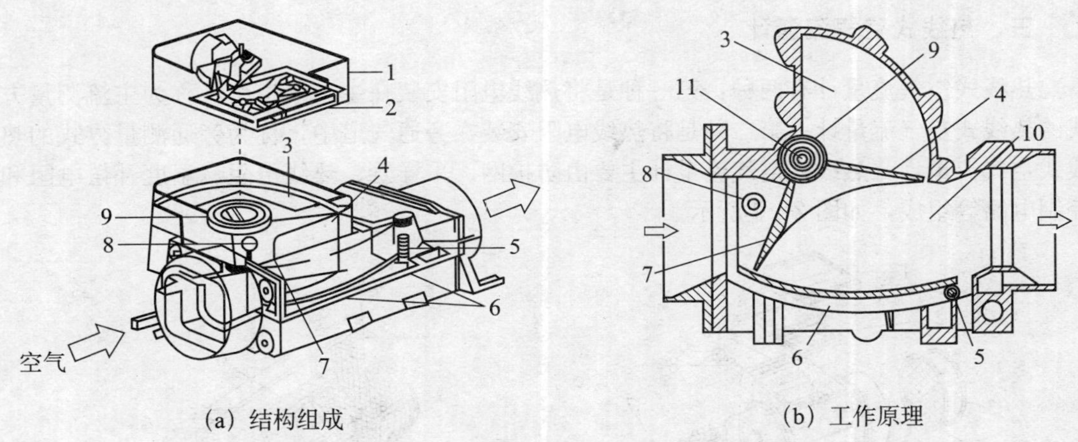

(a) 结构组成　　(b) 工作原理

图 2—7 叶片式空气流量计

1—电位计；2—线束插接器；3—缓冲室；4—缓冲叶片；5—调整螺钉；6—旁通空气道；7—测量叶片；8—进气温度传感器；9—回位弹簧；10—主空气通道；11—电位计转轴

(1) 叶片。在空气流的作用下而转动，通过转动角度的大小来测量进入的空气量。

(2) 转轴及回位弹簧。使叶片复位并平衡空气对测量叶片的推力。

(3) 电位计。由滑动触点和镀膜电阻组成，在测量叶片的作用下，产生电压信号，并输送给 ECU。

(4) 调整螺钉。可调节主空气道与旁通空气道的大小，以调节发动机工作时的混合气浓度。

(5) 接线插座。一般为七端子插座，端子代号标示在插座护套的相应位置上。

(6) 缓冲叶片。利用缓冲室内的空气对缓冲叶片的阻尼作用，可减小发动机进气量急剧变化时引起的测量叶片脉动，以提高空气流量计的测量精度。

叶片式空气流量计的控制原理如图 2—8 所示。发动机工作时，空气流推动叶片转动，同时带动电位计滑动触点转动，使电位计滑动触点（信号端子 V_S）与电源端子 V_C 之间的电阻值发生变化，电压 U_S 也发生变化。当空气流增加时，V_C 与 V_S 之间的电阻增大，输出电压 U_S 变大；当空气流减少时，V_C 与 V_S 之间的电阻值减少，输出 U_S 电压降低；电位计将相应的电压值输送给 ECU，以确定发动机进气量的大小。

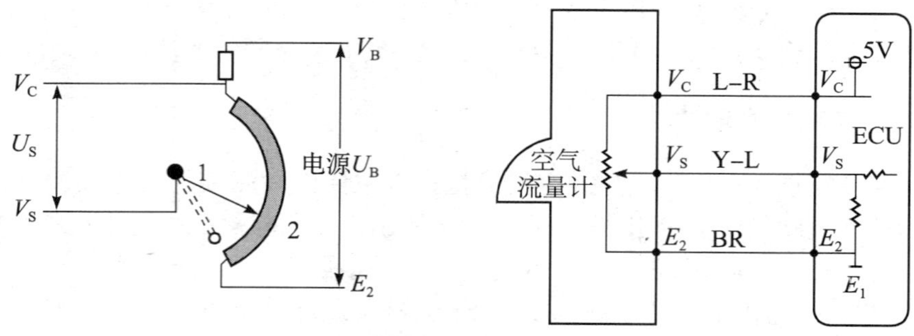

图 2—8　控制原理图

三、热线式空气流量计

热线式空气流量计有两种：第一种是将热线电阻安装在主进气道中，称为主流测量方式的热线式空气流量计；第二种是将热线电阻安装在旁通气道中，称为旁通测量方式的热线式空气流量计。热线式空气流量计主要由防护网、采样管、热线电阻、温度补偿电阻和控制电路等组成，如图 2—9 所示。

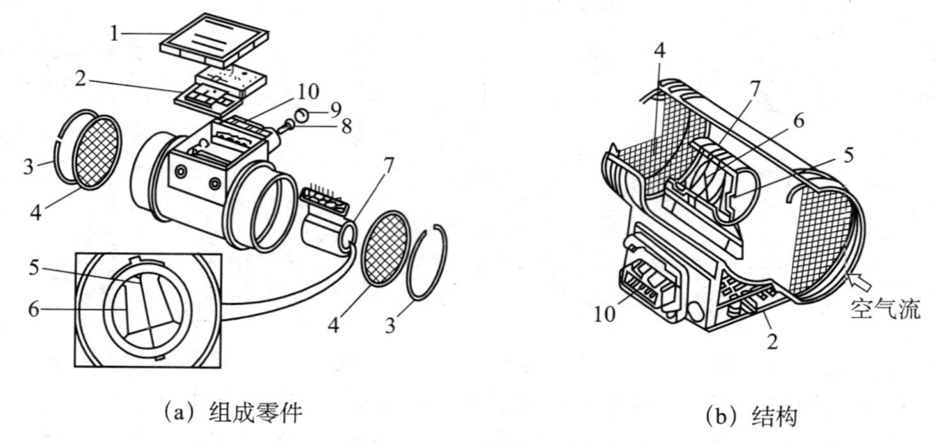

(a) 组成零件　　(b) 结构

图 2—9　热线式空气流量计结构

1—密封盖；2—电路板；3—卡环；4—防护网；5—温度补偿电阻；6—热线电阻；
7—采样管；8—CO 调节螺钉；9—防护塞；10—线束插接器

热线式空气流量计的控制电路如图 2—10 所示，当空气流流经发热元件使其冷却时，发热元件温度降低，阻值减少，电桥电压失去平衡，控制电路将增大供给发热元件的电流，使其温度保持高于温度补偿电阻温度 120℃。当电桥电流增大时，取样电阻 R_S 上的电压就会升高，从而将空气流量的变化转换为电压信号 U_S 的变化。信号电压输入 ECU 后，ECU 便根据信号的高低计算出空气流量的大小。

当发动机怠速时，空气量少，发热元件受到的冷却程度小，阻值变化小，保持电桥平衡所需的电流小，故取样电阻上的信号电压低；当发动机负荷大时，空气流量增大，发热元件受到的冷却程度增大，阻值变化大，信号电压升高。

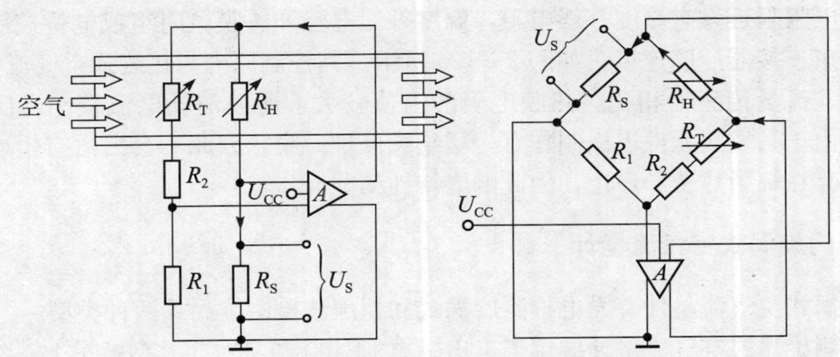

图 2—10　热线式空气流量计的控制电路

R_T—温度补偿电阻；R_H—发热元件电阻；R_S—取样电阻；R_1，R_2—精密电阻；U_{CC}—电源电压；U_S—信号电压；A—控制电路

温度补偿电阻（进气温度传感器）感知进气温度，如图 2—11 所示。当进气温度低时，发热元件的温度变化增大，则使发热元件的电流增大，为了保持电桥平衡，温度补偿电阻上的电流也相应增大，以保证发热元件温度与补偿电阻温度之差保持恒定，使测量进气量的精度不会受到进气温度的影响。在一些 MAF 内还装有高温烧熔继电器及相关电路，具有自洁功能。当 ECU 接收到发动机熄火信号时，ECU 将自动接通此电路，将热丝加热到 1 000℃并持续 1s，使黏附在热丝上的尘埃烧掉。

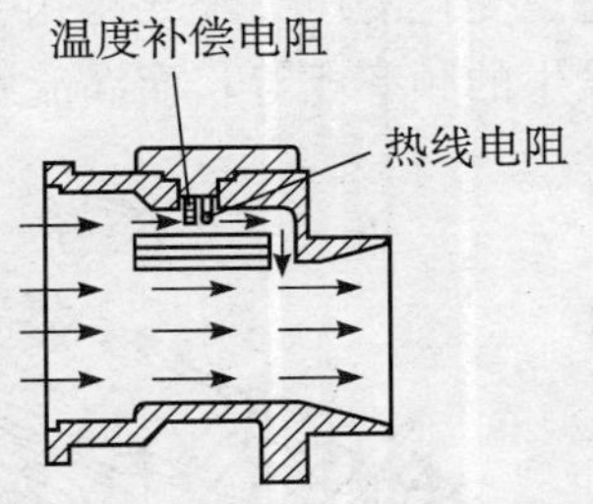

图 2—11　MAF 中温度补偿电阻的位置

四、热膜式空气流量计

热膜式空气流量计是热线式空气流量计的改进产品，其发热元件采用平面形铂金属膜电阻器，故称为热膜电阻，其结构如图 2—12 所示。热膜电阻是在氧化铝陶瓷基片上采用蒸发工艺淀积铂金属薄膜，制作成梳状图形的电阻，在其表面覆盖一层绝缘保护膜，再引出电极而成。在空气流量计内部的进气通道上设有一个矩形护套，热膜电阻设在护套中。在护套的空气入口侧设有空气过滤层，用以过滤空气中的污物。

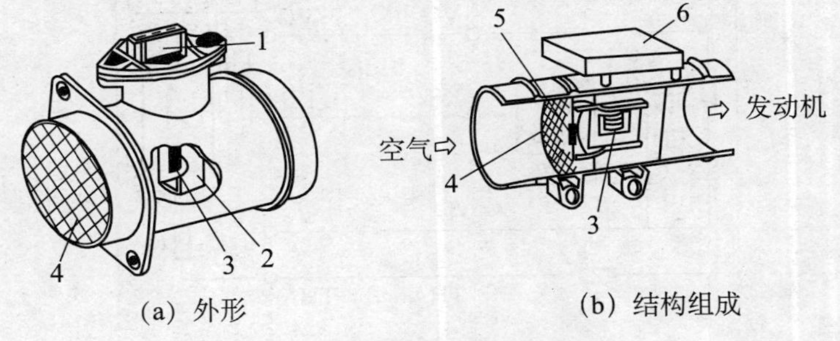

图 2—12　热膜式空气流量计

1—接线插座；2—护套；3—金属膜；4—防护网；5—温度补偿电阻；6—控制电路

在热膜电阻附近设有温度补偿电阻，温度补偿电阻和热膜电阻组成电桥控制电路，控制电路与线束连接器插座连接，如图 2—12a 所示。其控制原理与热线式空气流量计相同。

与热线式流量传感器相比，热膜电阻的阻值较大，所以消耗电流较小，使用寿命较长。但是，由于其发热元件表面制作有一层绝缘保护薄膜，因此不会因沾有尘埃而影响测量精度，但存在辐射热传导作用，因此响应特性稍差。

五、卡门旋涡式空气流量计

卡门旋涡式空气流量计有光电检测旋涡式和超声波检测旋涡式两种类型。

光电检测旋涡式空气流量计应用于丰田凌志 LS400 和皇冠 3.0 型轿车上，其结构如图 2—13 所示，主要由涡流发生器、发光二极管 LED、光敏三极管、反光镜、集成电路和进气温度传感器等组成。丰田车用 MAF 的控制电路如图 2—14 所示，当空气流经涡流发生器时，会在涡流发生器的后部产生有规律的旋涡，从而导致涡流发生器两侧的空气压力发生变化。变化的压力经导压孔引向金属膜制成的反光镜使反光镜产生振动，其振动频率与涡流发生的频率相等，而涡流发生频率与空气流速成正比；反光镜再将发光二极管投射的

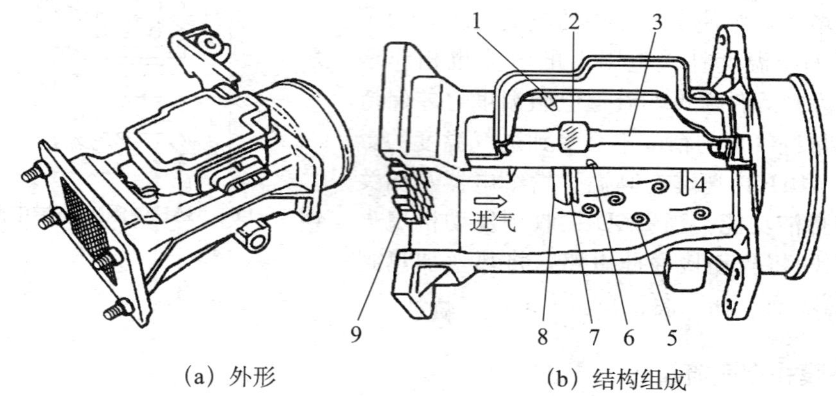

(a) 外形　　(b) 结构组成

图 2—13　光电检测旋涡式空气流量计

1—发光二极管；2—反光镜；3—张紧带；4—进气温度传感器；5—涡流；6—光敏三极管；7—导压孔；8—涡流发生器；9—整流网栅

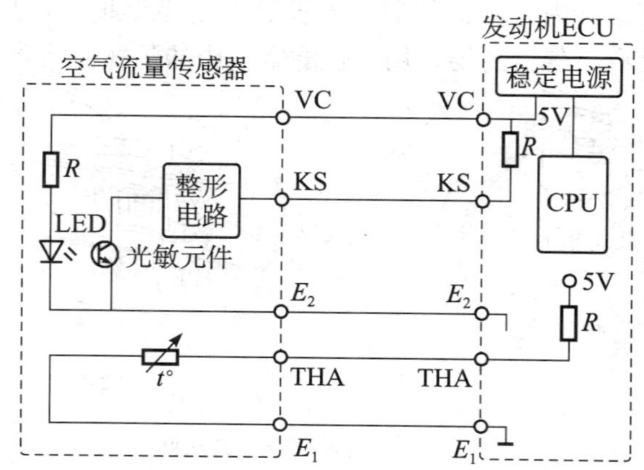

图 2—14　丰田车用 MAF 控制电路

光反射给光敏三极管，光敏三极管受到光照射时导通，不受光照射时截止，光敏三极管的导通和截止频率与旋涡频率成正比。此信号输送给 ECU，ECU 则根据此信号确定发动机的进气量大小。

超声波检测旋涡式空气流量计在三菱和猎豹吉普等车中使用，主要由超声波发生器、涡流发生器、超声波接收器和控制电路等组成，其结构如图 2—15 所示。

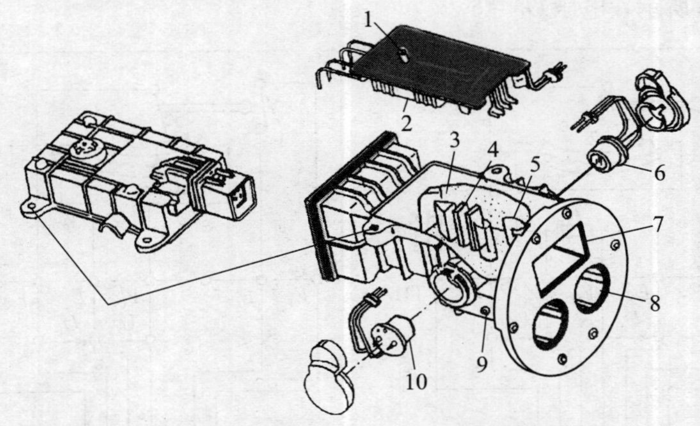

图 2—15　超声波检测旋涡式空气流量计结构图

1—大气温度传感器；2—控制电路；3—涡流发生器；4—涡流稳定板；5—涡流；6—超声波接收器；7—主空气道；8—旁通空气道；9—进气温度传感器；10—超声波发生器

超声波检测旋涡式空气流量计的控制电路如图 2—16 所示，发动机工作中，当空气流经涡流发生器时，产生有规律的涡流，超声波接收器接收信号并将其转变为机械波，再利用压电原理将机械波转换成电信号，此信号与涡流发生的频率成正比，再输送给 ECU，则 ECU 根据此信号确定发动机的进气量大小。

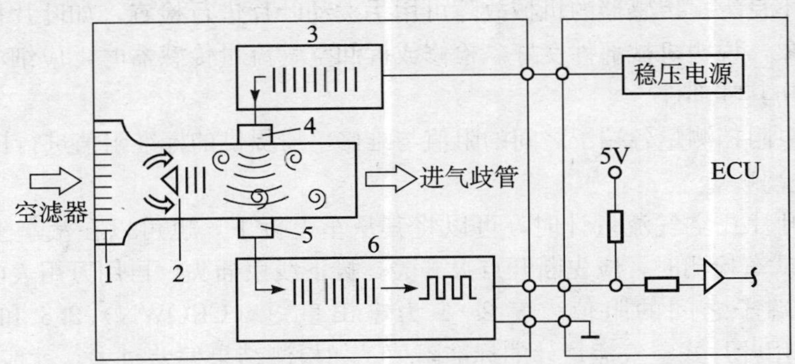

图 2—16　超声波检测旋涡式空气流量计的控制电路

1—整流网；2—涡流发生器；3—超声波；4—超声波发生器；5—超声波接收器；6—信号处理电路

学习任务三　空气流量计的检测

学习目标： 使学生熟练运用万用表、诊断仪以及示波器等仪器来检测空气流量计。

学习方法： 本任务为实践技能学习，学生分组在实验室由实训指导教师指导完成。

一、万用表检测

1. 叶片式空气流量计

叶片式空气流量计线束连接器一般为 7 端子，其电路有两种类型，一种用于模拟控制系统中，其电路如图 2—17a 所示，电源电压 U_B＝12V；另一种用于数字控制系统中，其电路如图 2—17b 所示，电压 U_C＝5V。

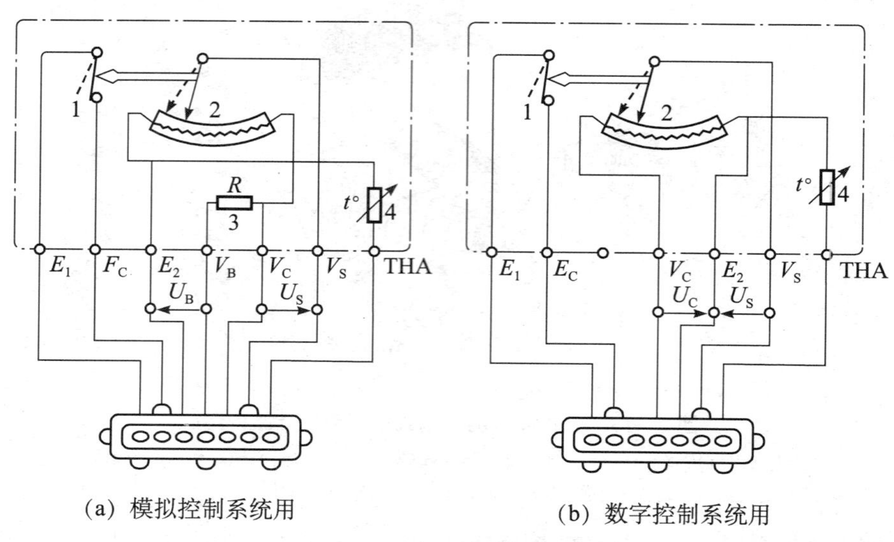

(a) 模拟控制系统用　　(b) 数字控制系统用

图 2—17　叶片式空气流量计电路

1—油泵触点；2—电位计；3—限流电阻；4—进气温度传感器

常见故障有叶片总成摆动卡滞、电位计滑动触点磨损而与镀膜电阻接触不良、油泵触点烧蚀而接触不良等。传感器的机械故障可用手拨动叶片进行检查，如叶片摆动平稳、无卡滞或破损现象，说明机械部件良好。检修或拆卸空气流量传感器时，应细心操作、切忌碰撞，以免损伤其零部件。

用万用表电阻挡测量各端子之间的阻值与维修手册提供的标准阻值进行比较判断。

（1）静态检测。

静态检测叶片式空气流量计时，可以将其从车上拆下，也可以在汽车上进行，如图 2—18a 所示。就车检测时，应先断开点火开关，拔下线束插头，再用万用表电阻挡测量传感器插座上各端子之间的阻值。表 2—1 为丰田皇冠（CROWN）2.8 和丰田子弹头（PREVIA）车用叶片式空气流量计的标准阻值。如检测结果偏差过大，就应更换传感器。不同车型的空气流量计的标准阻值有些不同，检测时，应参照维修手册提供的阻值。

（2）动态检测。

首先断开点火开关，然后拔下传感器线束插头，再用螺丝刀拨动叶片，同时用万用表测量各端子之间的阻值，如图 2—18b 所示。当叶片完全关闭，端子 F_C 与 E_1 之间的阻值应为无穷大；当叶片稍微摆动时，阻值应当为零；在叶片摆动过程中，V_S 与 E_2 之间的阻值应连续变化。

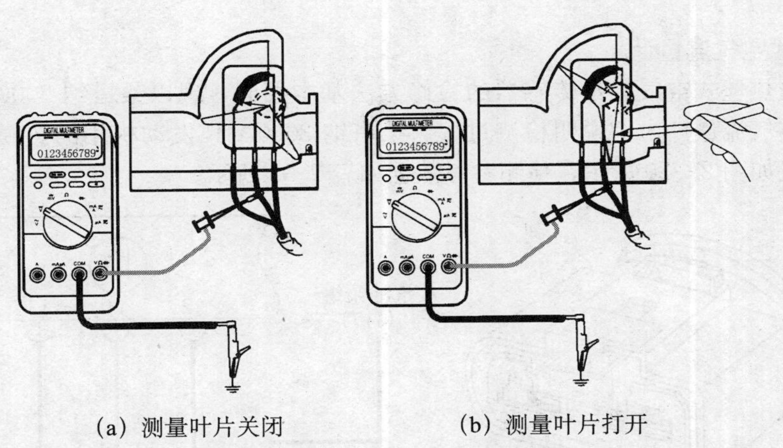

(a) 测量叶片关闭　　(b) 测量叶片打开

图 2—18　叶片式空气流量计检测

表 2—1　叶片式空气流量计的标准阻值

端子名称	测试条件	阻值（Ω）	
		5M－E 发动机	2TZ－FE 发动机
F_C-E_1	叶片关闭	∞	∞
	任何位置	0	0
V_B-E_2	20℃	200～400	
V_C-E_2	20℃	100～300	200～600
V_S-E_2	叶片关闭	20～100	200～400
	任何位置	20～1 000	200～1 200
THA－E_2	－20～＋60℃	从 10 000～20 000 到 400～700	

2. 热线式空气流量计

拔下传感器线束插头，接通点火开关，用万用表直流电压挡检测传感器插座上电源端子与搭铁端子之间的电压。测量信号输出端时，用嘴或用电吹风机向空气流量计的空气入口吹气，同时再测量信号电压。尼桑千里马（MAXIMA）轿车 VG30E 型发动机空气流量计检测端子如图 2—19 所示，检测参考数据见表 2—2。检查自洁功能时，先将线束插头插好，并拆下空气流量传感器空气入口端的进气管；启动发动机并将转速升高到 2 500r/min 以上，再使发动机怠速运转，然后使发动机熄火，同时观察热丝，应在 5s 后红热并持续 1s，否则，自洁功能失效。

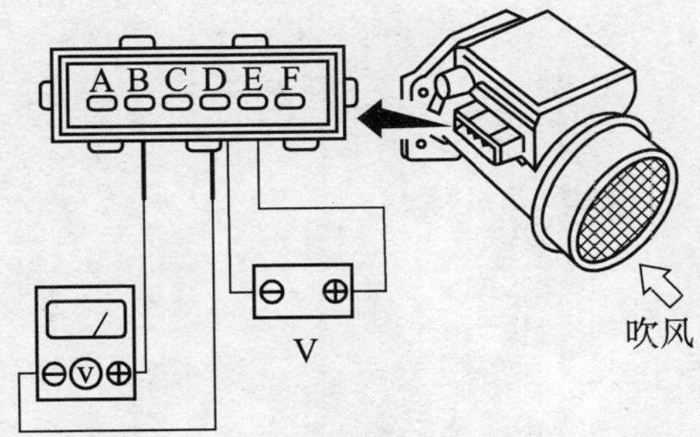

图 2—19　尼桑空气流量计检测端子

A—可变电阻器；B—输出信号；C，D—搭铁；E—蓄电池电压；F—自洁信号

表 2—2　检测参考数据

B 与 C	发动机怠速时，1.0～1.5V 之间
	增加空气量时，2.0～4.0V 之间
E 与 D	应为蓄电池电压 12V
E 与 C	应为蓄电池电压 12V
F 与 D	发动机 OFF 时，电压为 0V，5s 后又上升，经过 1s 后又为 0V

3. 热膜式空气流量计

热膜式与热丝式空气流量传感器的检修方法基本相同，现以桑塔纳 2000AJR 发动机用的热膜式空气流量计为例说明检测过程。桑塔纳 2000AJR 发动机用的热膜式空气流量计端子及连线如图 2—20 所示，检测参考数据如表 2—3 所示。

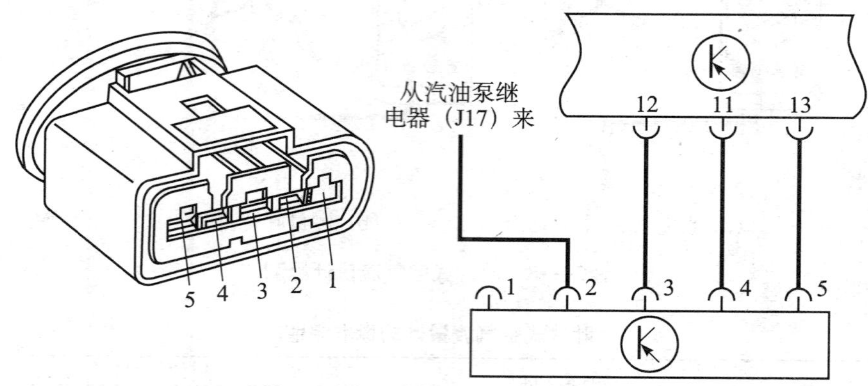

图 2—20 桑塔纳 2000AJR 空气流量计

1—空端子；2—接 J17；3—搭铁；4—5V 供电线；5—信号线

表 2—3 **参考数据**

2 与缸体、2 与 3	蓄电池电压 12V
4 与缸体、4 与 3	应为 5V
3 与 5	1.0～4.0V 之间变化

4. 卡门旋涡式空气流量计

卡门旋涡式空气流量计的检测以日本丰田凌志 LS400 轿车用为例，检测端子如图 2—21所示，检测参考数据如表 2—4 所示。

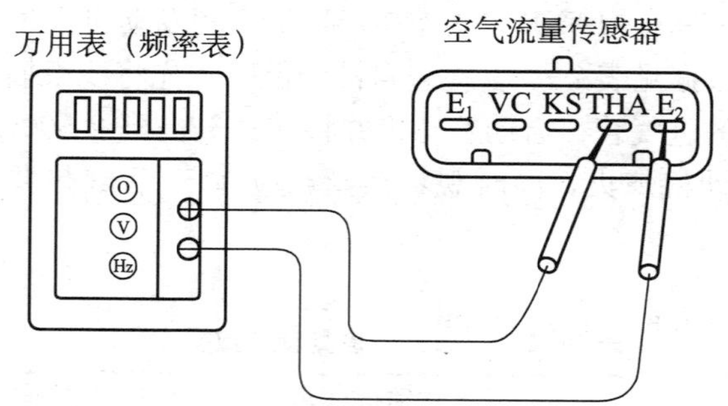

图 2—21 凌志 LS400 轿车空气流量计的检测

E_2—搭铁端子；VC—5V 电压；KS—信号电压；

THA—进气温度传感器端子

表 2—4 **参考数据**

VC 与 E_2	应约为 5V
KS 与 E_2	应为 2～4V

二、诊断仪检测

1. 读数据块

MAF 数据块是以 g/s 为单位的，当发动机转速增加时，这个数据也逐渐增加。发动机转速不变时，读数应保持不变，否则，MAF 有故障。

用检测仪 V. A. G1552 检测桑塔纳 2000AJR 发动机空气流量计为例，读取空气流量计的数据块。方法如下：

(1) 使发动机怠速运转。

(2) 输入“阅读测量数据块”的功能码 08，选择显示组 02，显示屏显示：

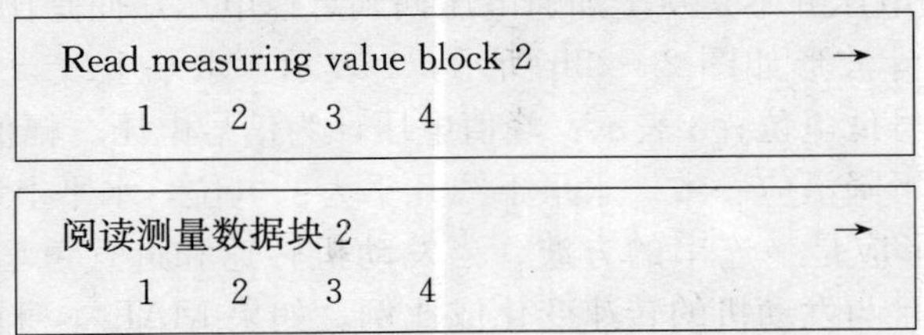

(3) 区域 4 显示空气质量，标准值应为 2.0～4.0g/s；

(4) 如果显示的数值不在标准范围内，应检查空气流量计及供电电压。

2. 读故障码

使用故障诊断仪调取故障码。故障诊断仪有专用型和通用型，因此，在使用时，要根据不同车型了解该车故障码资料。表 2—5 为常见几种车型空气流量计的故障码，如大众车系叶片式空气流量计故障码为 00553，含义是线路对地断路或短路。

表 2—5　几种车型空气流量计的故障码

车型	故障码	含义
君威	P0102	电路频率过低
	P0103	电路频率过高
一汽花冠	P0100	电路频率过低或过高
马自达 A6	P0102	低输入
	P0103	高输入
东风阳光	P0100	电路频率过低或过高
桑塔纳 2000AJR	00553	线路对地断路或短路

三、示波器检测

空气流量计类型不同时，其标准波形也不同。MAF 标准波形有模拟型和频率型两种，标准波形如图 2—22 所示。

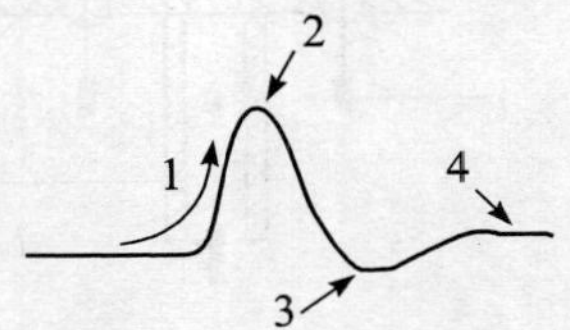

(a) 模拟型空气流量计波形

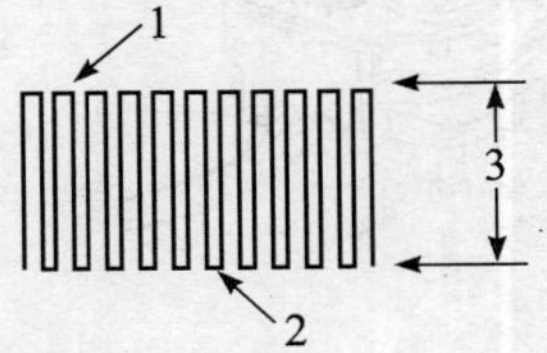

(b) 频率型空气流量计波形

图 2—22　空气流量计标准波形

利用示波器对空气流量计进行波形测试时，首先，将示波器的正极接到流量计的信号端子上，而负极接到搭铁位置。启动发动机并加速，在示波器的屏幕上应显示一个稳定的电压信号，若出现突变或不稳定的电压信号，则该 MAF 有故障。

模拟型空气流量计波形如图 2—22a 所示，1 表示：进入进气管的空气流量逐渐增加；2 表示：节气门全开并最大加速；3 表示：由测量叶片运动而造成的阻尼现象；4 表示：由怠速旁通气道补偿来的空气进入了进气管。怠速输出电压约为 1V，油门全开时应超过 4V，全减速时输出的电压并不是从全加速电压回到怠速电压，而是比怠速时低些。

频率型空气流量计波形如图 2—22b 所示，1 表示：水平上线，指信号高电位；2 表示：水平下线，指信号低电位；3 表示：峰值电压，为信号电压。幅值应为 5V，形状要一致，矩形拐角和垂直下降沿应一致。水平下线几乎为低电位，水平上线应为参考电压。

频率型 MAF 波形应是一连串的方波，当发动机转速和进气量增加时，MAF 信号频率应平滑的增加，并且与发动机的转速变化成比例。如果 MAF 本身或连线有故障，则信号频率会出现不稳定的变化。

学习任务四　进气压力传感器结构和原理

学习目标： 掌握进气压力传感器的作用、类型、结构及工作原理。

学习方法： 本任务为理论基础学习，教师可以通过 PPT 等多媒体手段来完成。

一、进气压力传感器的作用与类型

进气压力传感器全称为进气管绝对压力传感器，英文为 Manifold Absolute Pressure，简称 MAP，进气压力传感器的作用是测量进气管压力，并将压力信号转变成电信号输入 ECU，作为燃油喷射和点火控制的主控制信号。其基本结构形式有两种：一种是压敏电容式，常见于福特公司生产的汽车上；另一种是压敏电阻式，普遍应用于 D 型电控燃油喷射系统中。

二、压敏电阻式 MAP 的结构和原理

压敏电阻式 MAP 主要由绝对真空室、硅片（膜片）底座、真空管接头、引线电极和 IC 放大电路组成，结构如图 2—23 所示。

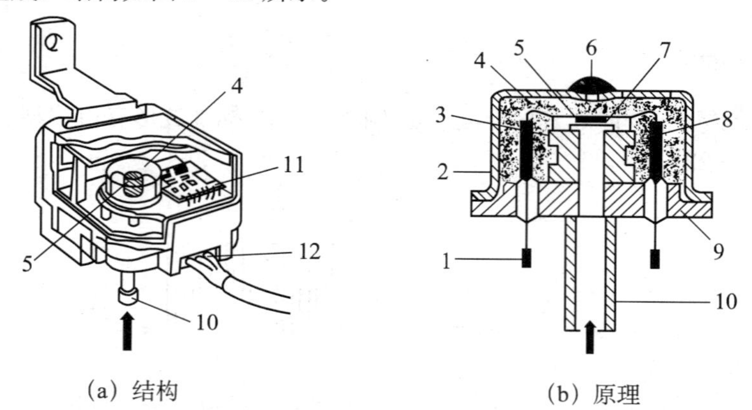

图 2—23　压敏电阻式进气管绝对压力传感器

1—接线端子；2—壳体；3—硅片底座；4—绝对真空室；5—硅片；6—封口；7—电阻；8—引线电极；9—底座；10—真空管接头；11—IC 放大电路；12—线束插接器

硅片的一侧是真空室，压力是固定的，而另一侧与进气歧管相连，压力是变化的。当发动机怠速时，进气歧管内压力小，使硅片变形小，产生的信号电压小；当发动机大负荷运转时，硅片的变形量增大，产生的信号电压也增大。所以，硅片是一个压力转换元件（压敏电阻），其电阻值随其变形量而变化，导致硅片所处的电桥电路输出电压发生变化，电桥电路输出的电压（很小）经 IC 放大电路放大后输送给 ECU。

三、压敏电容式 MAP 的结构和原理

压敏电容式 MAP 中，位于传感器壳体内的弹性膜片用金属制成，弹性膜片上、下两个凹玻璃的表面也均有金属涂层，这样在弹性膜片与两个金属涂层之间形成两个串联的电容，膜片上腔为绝对真空，下腔通进气管，如图 2—24 所示。

当发动机工作时，进气管内的空气压力作用于弹性膜片上，使弹性膜片产生位移，弹性膜片与两个金属涂层之间的距离发生变化，这样，两个电容的电容量也发生变化，电容量的变化量与弹性膜片的位移成正比，电容量的变化量再经过测量电路转换成电压信号输送给 ECU。当发动机怠速运转时，下腔压力小，电容的变化量小，产生的信号电压也小；当发动机大负荷运转时，下腔压力大，电容的变化量大，产生的信号电压也增加。

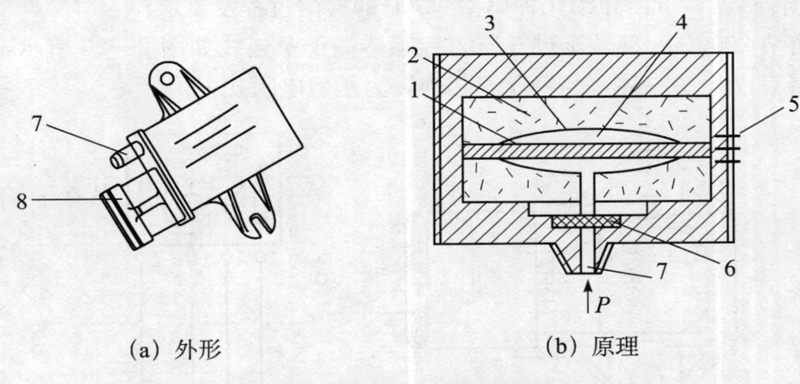

（a）外形　　（b）原理

图 2—24　压敏电容式进气管绝对压力传感器

1—弹性膜片；2—凹玻璃；3—金属涂层；4—真空室；5—端子；6—滤网；7—真空管；8—线束插接器

学习任务五　进气压力传感器的检测

学习目标：能运用万用表、诊断仪以及示波器等仪器来检测进气管压力传感器。

学习方法：本任务为实践技能学习，学生分组在实验室由实训指导教师指导完成。

一、用万用表检测

进气管压力传感器安装位置及其电路连接如图 2—25 所示。

用万用表电阻挡检测线束电阻时，断开点火开关，拔下控制器线束插头和传感器线束插头，检测两插头上各端子之间导线电阻应当小于 0.5Ω（或参照维修手册提供的标准数据），如阻值过大，说明线束与端子接触不良或断路。

当用万用表就车检测 MAP 各端子时，先检查 ECU 与传感器连接线路。确定 ECU 与

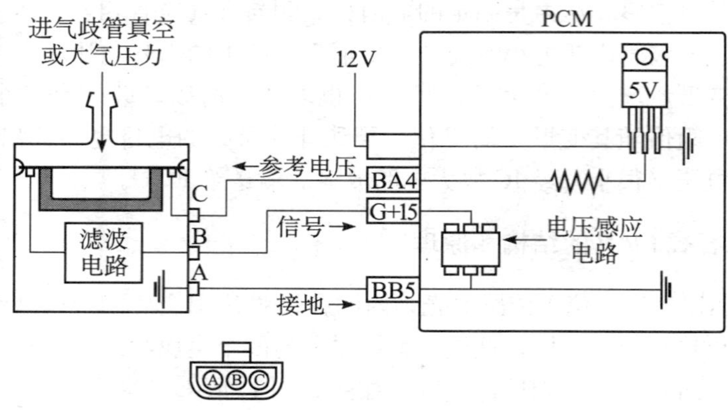

图 2—25　MAP 安装位置及其电路连接

其连接线路无故障后，再将点火开关转至“ON”位置，检查传感器电源电压及各端子电压情况，（在检测传感器输出的信号电压时，一般先拆开传感器与进气管连接的软管，再用手动真空泵给传感器施加真空度，同时观察输出的信号电压的变化），若不符合要求，应更换 MAP 传感器，下面介绍几种典型 MAP 的检测过程及要求。

（1）桑塔纳 2000GLi 型轿车进气压力传感器端子及连线如图 2—26 所示，MAP 与进气温度传感器 G17 合为一体，与稳压箱相连，为压敏电阻式。

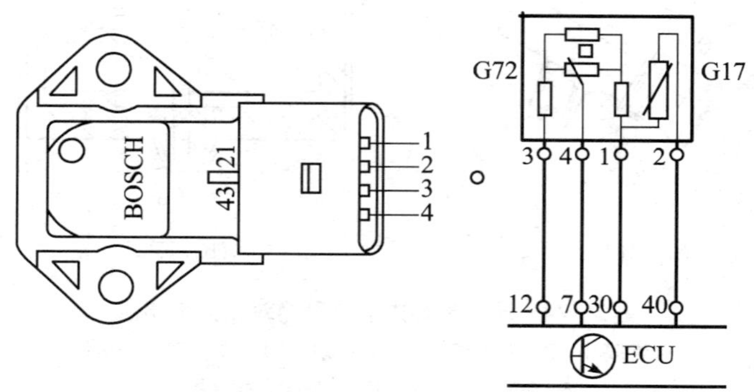

图 2—26　桑塔纳 2000GLi 型轿车 MAP 端子及连线

检测电压时，接通点火开关，检测传感器端子 3 与端子 1 之间的电压应为 5V 左右（标准电压）；当点火开关接通，发动机不启动时，检测传感器端子 4 与端子 1 之间的信号电压应为 3.8～4.2 V；当发动机怠速运转时，信号电压应为 0.8～1.3V；当突然加大油门时，信号电压应随油门加大而升高。如信号电压不符合上述规律，说明传感器失效。

（2）丰田皇冠 3.0 轿车进气压力传感器端子及连线如图 2—27 所示，为压敏电阻式。ECU 通过 VCC 端子给传感器提供标准 5V 电压，传感器信号经端子 PIM 输送给 ECU，E_2 为搭铁端子。

检测电压时，接通点火开关，测量端子 VCC 与 E_2 之间电压应约为 5V；当发动机工作时，测量端子 PIM 与 E_2 之间的输出信号电压，电压应随真空度减小（负荷增大）而增大。

（3）切诺基（Cherokee）吉普车进气压力传感器端子及连线如图 2—28 所示，传感器

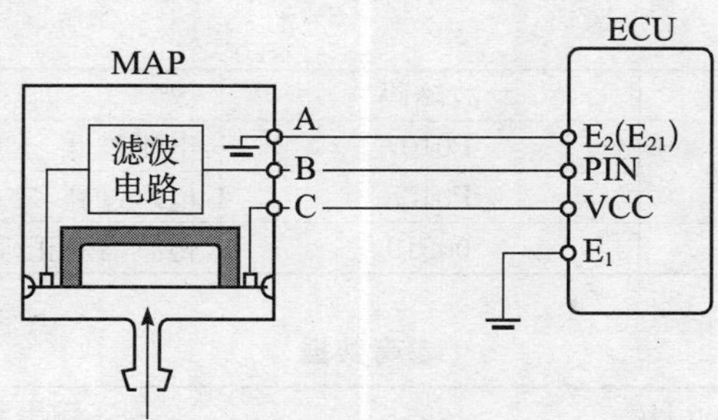

图 2—27　丰田皇冠 3.0 轿车 MAP 端子及连线

插座上有“A”、“B”、“C”三个端子。

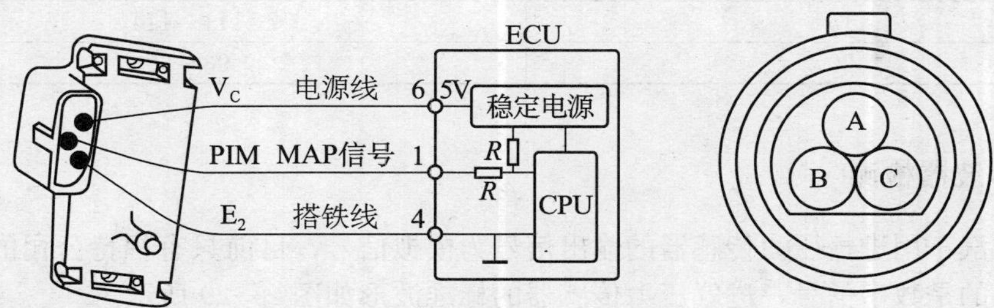

图 2—28　切诺基（Cherokee）吉普车 MAP 端子及连线

当点火开关接通时，检测传感器端子 C 与 A 上的电压应为 4.5～5.5V；检测端子 B 与 A 上的电压应为 4～5V；当发动机热机怠速运转时，端子 B 与 A 电压应下降到 1.5～2.1V，当转速增大时，电压应逐渐升高。端子 A 与发动机缸体之间的电阻值应当小于 0.5Ω，如阻值过大，说明传感器负极导线断路或 ECU 插头连接不良。

二、诊断仪检测

在发动机运行过程中，当进气压力传感器出现故障时，发动机电控单元能够检测到，并能使发动机进入故障应急状态运行，如利用 V. A. G1551 或 V. A. G1552 诊断仪，通过故障诊断插座可以读取此故障码等有关信息。表 2—6 为常见几种车型 MAP 传感器的故障码。

福特汽车用的 MAP 为变频传感器，测试时，用专用测试仪或数字万用表测试 MAP 传感器产生的是频率变化。方法是：将数字万用表接到 MAP 传感器上，在没有真空时，测量 MAP 的电压、占空比和频率；然后逐渐施加真空，观察测量频率变化情况，参照表 2—7 提供的参考数据。

表 2—6　　为常见几种车型 MAP 传感器的故障码

车型	故障码	含义
凯越	P0107	电压过低
	P0108	电压过高
广州飞度	P0107	电压过低
	P0108	电压过高
雅阁	P0107	电压过低
	P0108	电压过高

续前表

车型	故障码	含义
现代	P0107	电压过低
	P0108	电压过高
桑塔纳 AFE	00519	传感器对正极断路/短路

表 2—7　　参考数据

施加的真空/mmHg	输出频率/Hz
0	152～155
5	138～140
10	124～127
15	111～114
20	93～98

三、示波器检测

大多数汽车用进气压力传感器的输出信号为模拟信号，目前只有福特公司的进气压力传感器输出的是数字信号，进气压力传感器的标准波形如图 2—29 所示。

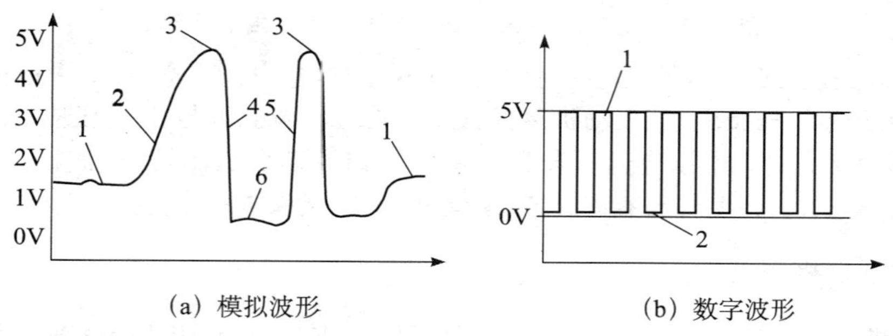

（a）模拟波形　　（b）数字波形

图 2—29　进气压力传感器的标准波形

1. 模拟型 MAP 的测试

正确连接示波器，启动发动机，使其稳定怠速后，观察输出电压的信号波形；再将节气门逐渐开大至全开，保持约 2s；回到怠速并保持 2s；之后，急加速至节气门全开，再怠速；最后，锁定波形，对照标准波形如图 2—29a 所示并分析，图中标注 1 表示怠速状态；标注 2 表示缓慢加速；标注 3 表示节气门全开；标注 4 表示全减速，节气门迅速关闭；5 表示急加速；6 表示全减速后，保持 2s 时的波形。

怠速时，输出电压应为 1.25V；当节气门全开时，应略低于 5V；全减速时应接近 0V。当有些进气压力传感器设计成相反形式，即当真空度增高时，输出电压增高（怠速时，电压高），真空度降低时，输出电压也降低（节气门全开时，电压低）。

2. 数字型 MAP 的测试

正确连接示波器，接通点火开关，但不启动发动机，用手动真空泵给进气压力传感器施加不同的真空度，同时观察示波器的波形，标准波形如图 2—29b 所示。应满足幅值为

5V 的脉冲，波形上沿如图中标注 1 所示位置，下沿如图中标注 2 所示位置；同时形状正确、波形稳定。矩形方角正确、上升沿垂直。当施加真空度时，频率随真空度而变化，但形状保持不变；当没有真空时，输出信号频率为 160Hz，而怠速真空度为 64kPa 时，输出信号频率约为 105Hz，检测时要参照维修资料给定的频率与对应真空度值。

学习任务六　节气门位置传感器结构与原理

学习目标： 掌握节气门位置传感器的作用、类型、结构及工作原理。

学习方法： 本任务为理论基础学习，教师可以通过 PPT 等多媒体手段来完成。

一、节气门位置传感器作用和类型

节气门位置传感器（Throttle Position Sensor）简称 TPS，安装在节气门体轴上，其作用是检测节气门的开度及开度变化，并转变成电信号，输送给 ECU，ECU 根据 TPS 信号来判别发动机的工况，根据工况不同来控制喷油时间。在自动变速器上，TPS 信号同时输入给变速器电脑，来控制变速器换挡时机和变矩器锁止时机。根据结构和原理不同，节气门位置传感器可分为可变电阻式、触点式和组合式三种。

二、可变电阻式 TPS 结构与原理

夏利 2000、桑塔纳 2000GSi、红旗 CA7220E 等车采用可变电阻式节气门位置传感器，此类型的 TPS 是一个由节气门轴驱动的可变电阻，如图 2—30 所示。有三个端子，A 端子给传感器提供 5V 标准电压，B 端子将电压信号输送给 ECU，C 端子搭铁。随节气门的开度增大输出信号电压增加，节气门全关时输出信号电压应约为 0.5V，节气门全开时输出信号电压应约为 5V。

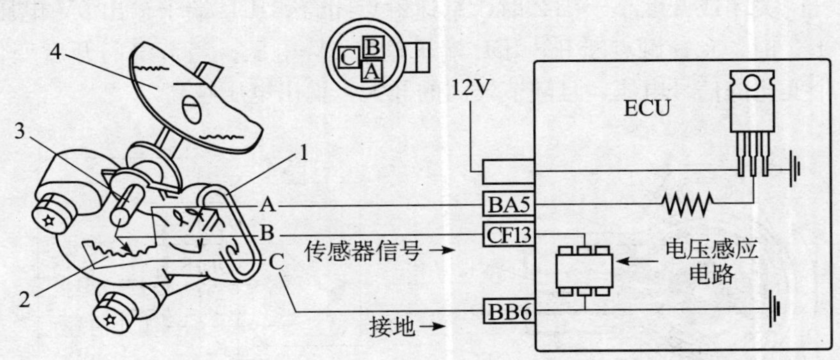

图 2—30　电位计式节气门位置传感器

1—线束连接器；2—滑动变阻器；3—节气门轴；4—节气门

三、触点式 TPS 结构与原理

早期丰田发动机采用触点式节气门位置传感器，此类型 TPS 主要由活动触点、怠速触点、功率触点、节气门轴等组成，如图 2—31 所示。活动触点随节气门轴一起转动，且在导向凸轮槽内移动，导向凸轮由固定在节气门轴上的控制杆驱动，通过活动触点所处的不同位置，ECU 可确定发动机工况，从而计算出对应的喷油量。

触点式 TPS 有三个连接端子，活动触点端子给传感器提供 5V 标准电压，怠速触点端子将电压信号输送给 ECU，功率触点端子将大负荷时的电压信号输送给 ECU。

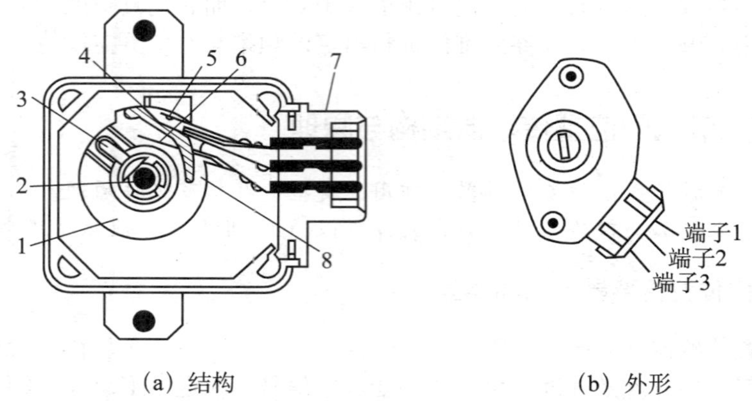

（a）结构　　（b）外形

图 2—31　触点式节气门位置传感器

1—导向凸轮；2—节气门轴；3—控制杆；4—活动触点；5—怠速触点；6—功率触点；7—线束插接器；8—导向凸轮槽

四、组合式 TPS 结构与原理

日本丰田皇冠 3.0、凌志 LS400 等轿车采用的是组合式节气门位置传感器，此类型 TPS 由可变电阻、怠速触点、活动触点等组成，可变电阻的滑臂随节气门轴一同转动，并与输出端子 V_{TA} 相连，如图 2—32 所示。该传感器有四个端子，V_C 端子给传感器提供 5V 标准电压，V_{TA} 端子将电压信号输送给 ECU，IDL 端子输出怠速触点工作信号，E_2 端子搭铁。当节气门关闭或开度小于 1.2°时，怠速触点闭合，IDL 端子输出 0V 电压；当节气门开度大于 1.2°时，怠速触点断开，IDL 端子输出 5V 电压；当节气门开度变化时，V_{TA} 端子输出一个变化的信号电压，且随节气门的开大，输出电压越高。

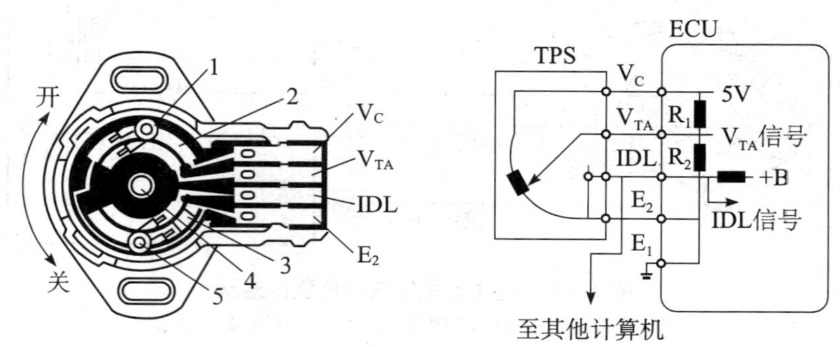

图 2—32　组合式节气门位置传感器

1—活动触点；2—提供 5V 标准电压；3—绝缘部件；4—节气门轴；5—怠速触点

学习任务七　节气门位置传感器的检测

学习目标： 使学生能运用万用表、诊断仪以及示波器等仪器来检测节气门位置传感器。

学习方法：本任务为实践技能学习，学生分组在实验室由实训指导教师指导完成。

一、用万用表检测

用万用表检测节气门位置传感器时，可先拆开传感器线束连接器，就车检查各端子之间的通断情况。对于触点式TPS，检查活动触点端子与怠速触点端子之间的通断情况：节气门接近全关时应导通，节气门在其他位置时应不导通；检查活动触点端子与全开触点端子之间：节气门中小开度时应不导通，节气门接近全开时应导通。如不符合，说明传感器内部断路或绝缘不良，应更换节气门位置传感器。桑塔纳2000GLi发动机M154触点式节气门位置传感器接线如图2—33a所示，测试数据参照表2—8提供的标准值。

用万用表检测节气门位置传感器各端子的输出电压时，应打开点火开关，但不启动发动机，测量各端子的输出电压（测量前，应熟悉该车型的TPS类型及TPS各端子的含义），参照维修手册提供的标准数据，如不符合，应更换节气门位置传感器。桑塔纳2000GSi的TPS为电控节气门，检测接线如图2—33b所示，3号端子为怠速开关信号，5号和8号端子为信号线，4号端子为5V供电线，7号端子为搭铁线。当怠速时，怠速开关触点闭合，ECU通过此信号来判断怠速工况。4号和5号端子组成节气门电位计，4号和8号端子组成节气门定位电位计，并与节气门定位器和怠速开关合成一体。ECU收到怠速开关、节气门电位计、节气门定位电位计信号时，才控制定位器动作，使发动机转速稳定在规定的怠速转速范围内。

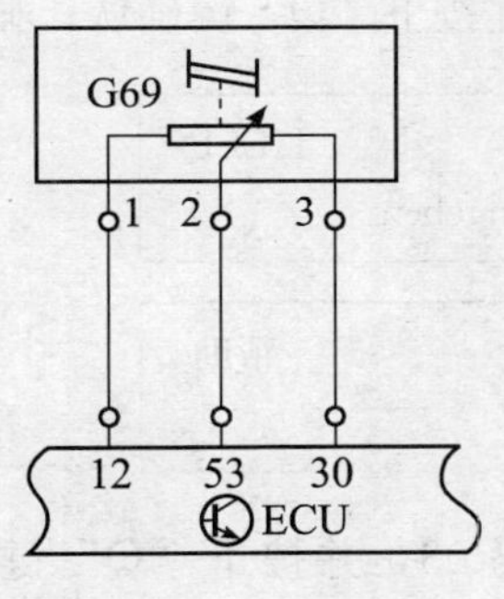

(a) 桑塔纳2000GLi

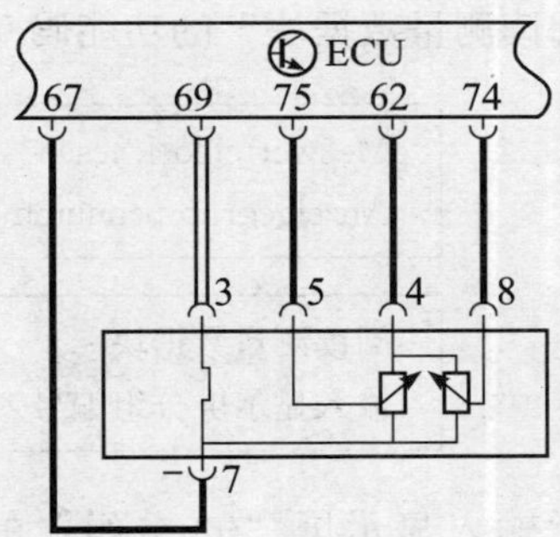

(b) 桑塔纳2000GSi

图2—33　桑塔纳2000的TPS检测时接线

表2—8　　**测试数据参照值**

测试项目	测试条件	测试部位	标准值
TPS电源电压	接通点火开关	传感器电源端子“1”至负极端子“3”	约为5V
TPS信号电压	(1) 节气门关闭； (2) 接通点火开关	传感器信号输出端子“2”至负极端子“3”	0.1～0.9V
TPS信号电压	(1) 节气门全开； (2) 接通点火开关	传感器信号输出端子“2”至负极端子“3”	3.0～4.8V
TPS正极导线	拔下控制器、传感器插头	控制器“12”端子至传感器插头“1”端子	<0.5Ω

续前表

测试项目	测试条件	测试部位	标准值
TPS信号线	拔下控制器、传感器插头	控制器“53”端子至传感器插头“2”端子	<0.5Ω
TPS负极导线	拔下控制器、传感器插头	控制器“30”端子至传感器插头“3”端子	<0.5Ω

二、诊断仪检测

1. 读取数据块

利用故障诊断仪V. A. G1551，读取桑塔纳2000GLi节气门位置传感器的数据块方法。

（1）接上故障诊断仪V. A. G1551，输入“发动机电控系统”的地址码01。

（2）启动发动机并怠速运转，显示屏上显示：

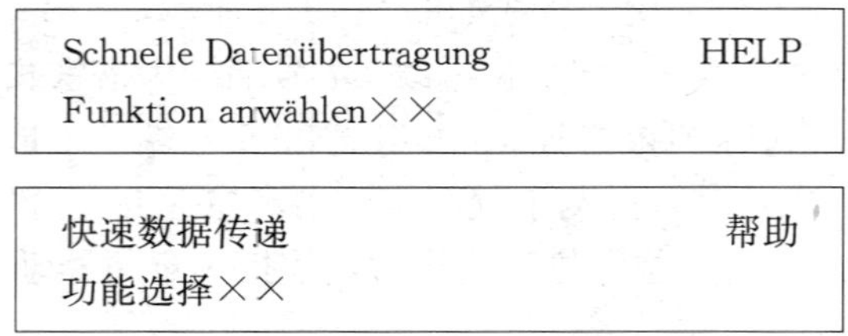

（3）输入“阅读测量数据块”的功能码08，并按下“Q”键确认，显示屏上显示：

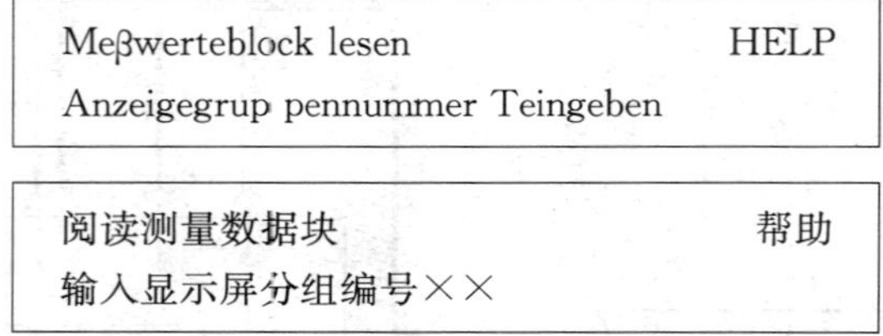

（4）输入显示输入显示屏“03分组”的代码03，并按下“Q”键确认，显示屏上显示：

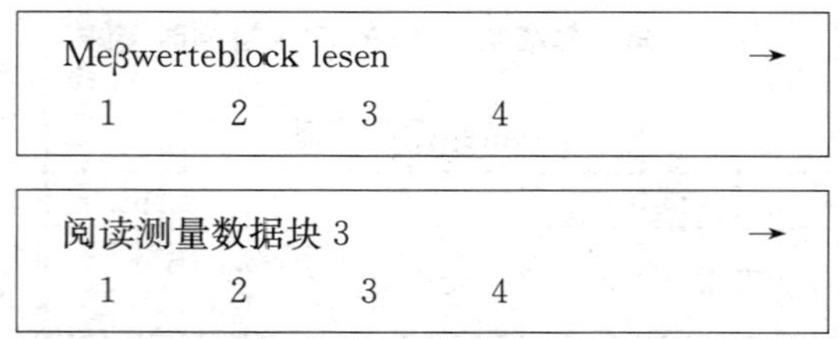

（5）缓慢地增大节气门开度，直至最大，观察第3个显示屏中显示的角度，其数值必须在整个开启范围内均匀升高。

2. 读取故障码

在发动机运行过程中，当节气门位置传感器出现故障时，发动机电控单元能够检测到，并能使发动机进入故障应急状态运行，如利用V. A. G1551或V. A. G1552诊断仪，通过故障诊断插座可以读取此故障码等有关信息。表 2—9 为常见几种车型 TPS 传感器的故障码。

表 2—9　　常见几种车型 TPS 传感器的故障码

<table>
<tr><th colspan="2">车型</th><th>故障码</th><th>含义</th></tr>
<tr><td colspan="2" rowspan="2">凯越</td><td>P0122</td><td>传感器电压过低</td></tr>
<tr><td>P0123</td><td>传感器电压过高</td></tr>
<tr><td colspan="2" rowspan="2">广州飞度</td><td>P0122</td><td>传感器电压过低</td></tr>
<tr><td>P0123</td><td>传感器电压过高</td></tr>
<tr><td colspan="2" rowspan="2">雅阁</td><td>P0122</td><td>传感器电压过低</td></tr>
<tr><td>P0123</td><td>传感器电压过高</td></tr>
<tr><td colspan="2" rowspan="2">现代</td><td>P0122</td><td>传感器电压过低</td></tr>
<tr><td>P0123</td><td>传感器电压过高</td></tr>
<tr><td rowspan="3">桑塔纳</td><td>AFE</td><td>00518</td><td>传感器 G69 对正极短路
传感器 G69 对地断路/短路</td></tr>
<tr><td rowspan="2">AJR</td><td>00518</td><td>传感器 G69 线路对正极断路/短路</td></tr>
<tr><td>00530</td><td>传感器 G88 线路对正极断路/短路</td></tr>
</table>

3. 示波器检测

当怀疑节气门位置传感器出现故障时，可利用示波器测试节气门位置传感器波形，标准波形有模拟型和脉冲型两种，如图 2—34 所示。

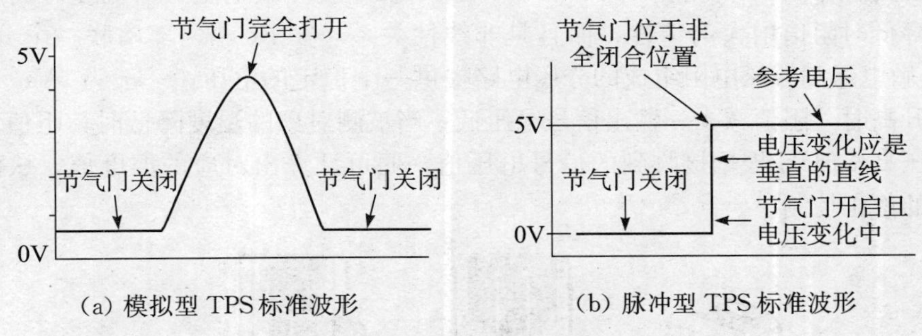

图 2—34　节气门位置传感器波形

(1) 模拟型 TPS 波形。

可变电阻式 TPS 为模拟型波形，如图 2—34a 所示，要求波形上不应有任何断点、对地尖峰或大的波折，特别是在前 1/4 油门运动中的波形要圆滑，节气门全开时，应接近 5V，节气门关闭时，应低于且接近 1V。若某处出现波形落下的尖峰时，则表示该位置是损坏点。

(2) 脉冲型 TPS 波形。

触点式 TPS 为脉冲型波形，如图 2—34b 所示，要求节气门关闭时，ECU 收到一个怠速信号，水平下线为 0V，当节气门位于非全闭位置时，水平上线为参考电压；当节气门开启的同时，电压应瞬间以直线上升到参考电压，若有微小的波动都表示触点接触不良或节气门回位弹簧松弛。

学习任务八　温度传感器结构与原理

学习目标：掌握温度传感器的作用及工作原理。

学习方法：本任务为理论基础学习，教师可以通过PPT等多媒体手段来讲解。

一、温度传感器作用和类型

进气温度传感器和冷却液温度传感器是EFI系统中重要的温度传感器，能反映发动机的热负荷状态。进气温度传感器（Intake Air Temperature Sensor，简称IATS）安装在进气管路中，作用是检测进气温度，并将温度信号变化为电信号，输送给ECU，是喷油和点火的修正信号。冷却液温度传感器（Coolant Temperature Sensor，简称CTS）安装在发动机冷却液出水管上，作用是检测发动机冷却液的温度，并转变为电信号，输送给ECU，是喷油和点火的修正信号。

温度传感器常见类型有热敏电阻式、半导体晶体管式和金属丝式等。热敏电阻式又分为正温度系数型（PTC）和负温度系数型（NTC）两种，而汽车上的进气温度传感器和冷却液温度传感器都属于正温度系数型（PTC）。

二、温度传感器结构与原理

热敏电阻式温度传感器的结构如图2—35所示，主要由热敏电阻、金属引线、接线插座和壳体等组成。接线插座有单端子式和双端子式，目前汽车电控系统多采用双端子接线插座。温度传感器的工作原理如图2—36所示，NTC型热敏电阻具有温度升高时阻值减少；温度降低时阻值增大的特性，而且是非线性关系。在ECU内部串联一个分压电阻，ECU向热敏电阻和分压电阻组成的分压电路提供一个稳定的电压，一般为5V，当被测对象的温度升高时，阻值减少，输出信号电压低；当被测对象的温度降低时，阻值增高，输出信号电压高。ECU根据接收到的信号电压值，便可计算出对应的温度值，从而进行喷油和点火的修正控制。

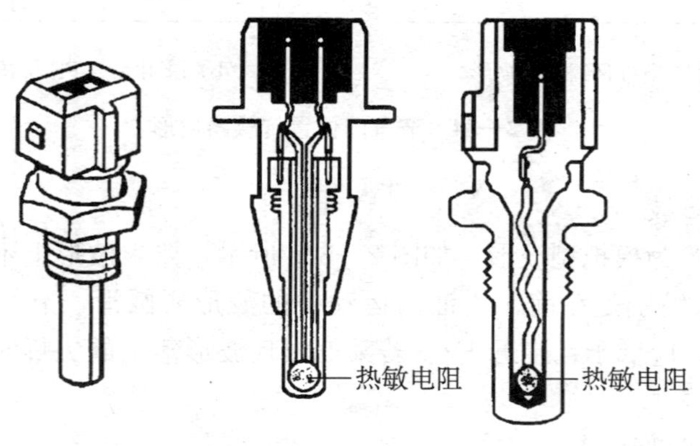

（a）外形　（b）双端子式　（c）单端子式

图2—35　温度传感器的结构

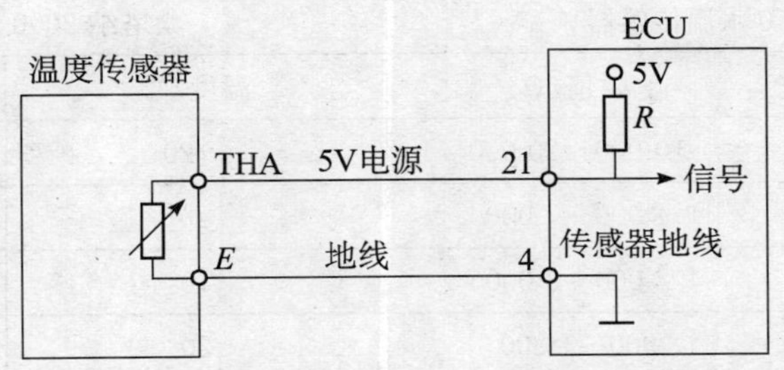

图 2—36　温度传感器的工作原理

学习任务九　温度传感器的检测

学习目标：使学生能运用万用表、诊断仪以及示波器等仪器来检测温度传感器。

学习方法：本任务为实践技能学习，学生分组在实验室由实训指导教师指导完成。

冷却液温度传感器提供许多控制功能的修正信号，如喷油量修正、点火提前角修正、活性炭罐电磁阀控制等。如果冷却液温度传感器信号中断，就会导致发动机冷启动困难、油耗增加、怠速稳定性降低、废气排放量增大等。各种类型温度传感器的阻值各不相同，但是其检测方法基本相同。

一、用万用表检测电源电压与信号电压

检测时，应先拆开进气温度传感器线束连接器，测量两个端子之间应无断路故障，否则应更换传感器。

接通点火开关，检测传感器线束插头上两端子间的电源电压应为 5V 左右。检测信号电压，插上传感器插头，接通点火开关，当发动机工作时，应在 1.0～5.0V 之间变化。温度高时电压低；温度低时电压高。如果电压偏差过大，应当更换传感器。

二、用万用表检测热敏电阻阻值

检测温度传感器阻值时，断开点火开关，拔下温度传感器插头，拆下温度传感器，将传感器和温度表放入烧杯或加热容器中，如图 2—37 所示。在不同温度下，用万用表电阻挡检测传感器插座上两端子间的电阻值，然后再与标准阻值进行比较。丰田皇冠 3.0 轿车和桑塔纳 2000 型轿车用温度传感器的标准阻值如表 2—10 所示，如果阻值偏差过大、过小或为无穷大，说明传感器失效，应予更换。

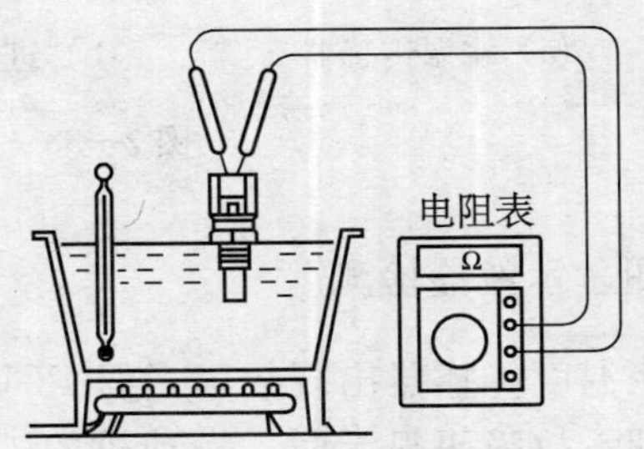

图 2—37　温度传感器检测方法

注意：检测时，不要用明火检测温度传感器，这样会损坏传感器。

表 2—10　　水温传感器的标准阻值

丰田皇冠 3.0 水温传感器		桑塔纳 2000 水温传感器	
温度/℃	阻值/Ω	温度/℃	阻值/Ω
−20	10 000～20 000	−20	14 000～20 000
0	4 000～7 000	0	5 000～6 500
20	2 000～3 000	10	3 300～4 200
40	900～1 300	20	2 200～2 700
60	400～700	40	1 000～1 400
80	200～400	60	530～650
		80	280～350
		100	170～200

三、温度传感器的接线

桑塔纳 2000 温度传感器接线如图 2—38 所示。AFE 发动机的进气温度传感器与进气压力传感器一体，水温传感器如图 2—38a 所示；AJR 发动机的进气温度传感器和水温传感器如图 2—38b和图 2—38c 所示。

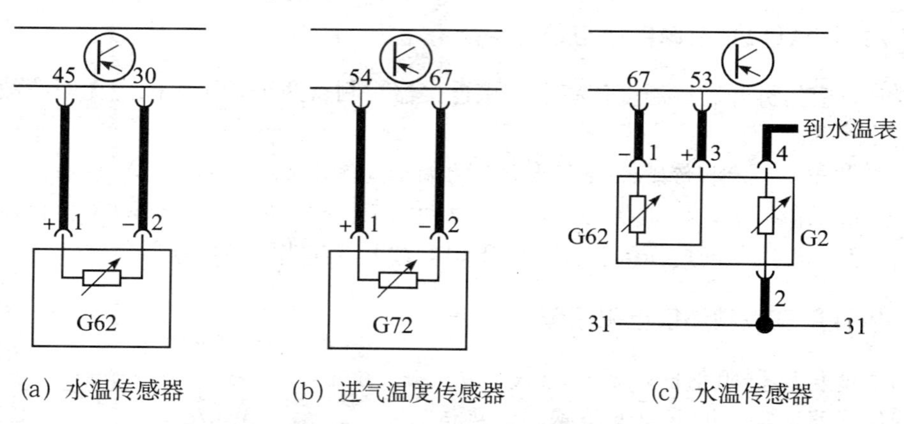

图 2—38　桑塔纳 2000 温度传感器接线

四、示波器检测

当温度传感器出现故障，但 ECU 又无故障信息，即无故障码显示时，发动机的工作性能不佳，这时可用示波器测试温度传感器的波形，与标准波形对照分析找到故障原因。温度传感器标准波形如图 2—39 所示。低温时阻值高，信号输出电压高；高温时阻值低，信号输出电压低。

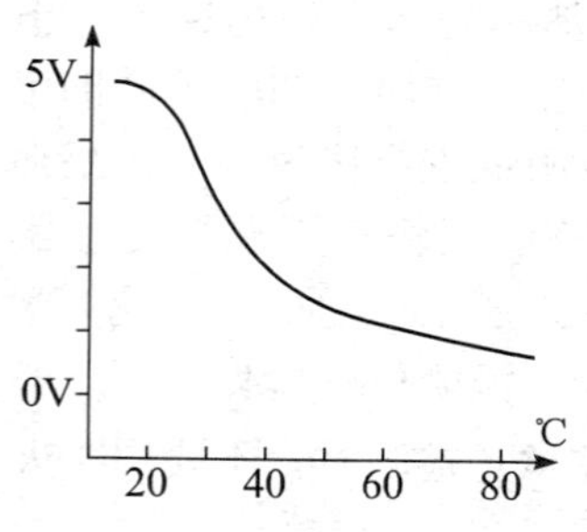

图 2—39　温度传感器标准波形

学习任务十　曲轴/凸轮轴位置传感器结构与原理

学习目标：掌握曲轴/凸轮轴位置传感器作用、结构及工作原理。

学习方法：本任务为理论基础学习，教师可以通过PPT等多媒体手段完成。

一、曲轴/凸轮轴位置传感器作用和类型

曲轴位置传感器（Crankshaft Position Sensor，简称CPS）有时称为发动机转速传感器，用来检测曲轴转角和发动机转速信号，输送给ECU，以便确定燃油喷射时刻和点火控制时刻。凸轮轴位置传感器（Camshaft Position Sensor，简称CPS），用来检测凸轮轴位置信号，输送给ECU，以便ECU确定第一缸压缩上止点，从而进行顺序喷射控制和点火时刻控制；同时，还用于发动机启动时识别第一次点火时刻；因此也称为判缸传感器。

曲轴位置传感器和凸轮轴位置传感器通常安装在一起，只是各车型安装的位置不同，如曲轴、凸轮轴、飞轮或分电器等处。根据结构和工作原理不同，CPS可分为电磁式、霍尔式和光电式三种类型。

二、曲轴/凸轮轴位置传感器结构与原理

1. 电磁式CPS

电磁式CPS主要由信号转子、线圈和永久磁铁组成，如图2—40所示。磁力线路径为：永久磁铁N极→定子与转子间的气隙→转子凸齿→转子凸齿与定子磁头间的气隙→磁头→导磁板→永久磁铁S极。其工作原理：当信号转子旋转时，磁路中的气隙就会周期性的发生变化，磁路的磁阻和穿过信号线圈磁头的磁通量随之发生周期性的变化。根据电磁感应原理，线圈中就会感应产生交变电动势，如图2—41所示。

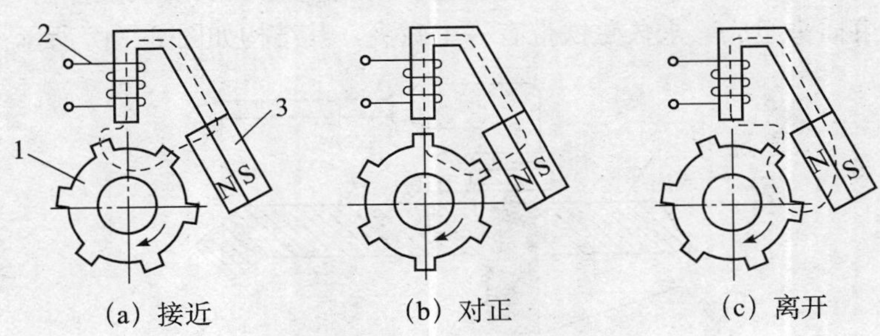

图2—40　电磁式CPS工作原理

1—信号转子；2—线圈；3—永久磁铁

当信号转子按顺时针方向旋转时，转子凸齿与磁头间的气隙减小，磁路磁阻减小，磁通量增多，直到转子凸齿接近磁头边缘时，磁通量急剧增多，感应电动势增加到最大值，如图2—41中b点位置；当转子转过b点位置后，虽然磁通量仍在增多，但磁通变化率减小，因此感应电动势降低。

当转子旋转到凸齿的中心线与磁头的中心线对齐时，如图2—40b所示，虽然转子凸齿与磁头间的气隙最小，磁路的磁阻最小，磁通量最大，但是，由于磁通量不可能继续增加，磁通变化率为零，因此感应电动势为零，如图2—41中c点位置。

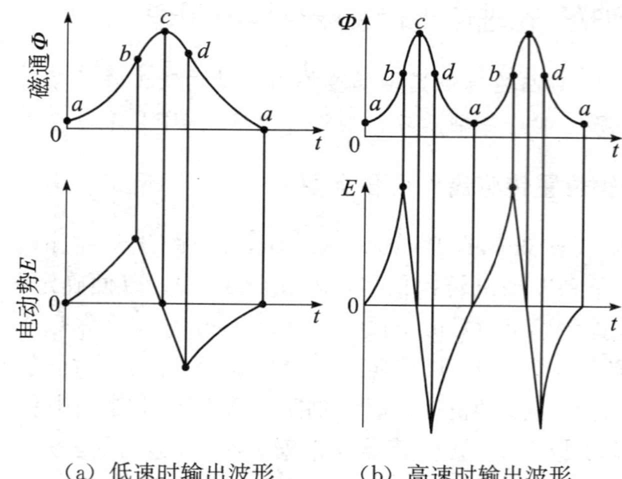

（a）低速时输出波形　　（b）高速时输出波形

图 2—41　传感线圈中磁通和电动势的波形

当转子沿顺时针方向继续旋转，凸齿离开磁头时，如图 2—40c 所示，凸齿与磁头间的气隙增大，磁路磁阻增大，磁通量减少，所以感应电动势为负值，如图 2—41 中 d 点位置，当凸齿转到将要离开磁头边缘时，磁通量急剧减少，感应电动势达到负最大值。所以，当信号转子每转过一个凸齿，线圈中就会产生一个周期的交变电动势，即电动势出现一次最大值和一次最小值，线圈也就相应地输出一个交变电压信号。

（1）桑塔纳 2000GSi 型轿车的电磁式 CPS（曲轴位置传感器）。

桑塔纳 2000GSi 型轿车的电磁式 CPS 安装在曲轴箱内靠近离合器一侧的缸体上，主要由信号发生器和信号转子组成。信号发生器用螺钉固定在发动机缸体上，由永久磁铁、传感线圈和线束插头组成，永久磁铁带有一个磁头，其结构如图 2—42 所示。

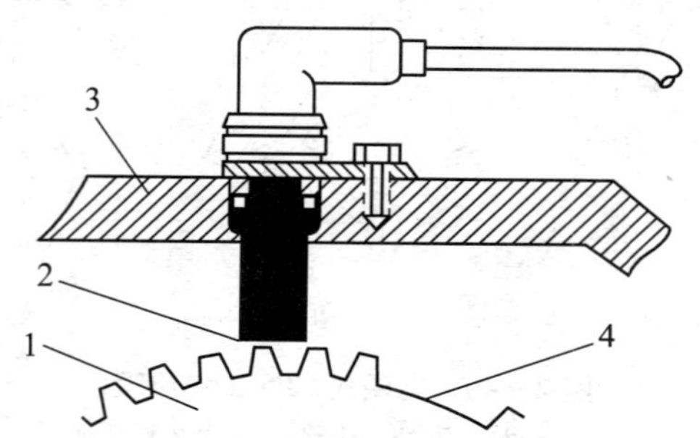

图 2—42　桑塔纳 2000GSi 型的电磁式 CPS 结构

1—信号转子；2—传感器磁头；3—缸体；4—大齿缺

信号转子的圆周上均匀地制成 58 个凸齿，其中有 57 个小齿缺和 1 个大齿缺。每个凸齿和小齿缺所占的曲轴转角均为 3°，大齿缺为 15°。信号转子每转过一个凸齿，线圈相应地输出一个交变电压信号，每当信号转子随曲轴转动一圈，线圈就会向控制单元 ECU 输入 58 个脉冲信号。因此，ECU 每接收到曲轴位置传感器 58 个信号，就可知道发动机曲轴旋转了一圈，因此在一分钟内，ECU 便可计算出曲轴转速。

当大齿缺转过磁头时，信号电压所占的时间较长，即输出信号为一宽脉冲信号，如图

2—43 所示，该信号对应于 1 缸或 4 缸压缩上止点前一定角度。当 ECU 接收到宽脉冲信号时，便知道 1 缸或 4 缸上止点位置即将到来，ECU 再根据凸轮轴位置传感器输入的信号来确定 1 缸或 4 缸上止点位置。由于信号转子上有 58 个凸齿，因此信号转子每转一圈（发动机曲轴转一圈），传感线圈就会产生 58 个交变电压信号输入电子控制单元。

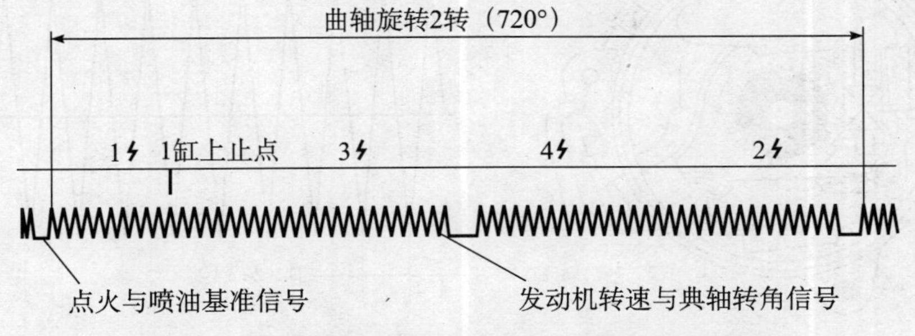

图 2—43　桑塔纳 2000GSi 型电磁式 CPS 输出信号

（2）丰田皇冠 3.0 轿车电磁式 CPS。

丰田皇冠 3.0 轿车电磁式 CPS 由分电器改进而成，其结构如图 2—44 所示，由上、下两部分组成。上部分称 G 转子，由一个凸齿和两个感应线圈 G1 和 G2 组成，用以产生第一缸上止点基准信号（G 信号）；下部分称 Ne 转子，由 24 个凸齿和一个感应线圈组成，用以产生曲轴转角信号（Ne 信号）。

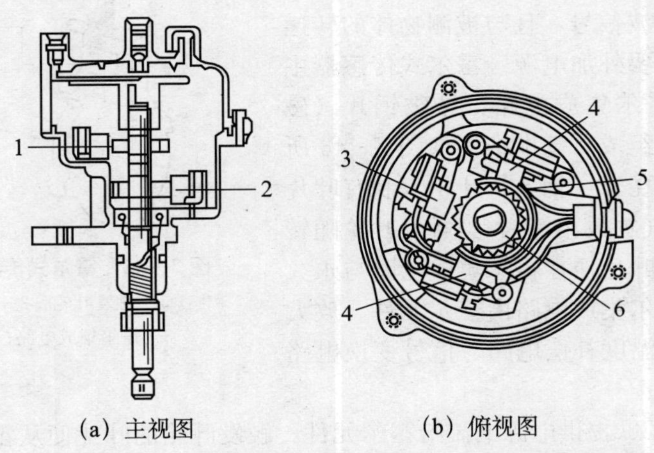

图 2—44　丰田皇冠 3.0 轿车电磁式 CPS 的结构

1—G 信号发生器；2—Ne 信号发生器；3—Ne 传感线圈；4—G2 传感线圈；5—G2 信号转子；6—G1 信号转子

当发动机曲轴旋转时，凸轮轴驱动传感器信号转子旋转，转子凸齿与磁头间的气隙交替发生变化，传感线圈的磁通随之交替发生变化，在线圈中就会感应产生交变电动势，信号电压的波形如图 2—45 所示。

当转子旋转一圈时，Ne 转子传感线圈就会产生 24 个交变信号，G 转子传感线圈就会产生 1 个交变信号（1 个 G1 和 1 个 G2 信号）。所以，ECU 每接收 Ne 信号发生器 24 个信号，即可知道曲轴旋转了两圈、分火头旋转了一圈，根据每个 Ne 信号周期所占时间，ECU

即可计算确定发动机曲轴转速和分火头转速；ECU 每接收 1 个 G1 信号，即可确定第六缸压缩上止点前 10°位置，ECU 每接收 1 个 G2 信号即可确定第一缸压缩上止点前 10°位置。

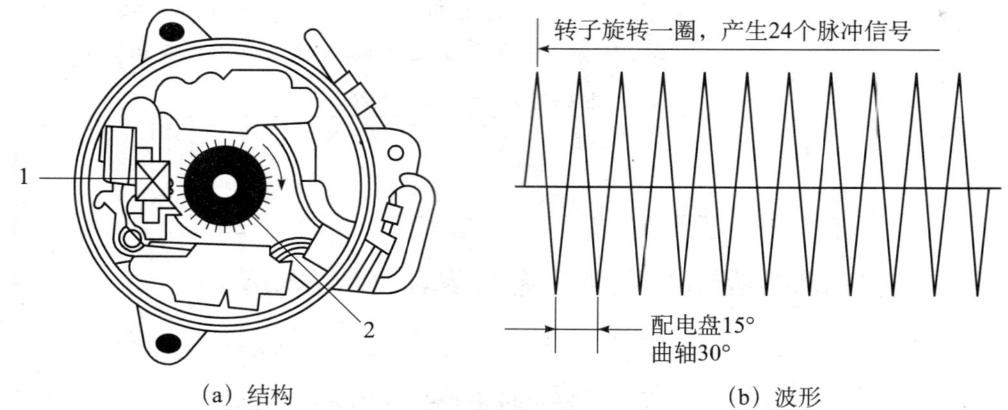

图 2—45　丰田皇冠 3.0 轿车电磁式 CPS 的信号发生器结构和输出波形

1—Ne 传感线圈；2—G2 信号转子

2. 霍尔效应式 CPS

利用霍尔元件制成的传感器称为霍尔效应式传感器，简称霍尔式传感器。霍尔式传感器输出电压信号近似于方波信号，且与被测物体的转速无关，但工作时需要外加电源。霍尔式传感器主要由触发叶轮、霍尔集成电路、导磁钢片（磁轭）与永久磁铁等组成，基本结构如图 2—46 所示。触发叶轮安装在转子轴上，叶轮上制有叶片（叶片数与发动机气缸数相等）。当触发叶轮随转子轴一同转动时，叶片便在霍尔集成电路与永久磁铁之间转动。霍尔集成电路由霍尔元件、放大电路、稳压电路、温度补偿电路、信号变换电路和输出电路等组成。

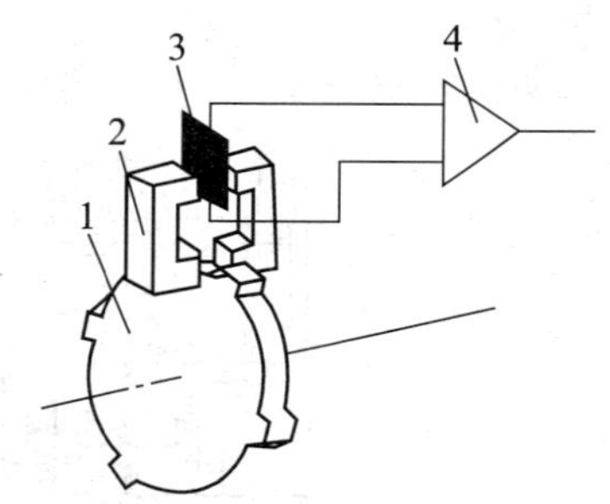

图 2—46　霍尔式传感器工作原理

1—触发叶轮；2—永久磁铁；3—霍尔集成电路；4—放大器

工作时，由 ECU 提供电源电流给霍尔元件，触发叶轮的叶片便从霍尔集成电路与永久磁铁之间的气隙中转过，使磁场强度改变，霍尔晶体管产生的霍尔电压经放大后输送给 ECU。ECU 根据霍尔电压产生的时刻确定凸轮轴位置，根据霍尔电压产生的次数确定曲轴转角和发动机转速。

当叶片进入气隙时，霍尔集成电路中的磁场被叶片旁路，霍尔电压为零，传感器输出的信号电压为高电平；当叶片离开气隙时，永久磁铁的磁通便经霍尔集成电路和导磁钢片构成回路，此时霍尔元件产生电压，传感器输出的信号电压为低电平。

（1）桑塔纳 2000GSi 型轿车的霍尔式 CPS（凸轮轴位置传感器）。

桑塔纳 2000GSi 型轿车采用的霍尔式 CPS 安装在发动机进气凸轮轴的一端，主要由霍尔信号发生器和信号转子组成。信号转子又称为触发叶轮，安装在进气凸轮轴上，用定位螺栓和座圈定位固定，信号转子的隔板又称为叶片，如图 2—47 所示。

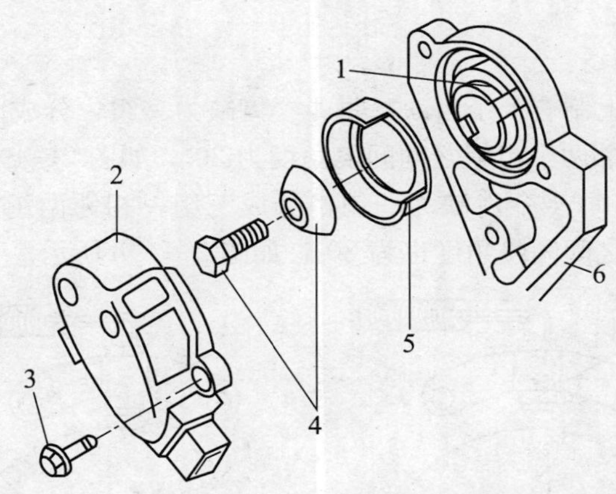

图 2—47　桑塔纳 2000GSi 型霍尔式 CPS 的结构

1—进气凸轮轴；2—凸轮轴位置传感器；3—传感器固定螺钉；
4—定位螺栓和座圈；5—信号转子；6—缸盖

当隔板（叶片）进入气隙（即在气隙内）时，霍尔元件不产生电压，传感器输出高电平（5V）信号；当隔板（叶片）离开气隙，霍尔元件产生电压，传感器输出低电平信号（0.1V），如图 2—48 所示。发动机曲轴每转两圈（720°），霍尔传感器信号转子就转一圈（360°），对应产生一个低电平信号和一个高电平信号，其中低电平信号对应于 1 缸压缩上止点前一定角度。

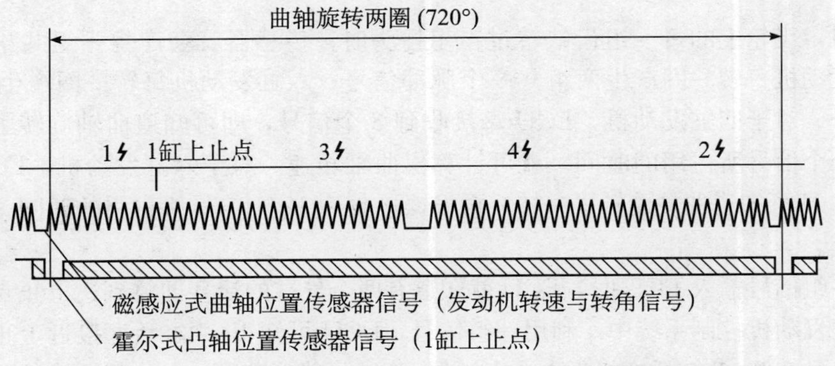

图 2—48　桑塔纳 2000GSi 曲轴/凸轮轴位置传感器输出波形的对应关系

发动机工作时，磁感应式 CPS 和霍尔式 CPS 产生的信号电压不断输入控制单元 ECU，当 ECU 同时接收到磁感应式 CPS 的大齿缺对应的低电平和霍尔式 CPS 的低电平信号时，便可识别出此时为 1 缸活塞处于压缩行程、4 缸活塞处于排气行程，并根据曲轴位置传感器小齿缺对应输出的信号控制点火提前角。控制单元识别出 1 缸压缩上止点位置后，便可进行顺序喷油控制和各缸点火时刻控制。

（2）切诺基（Cherokee）吉普车的霍尔式 CPS。

切诺基吉普车 2.5L（四缸）、4.0L（六缸）电控燃油喷射式发动机采用霍尔式曲轴/凸轮轴位置传感器，曲轴位置传感器安装在变速器壳体上，向 ECU 提供发动机转速与曲轴位置（转角）信号；凸轮轴位置传感器安装在分电器内，向 ECU 提供气缸判别信号，又称为同步信号传感器。

1）曲轴位置传感器。

四缸发动机的飞轮上制有 8 个齿缺，每 4 个齿缺为一组，分成两组，两组之间相隔角度为 180°，同一组中相邻两个齿缺之间间隔角度为 20°，如图 2—49a 所示。六缸发动机的飞轮上制有 12 个齿缺，每 4 个齿缺为一组，分成三组，相邻两组之间相隔角度为 120°，同一组中相邻两个齿缺之间间隔角度也为 20°，如图 2—49b 所示。

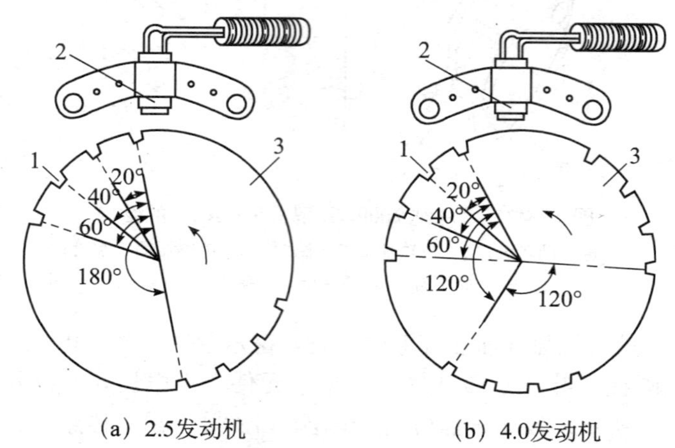

（a）2.5发动机　　（b）4.0发动机

图 2—49　切诺基（Cherokee）吉普车霍尔式曲轴位置传感器的结构

1—齿缺；2—信号发生器；3—飞轮

工作时，飞轮上的每一组齿缺转过霍尔探头时，传感器就会产生一组共 4 个脉冲信号。四缸发动机每转一圈产生两组共 8 个脉冲信号；六缸发动机每转一圈产生三组共 12 个脉冲信号。对于四缸发动机，ECU 每接收到 8 个信号，即可知道曲轴旋转了一转，再根据接收 8 个信号所占用的时间，就可计算出曲轴转速。对于六缸发动机，ECU 接收到 12 个信号，即可知道曲轴旋转了一转，再根据接收到 12 个信号所占用的时间，就可计算出曲轴转速。

当某一组信号输入 ECU 时，ECU 就知道有两个气缸的活塞即将到达上止点位置。例如：在四缸发动机控制系统中，利用一组信号，ECU 可知 1、4 缸活塞接近上止点；利用另一组信号可知 2、3 缸活塞接近上止点。但 ECU 不能确定哪一缸位于压缩行程，哪一缸位于排气行程。

2）凸轮轴位置传感器。

霍尔式凸轮轴位置传感器，向 ECU 提供气缸判别信号，主要由脉冲环（信号转子）和霍尔信号发生器组成，脉冲环安装在分电器轴上，随分电器轴一同转动，如图 2—50 所示。

工作时，叶片进入信号发生器，传感器输出高电平（5V）；当叶片离开信号发生器时，传感器输出低电平（0V）。分电器轴转一圈，传感器输出一个高电平和一个低电平，信号波形如图 2—51 所示。对于四缸发动机，传感器输出高电平（5V）时，表示 1、4 缸活塞即将到达上止点，其中 1 缸活塞位于压缩行程，4 缸活塞位于排气行程。对于六缸发动机，表示 3、4 缸活塞即将到达上止点，其中 4 缸活塞位于压缩行程，3 缸活塞位于排气行程。传感器输出低电平（0V）时，表示即将到达上止点的仍然是 1、4 缸活塞，其中 4

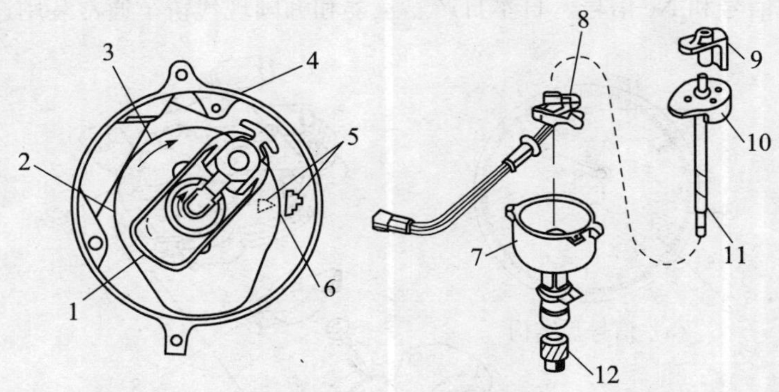

图 2—50　切诺基（Cherokee）吉普车霍尔式凸轮轴位置传感器的结构

1—转子；2—脉冲后沿；3—脉冲环；4—分电器壳；5—霍尔信号发生器；6—脉冲前沿；7—壳体；8—定子；9—分火头；10—脉冲环；11—轴；12—驱动齿轮

缸活塞位于压缩行程，1 缸活塞位于排气行程。对于六缸发动机，表示 3 缸活塞位于压缩行程，4 缸活塞位于排气行程。

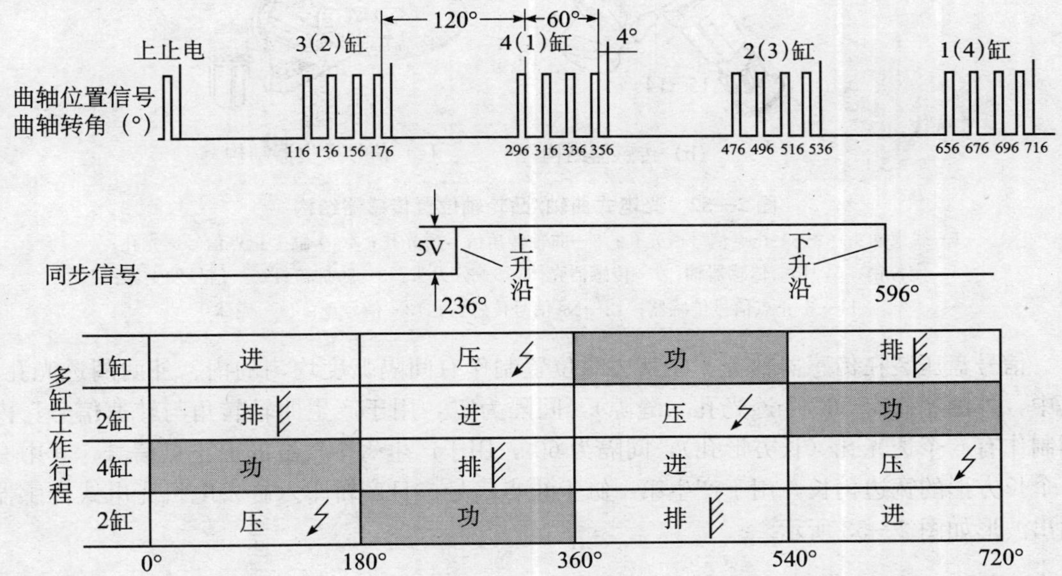

图 2—51　切诺基（Cherokee）吉普车霍尔式曲轴/凸轮轴位置传感器的信号与正时关系

ECU 利用凸轮轴位置传感器判别出是哪一气缸即将到达排气上止点之后，再根据曲轴位置传感器信号，即可控制喷油提前角和点火提前角。

3. 光电式 CPS

光电式凸轮轴/曲轴位置传感器，主要由信号盘（即信号转子）、信号发生器、配电器、传感器壳体和线束插头等组成，如图 2—52 所示。转子上制有一定数量的透光孔，利用发光二极管作为信号源，随转子转动，当透光孔与发光二极管对正时，光线照射到光敏二极管上产生电压信号，经放大电路放大后输送给 ECU。转子内、外两圈的透光孔数量不等，分别用以产生 G 信号和 Ne 信号。日本日产、三菱和韩国现代轿车通常装用这种传感器。

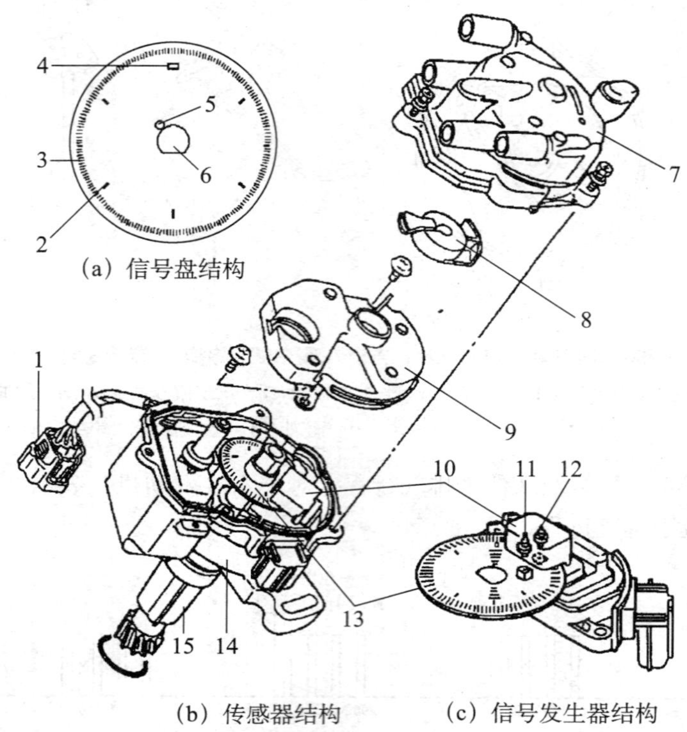

图 2—52　光电式曲轴/凸轮轴位置传感器结构

1—线束插头；2—上止点信号透光孔；3—曲轴转角信号透光孔；4—1 缸上止点信号透光孔；5—定位销；6，15—传感器轴；7—传感器壳体；8—分火头；9—防护盖；10—信号发生器；11—上止点信号传感器；12—Ne 信号传感器；13—信号盘；14—壳体

信号盘压装在传感器轴上，在其边缘位置制作有间隔弧度均匀的内、外两圈透光孔。其中，外圈制作有 360 个透光孔（缝隙），间隔为 1°，用于产生曲轴转角与转速信号；内圈制作有 6 个透光孔（长方形孔），间隔为 60°，用于产生每个气缸的上止点信号，其中有一个长方形的宽边稍长，用于产生第一缸上止点信号。日产轿车六缸发电机光电式传感器输出波形如图 2—53 所示。

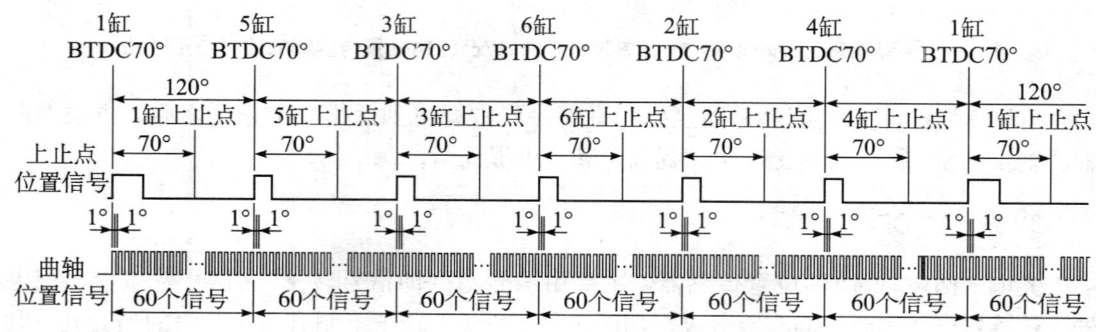

图 2—53　日产轿车六缸发动机光电式传感器输出波形

光电式传感器工作原理如图 2—54 所示。当传感器轴随曲轴和配气凸轮轴转动时，信号盘上的透光孔和遮光部分便从 LED 与光敏晶体管之间转过，LED 发出的光线受信号盘透光和遮光作用就会交替照射到信号发生器的光敏晶体管上，光敏晶体管集电极就会交替地输出高电平和低电平。光线照射到光敏晶体管上时，输出低电平（0.1～0.3V）；光线远离光敏晶体管时，输出高电平（4.8～5.2V）。

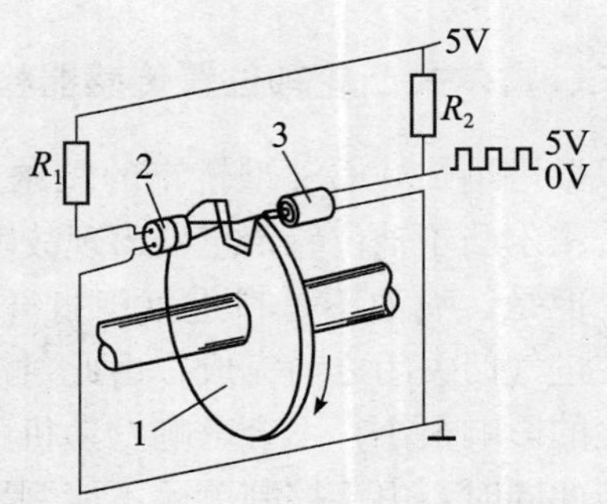

图 2—54 光电式传感器工作原理

1—信号盘；2—发光二极管；3—光敏晶体管

学习任务十一 曲轴/凸轮轴位置传感器的检测

学习目标：使学生能运用万用表、诊断仪以及示波器等仪器来检测曲轴/凸轮轴位置传感器。

学习方法：本任务为实践技能学习，学生分组在实验室由实训指导教师指导完成。

一、电磁式曲轴位置传感器检测

以桑塔纳 2000GSi 型轿车的电磁式曲轴位置传感器为例进行说明。当发动机运行时，若电磁式传感器出现故障导致信号中断，则发动机将立刻熄火而无法运转，这时，电控单元 ECU 能够检测到故障信息，利用 V. A. G1551/2 故障诊断仪，可以读取故障信息。

当用万用表检测传感器信号线圈电阻时，断开点火开关，拔下传感器插头接线如图 2—55 所示，各端子间的阻值应符合表 2—11 中规定，如阻值不符合则应更换线束或传感器总成。信号转子凸齿与磁头间的气隙应在 0.2～0.4mm 范围内。

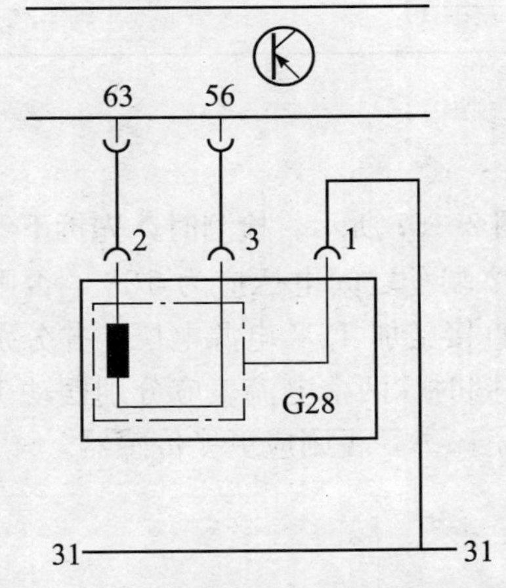

图 2—55 桑塔纳电磁式曲轴位置传感器

表 2—11 各端子间的阻值

测试端子	电阻值/Ω
2 与 3	450～1 000
1 与 2	∞
1 与 3	∞
1 与搭铁	不超过 1.5
2 与 63	不超过 1.5
3 与 56	不超过 1.5

二、霍尔式凸轮轴位置传感器检测

以桑塔纳 2000GSi 型轿车的霍尔式凸轮轴位置传感器为例进行说明。当发动机运行时，若霍尔凸轮轴位置传感器出现故障而导致信号中断时，发动机会继续运转，也能再次启动。但是，喷油不是在进气门打开时完成，而是在进气门关闭之前完成，由此对混合气品质产生的影响很小，不会影响发动机的总体性能。与此同时，由于控制单元不能判别即将到达压缩上止点的是哪一缸，因此爆震调节将停止。为了防止发动机产生爆震，控制单元将自动减小点火提前角。

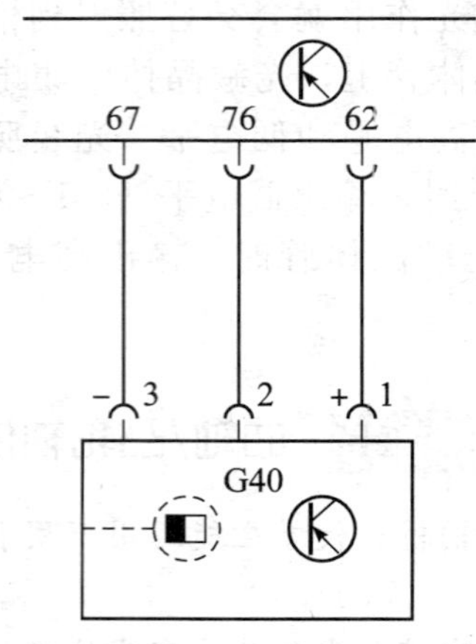

图 2—56　桑塔纳霍尔式凸轮轴位置传感器

当霍尔传感器出现故障信号中断时，控制单元 ECU 能够检测到故障信息，用 V. A. G1551/2 故障诊断仪可以读取故障信息。如故障代码显示霍尔传感器有故障，可用万用表检测传感器电源电压和导线电阻进行检测，传感器插头接线如图 2—56 所示，测试参考条件和数据见表 2—12。

表 2—12　测试参考条件和数据

测试条件	测试端子	测试结果
点火开关 ON	1 与 3	5V，若过低或为 0V，说明线束断路、短路或控制单元 ECU 有故障；若高于 5V，表示传感器损坏。
点火开关 OFF	1 与 62	应不大于 1.5Ω
	2 与 76	应不大于 1.5Ω
	3 与 67	应不大于 1.5Ω
	1（62）与 2	应为∞
	1（62）与 3	应为∞

三、光电式曲轴/凸轮轴位置传感器检测

日本三菱汽车光电式 CPS 传感器的控制电路如图 2—57 所示。检测时，先拆下线束插头，将点火开关转至“ON”位置，测量电脑侧 1 与 2 端子之间电压应为 12V，否则说明线路或 ECU 有故障；给传感器侧的 1 与 2 端子之间直接施加 12V 电源电压，并分别在信号输出端子 3 和 4 与 1 之间接上电流表，转动转子一圈时，两个电流表应分别摆动 1 次和 4 次（与透光孔数量相等），每次电流表指示电流约为 1mA，否则应更换传感器。

四、检测曲轴/凸轮轴位置传感器的输出波形

当怀疑传感器出现故障，但 ECU 没有故障码信息，或发动机工作性能已出现故障现象时，可用示波器测试传感器输出波形，根据波形分析故障原因。曲轴/凸轮轴位置传感器波形按传感器型式不同有三种标准波形，如图 2—58 所示。

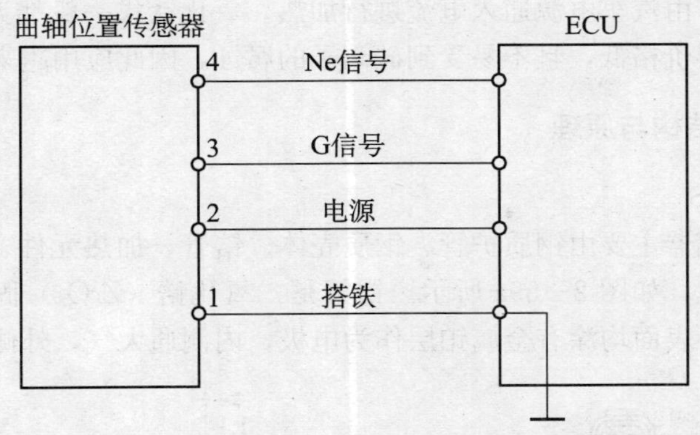

图 2—57 日本三菱汽车光电式 CPS 传感器检测电路

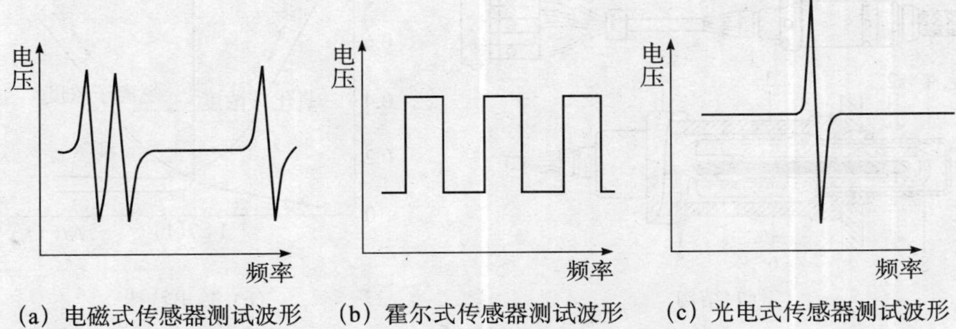

(a) 电磁式传感器测试波形 (b) 霍尔式传感器测试波形 (c) 光电式传感器测试波形

图 2—58 曲轴/凸轮轴位置传感器的标准波形

电磁式传感器测试波形，应满足图 2—58a 中的要求，否则应更换传感器。

霍尔式传感器测试波形，应满足图 2—58b 中的要求，否则应更换传感器。

光电式传感器测试波形，应满足图 2—58c 中的要求，否则应更换传感器。

学习任务十二 氧传感器结构与原理

学习目标：掌握氧传感器的作用、类型、结构及工作原理。

学习方法：本任务为理论基础学习，教师可以通过 PPT 等多媒体手段来完成。

一、氧传感器作用和类型

氧传感器（Oxygen Sensor，简称 O_2S）安装在排气管上，作用是检测排气中氧离子的含量，并将该信号转变为电信号输入 ECU。如果氧的含量高，输出电压就低；如果氧的含量低，输出电压就高。ECU 根据氧传感器信号，对喷油时间进行修正，实现空燃比反馈控制。

按结构原理不同，氧传感器分为氧化锆（ZrO_2）式和氧化钛（TiO_2）式两种类型，氧化锆式氧传感器又分为加热型与非加热型氧传感器两种，非加热型的线束插头有一个或两个接线端子；加热型的线束插头有两个或四个接线端子。加热器采用陶瓷加热元件制成，设在锆管内侧，由汽车电源通入电流进行加热。氧化钛式一般都为加热型传感器。由于氧化钛式氧传感器价格低，且不易受到硅离子的腐蚀，因此应用越来越多。

二、氧传感器结构与原理

1. 氧化锆式 O_2S

氧化锆式氧传感器主要由钢质护管、钢质壳体、锆管、加热元件、电极引线、防水护套和线束插头等组成，如图 2—59a 所示。锆管是二氧化锆（ZrO_2）固体电解质粉制成的陶瓷管，管的内、外表面均涂有金属铂层作为电极，内侧通大气，外侧通排气。

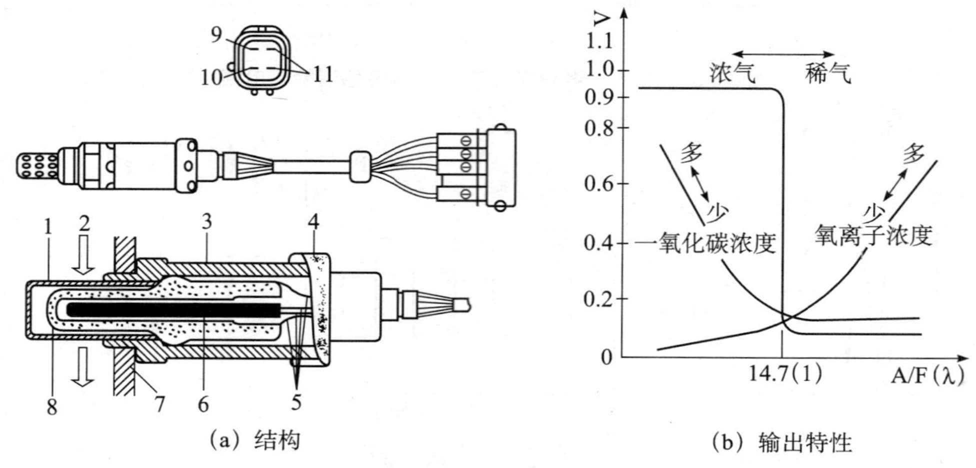

(a) 结构　　(b) 输出特性

图 2—59　氧化锆氧传感器的结构及其输出特性

1—钢质护管；2—废气；3—钢质壳体；4—防水护套；5—电极引线；6—加热元件；7—排气管；8—锆管；9—电源端子；10—搭铁端子；11—信号端子

当温度在 400℃以上，若锆管内、外表面接触的气体氧的浓度不同时，则会在两个铂电极之间产生电动势。发动机工作时，锆管内表面接触大气，氧浓度是固定的，锆管外表面接触废气，氧浓度是变化的，所以两个电极间产生电动势，并输送给 ECU，以便 ECU 知道实际空燃比，进而对空燃比反馈控制。其工作特性如图 2—59b 所示，当混合气过稀时，则排气中氧含量高，传感器内、外侧氧浓度差小，两电极间产生的电压低（约为 0.1V），此时 ECU 将增加喷油量，使实际空燃比减小；反之，混合气过浓时，则排气中氧含量低，传感器内、外侧氧浓度差大，两电极间产生的电压高（约为 0.9V）。此时 ECU 将减少喷油量，使实际空燃比增大；如此反复，ECU 根据氧传感器信号不断调节喷油量，将实际空燃比控制在理论空燃比附近。在理论空燃比附近，氧传感器输出的电压信号有一突变。

由于氧化锆式氧传感器在 300℃以上的环境中，才能输出稳定的信号电压，因此，加热的目的是保证低温（排气温度在 150～200℃以下）时，氧传感器就能投入工作，从而减少排放中的有害气体。

2. 氧化钛式 O_2S

氧化钛式氧传感器主要由二氧化钛传感元件、钢质壳体、加热元件和电极引线等组成，如图 2—60a 所示。二氧化钛传感元件的阻值随氧离子浓度的变化而变化，因此氧化钛式氧传感器也称阻值变化型氧传感器，信号源相当于一个可变电阻，其电阻值与过量空气系数的关系如图 2—60b 所示。

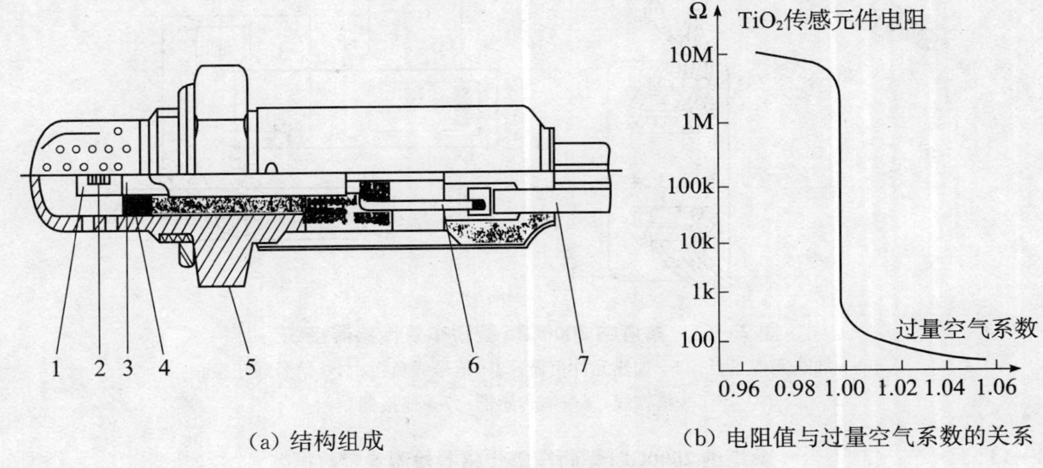

(a) 结构组成　　(b) 电阻值与过量空气系数的关系

图 2—60　氧化钛式氧传感器

1—加热元件；2—TiO_2 传感元件；3—基片；4—密封垫；
5—钢质壳体；6—电极引线；7—线束插接器

当发动机混合气稀，排气中氧含量较多时，传感元件周围的氧离子浓度较大，则阻值低，输出低电压；当发动机的混合气浓，排气中氧含量少时，传感元件周围的氧离子很少，则阻值高，输出高电压。利用适当的电路对电阻变量进行处理，即可转换成电压信号输送给 ECU，用来确定实际的空燃比。氧化钛式氧传感器的电阻将在混合气的过量空气系数大约为 1（空燃比 A/F 约为 14.7）时产生突变。

氧传感器失效的主要原因是传感元件老化和中毒。氧传感器老化的主要原因是传感元件局部表面温度过高。氧传感器的传感元件受到污染而失效的现象称为中毒。氧传感器中毒主要是指铅（Pb）中毒、硅（Si）中毒和磷中毒。

学习任务十三　氧传感器的检测

学习目标： 使学生能运用万用表、诊断仪以及示波器等仪器来检测氧传感器。

学习方法： 本任务为实践技能学习，学生分组在实验室由实训指导教师指导完成。

一、检测氧传感器各端子通断情况

用万用表电阻挡检测氧传感器时，先断开点火开关，拔下控制器线束插头和传感器线束插头，再检测两插头上各端子之间导线电阻。以桑塔纳 2000GLi 型轿车氧传感器检测为例，其接线如图 2—61 所示，检测各端子之间的阻值，应符合表 2—13 中规定的数据。如阻值过大或为无穷大，说明线束与端子接触不良或断路。

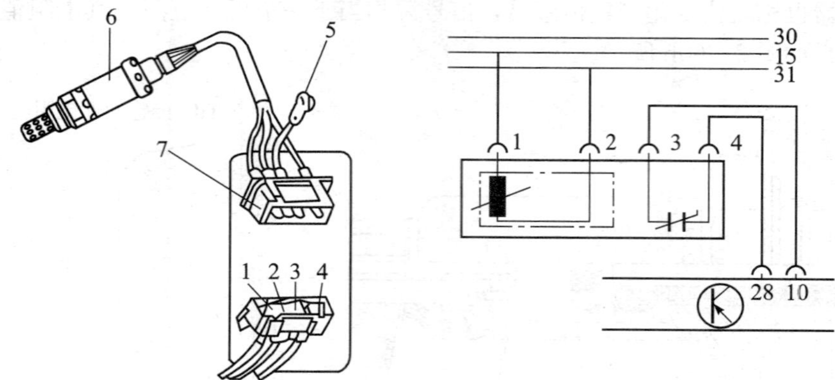

图 2—61　桑塔纳 2000GLi 型轿车氧传感器接线

1—加热元件正极；2—加热元件负极；3—信号线负极；4—信号线正极；
5—搭铁线；6—氧传感器；7—连接器

表 2—13　　桑塔纳 2000GLi 型轿车氧传感器检测参考数据

检测项目	检测条件	检测部位	标准值
电源电压	发动机启动并怠速运行	检测传感器 1 与 2 端子之间的电压	12～14V
信号电压	发动机启动并怠速运行	检测传感器 3 与 4 端子之间的电压	交替显示 0.1V 与 0.9V
模拟故障检测信号电压	(1) 发动机启动并怠速运行；(2) 拔下油压调节器真空软管并将调节器密封	检测传感器 3 与 4 端子之间的电压	显示 0.9V 短时稳定，然后开始摆动
加热元件电阻	拔下氧传感器插头	检测传感器插座 1 与 2 端子之间的阻值	0.5～20Ω
信号正极线	拔下控制器、传感器插头	28 与 4 端子	＜0.5Ω
信号负极线	拔下控制器、传感器插头	10 与 3 端子	＜0.5Ω
加热元件正极导线	打开点火开关，拔下传感器插头	15 与 1 端子	＜0.5Ω
加热元件负极导线	打开点火开关，拔下传感器插头	2 与 31 端子	＜0.5Ω

二、读取氧传感器的数据块

当怀疑氧传感器出现故障，而发动机 ECU 又检测不到故障信息时，发动机仍能以开环控制方式继续运转，只是发动机工作状态不是最佳，排气中有害气体的含量以及发动机的燃油消耗量将增加。这时，可利用 V. A. G1551/2 故障诊断仪，读取氧传感器的工作参数和故障信息。以桑塔纳 2000 轿车 M154 电控系统的氧传感器检测为例。

（1）启动发动机至正常工作温度或至少 80℃。

（2）蓄电池电压、排气系统应正常，氧传感器加热元件应正常。

（3）连接故障诊断仪，输入发动机控制系统地址码 01，屏幕显示为：

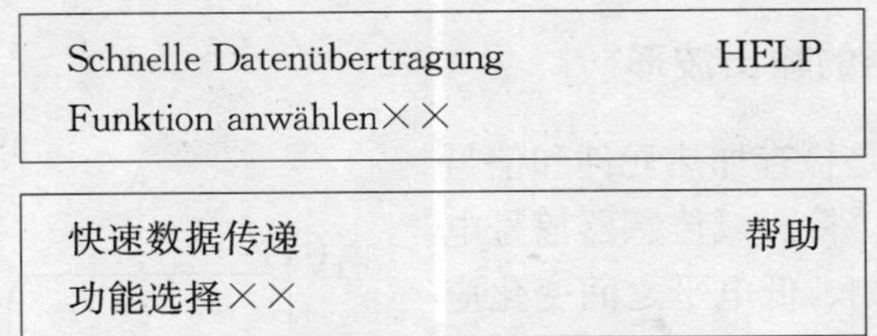

（4）输入基本设定的功能码04，并按下Q键确认，屏幕显示为：

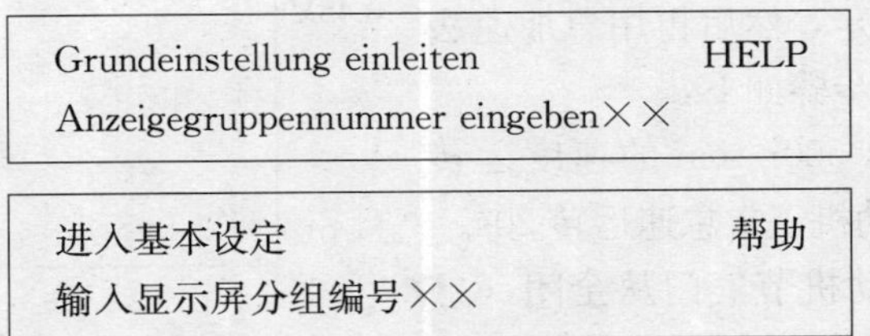

（5）输入分组代码01，并按下Q键确认，屏幕显示为：

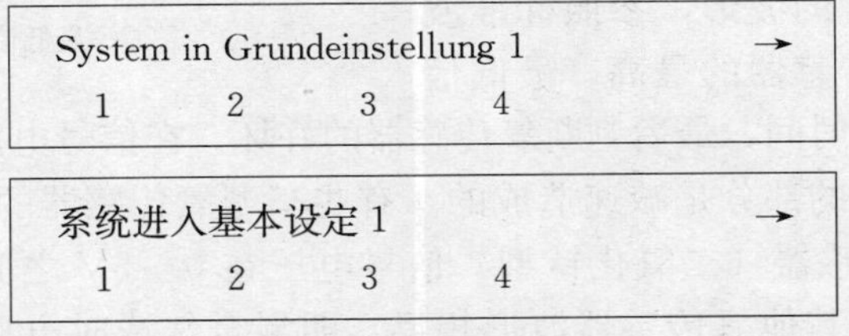

当第4显示区为00000000时，才能继续检测；若显示区出现数字1或若干个1时，则表示检测条件没有满足。

（6）按下"→"键，重新输入"阅读测量数据块"功能码08，并确认，屏幕显示为：

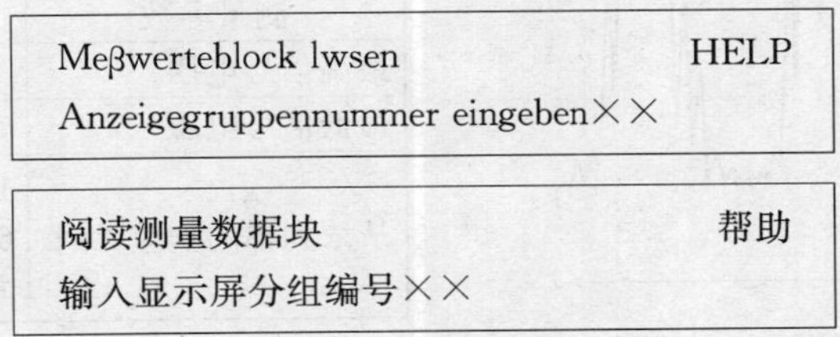

（7）输入分组代码01，并按下Q键确认，屏幕显示为：

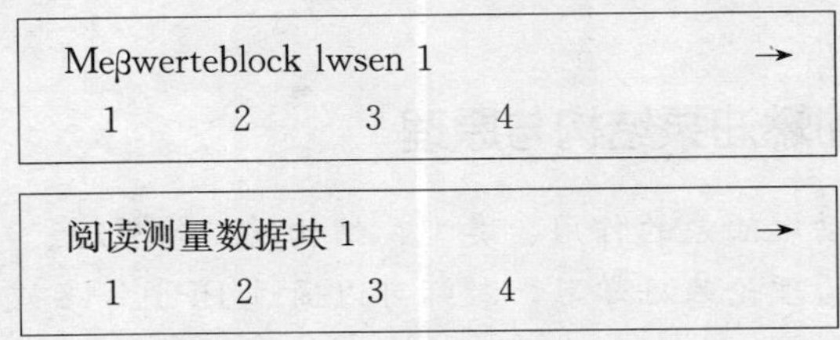

（8）将发动机转速提高到大约2 500r/min，运行1min，然后使发动机进入怠速运转，读取显示区3上的氧传感器电压，其波动量必须大于0.3V，否则应进行电气电路检查，必要时更换氧传感器。

三、检测氧传感器的输出波形

检修氧传感器主要是检查加热元件和信号电压变化频率是否正常。检测氧传感器信号电压变化的频率时，要求高、低电平之间变化应不低于10次/min。标准波形如图2—62所示。测试氧传感器时，一般用手动真空泵施加真空度，使进气压力保持稳定，然后再用急加速法来测试氧传感器，测试步骤如下：

（1）使发动机以2 500r/min的速度运转2～6min，然后再让发动机正常怠速运转20s。

（2）在2s内将发动机节气门从全闭（怠速）至全开1次，共进行5～6次。注意发动机转速不能超过4 000r/min。

（3）锁定显示屏上的波形，参照标准波形要求，对比分析氧传感器的最高、最低信号电压值和信号的响应时间，最后判断氧传感器的好坏。在信号电压波形中，上升的部分是急加速造成的，下降的部分是减速造成的。有些车型氧传感器的参考电压为5V，如北京切诺基4.0L的氧传感器（二氧化钛型）信号电压在0～5V之间变化，如图2—63所示，且信号电压波形与其他氧传感器波形相反，即混合气浓时电压低，混合气稀时电压高。检测时，注意查找该车型提供的氧传感器相关参数，见表2—14。

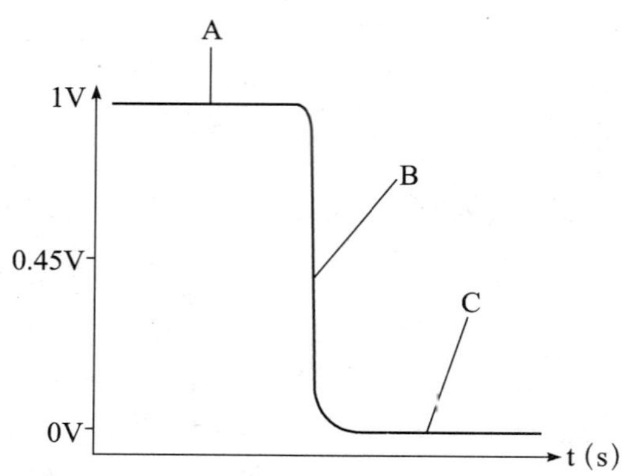

图2—62　氧传感器标准波形

A—最高信号电压1.1V；
B—信号的响应时间40ms；
C—最低信号电压0V

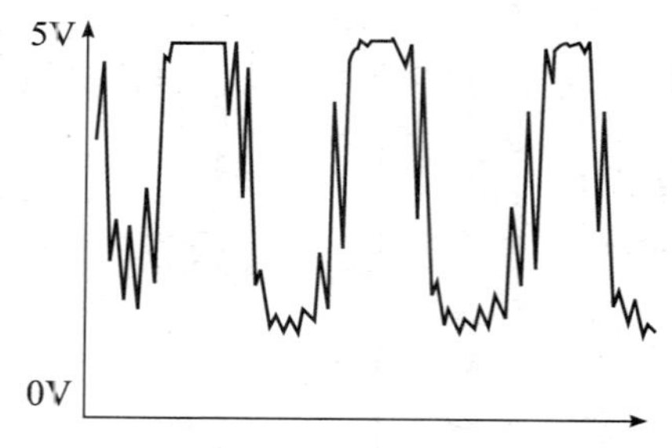

图2—63　北京切诺基4.0L的氧传感器怠速标准波形

表2—14　氧传感器信号波形参考标准

测量参数	允许范围
最高信号电压	>850mV
最低信号电压	75～175mV
从浓到稀的响应时间	100ms，波形中在300～600mV之间的下降线应为垂线

学习任务十四　电动燃油泵结构与原理

学习目标：掌握电动燃油泵的作用、类型、结构及工作原理。

学习方法：本任务为理论基础学习，教师可以通过PPT等多媒体手段来讲解。

一、电动燃油泵作用和类型

电动燃油泵（Electric fuel Pump，简称FP）是一种由小型直流电动机驱动的燃油泵，其作用是给电控燃油喷射系统提供具有一定压力的燃油。

电动燃油泵按安装位置不同，可分为内置式和外置式两种。按燃油泵结构不同，可分为滚柱式和叶片式两种。目前大多数汽车的燃油泵都为内置式，安装在燃油箱内。内置式具有噪声小、不易产生气阻、不易泄漏、安装管路较简单等优点，应用更为广泛。有些车型在油箱内还设有一个小油箱，燃油泵置于小油箱内，这样可防止在油箱燃油不足时，因汽车转弯或倾斜引起燃油泵周围燃油的移动，使燃油泵吸入空气而产生气阻。外置式电动燃油泵串接在油箱外部的输油管路中，优点是容易布置，安装自由度大，但噪声大，且燃油供给系统易产生气阻，所以只在少数车型上应用。

二、电动燃油泵结构与原理

1. 叶片式电动燃油泵

叶片式电动燃油泵主要由电动机、叶片泵、出油阀、卸压阀等组成，如图 2—64 所示。油箱内的燃油进入燃油泵内的进油室前，首先经过滤网初步过滤。电动机和叶片泵连成一体，密封在同一壳体内。

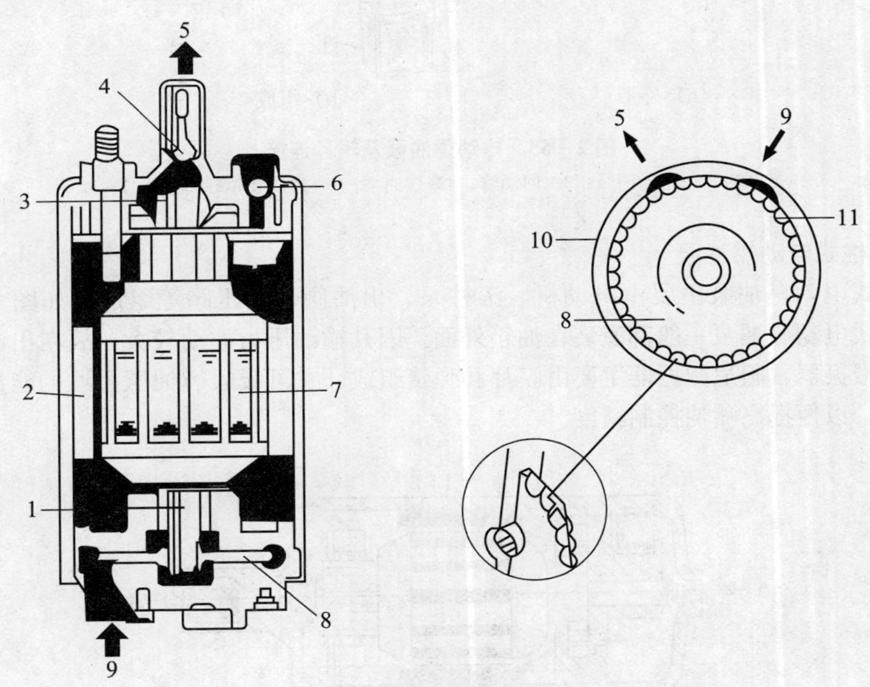

图 2—64　叶片式电动燃油泵

1—轴承；2—电动机定子；3—后轴承；4—出油阀；5—出油口；6—卸压阀；
7—电动机转子；8—叶轮；9—进油口；10—泵壳体；11—叶片

叶片泵主要由叶轮、叶片、泵壳体和泵盖组成，叶轮安装在燃油泵电动机的转子轴上。电动机通电时，电动机驱动叶片泵叶轮旋转，由于离心力的作用，使叶轮周围小槽内的叶片贴紧泵壳，并将燃油从进油室带往出油室。由于进油室燃油不断被带走，所以形成一定的真空度，将油箱内的燃油经进油口吸入；而出油室燃油不断增多，燃油压力升高，当油压达到一定值时，则顶开出油阀，经出油口输出。

（1）出油阀：为单向阀，在燃油泵不工作时，阻止燃油倒流回油箱，这样可保持油路中有一定的燃油压力，便于下次启动。

（2）卸压阀：安装在进油室和出油室之间，当燃油泵输出油压达到 0.4MPa 时，卸压阀开启，使油泵内的进、出油室连通，燃油泵工作只能使燃油在其内部循环，以防止输油压力过高。

桑塔纳 2000 型轿车电动燃油泵及附件连接如图 2—65 所示。

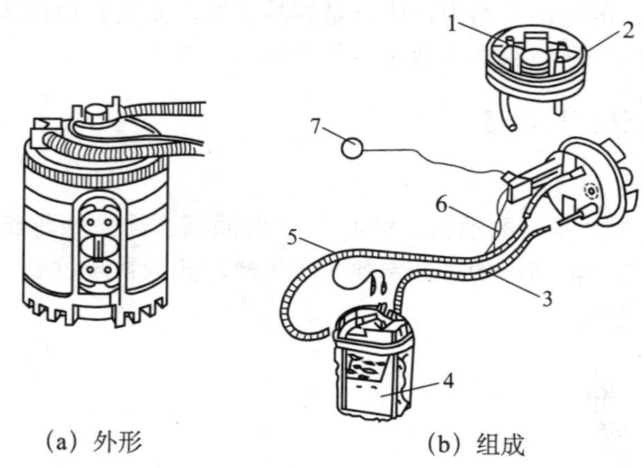

（a）外形　　（b）组成

图 2—65　电动燃油泵及附件连接

1—透气管；2—密封凸缘；3—回油管；4—燃油泵；5—进油管；6—导线；7—浮子

2. 滚柱式电动燃油泵

滚柱式电动燃油泵主要由电动机、滚柱泵、出油阀、卸压阀等组成，如图 2—66 所示。滚柱式电动燃油泵一般都安装在油箱外面，因其输油压力波动较大，故在出油端必须安装阻尼减振器。阻尼减振器主要由膜片和弹簧组成，它可吸收燃油压力波的能量，降低压力波动，以便提高喷油控制精度。

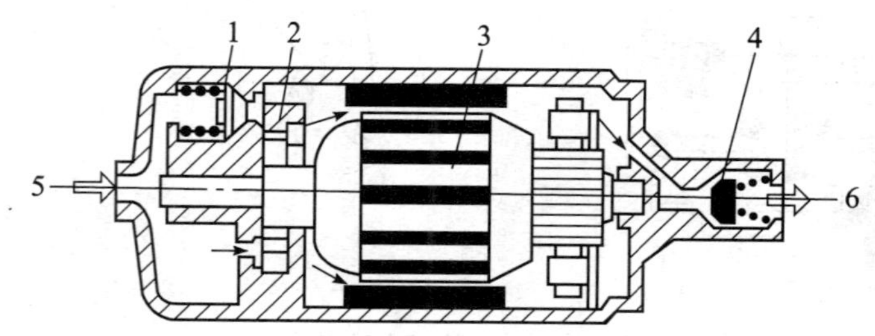

图 2—66　滚柱式电动燃油泵

1—卸压阀；2—滚柱泵；3—电动机；4—出油阀；5—进油口；6—出油口

滚柱泵主要由滚柱和转子组成，转子呈偏心状，置于泵壳内，如图 2—67 所示，由直流电动机驱动，当转子旋转时，位于转子槽内的滚柱在离心力的作用下，紧压在泵体内表面上，对周围起密封作用，在相邻两个滚柱之间形成了工作腔。在燃油泵运转过程中，工作腔转过出油口后，其容积不断增大，形成一定的真空度，当转到与进油口连通时，将燃油吸入；而吸满燃油的工作腔转过进油口后，其容积又不断减小，使燃油压力提高，受压燃油流过电动机，从出油口输出。出油阀和卸压阀的作用与叶片式电动燃油泵相同。

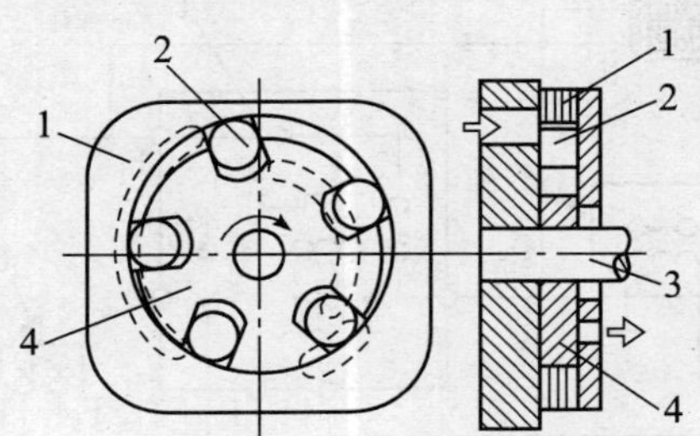

图 2—67　滚柱式电动燃油泵工作原理

1—泵壳体；2—滚柱；3—转轴；4—转子

3. 燃油泵控制电路。

(1) ECU 控制的燃油泵控制电路。

由 ECU 和断路继电器对油泵工作进行控制，控制电路如图 2—68 所示。这种控制方式多用于 D 型及 L 型热线式和卡门式空气流量计系统中。

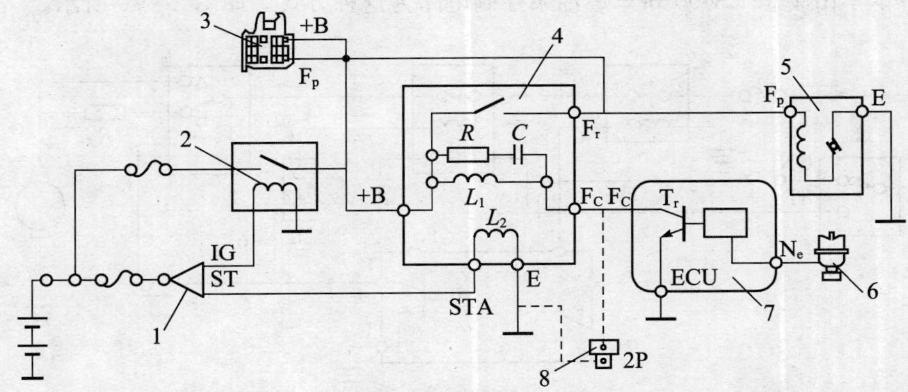

图 2—68　ECU 控制的燃油泵控制电路

1—点火开关；2—主继电器；3—诊断座；4—断路继电器；5—油泵；6—分电器；7—ECU；8—油泵检查开关

当发动机运转时，分电器输出信号给 ECU，使三极管 T_r 导通，线圈 L_1 通电，断路继电器触点闭合，油泵工作。当发动机停止工作时，分电器不输出信号，则三极管 T_r 截止，线圈 L_1 断电，断路继电器触点分开，油泵停止工作。

(2) 燃油泵开关控制的燃油泵控制电路。

由空气流量计中的油泵开关对油泵工作进行控制，控制电路如图 2—69 所示。这种控制方式用于 L 型叶片式空气流量计系统中，如日本凌志 ES300 轿车燃油泵控制电路为此类型。

发动机工作时，空气流过空气流量计，油泵开关闭合，L_1 通电，断路继电器触点闭合，油泵工作。发动机不工作时，空气流量计叶片不动，油泵开关断开，L_1 断电，断路继电器触点分开，油泵停止工作。

开路继电器中的 RC 电路，可使发动机熄火时，延长电动燃油泵工作 2～3s，以便保持燃油系统内有一定的燃油压力。

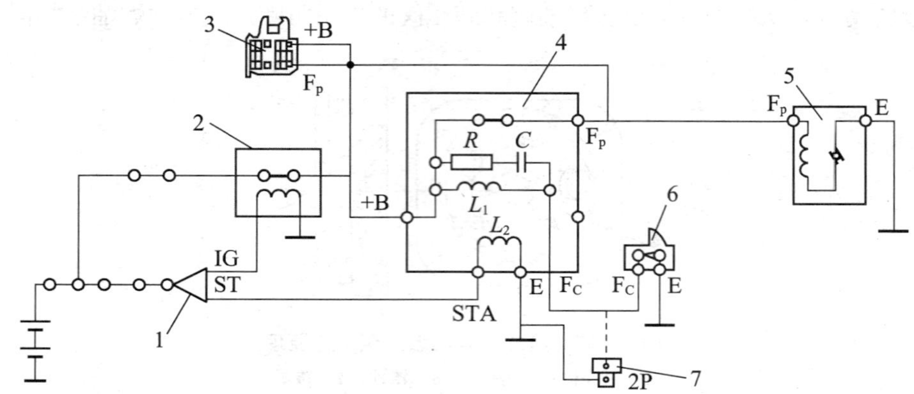

图 2—69　燃油泵开关控制的燃油泵控制电路

1—点火开关；2—主继电器；3—诊断座；4—断路继电器；5—油泵；6—油泵开关；7—油泵检查开关

（3）具有转速控制的燃油泵控制电路。

这种控制电路的特点是：油泵的转速可以变化，即可根据发动机转速和负荷的不同而变化。日本丰田凌志 LS400 轿车燃油泵控制电路为这种方式，如图 2—70 所示。

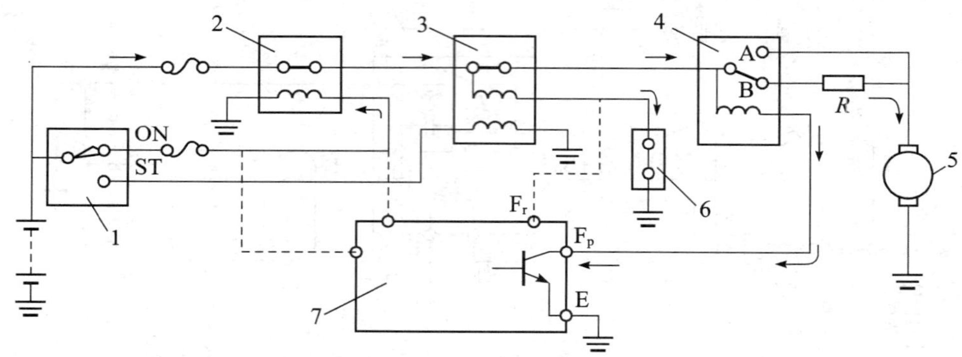

图 2—70　具有转速控制的燃油泵控制电路

1—点火开关；2—主继电器；3—断路继电器；4—油泵控制继电器；5—油泵；6—油泵开关；7—ECU

当发动机高速及大负荷工作时，所需油量多，ECU 中的晶体管截止，燃油泵继电器触点 A 闭合，直接给燃油泵输送蓄电池电压，燃油泵高速运转。

当发动机低速，小负荷工作时，所需油量少，ECU 中的晶体管导通，使触点 B 闭合，由于将电阻串联到燃油泵电路中，所以燃油泵两端电压低于蓄电池电压，燃油泵低速运转。

（4）用油泵电脑控制的燃油泵电路。

由油泵电脑对油泵工作进行控制，油泵电脑通过发动机电脑控制，给油泵不同的驱动电压，使油泵的转速和油压能按需变化，控制电路如图 2—71 所示。日本丰田皇冠 3.0 轿车燃油泵控制电路为这种方式。

油泵 ECU 通过 FP 端子向燃油泵供电。油泵 ECU 根据发动机 ECU 端子 FPC 和 DI 的信号，控制＋B 端子与 FP 端子的连通回路，以改变输送给燃油泵的电压，从而实现对燃油泵转速的控制。

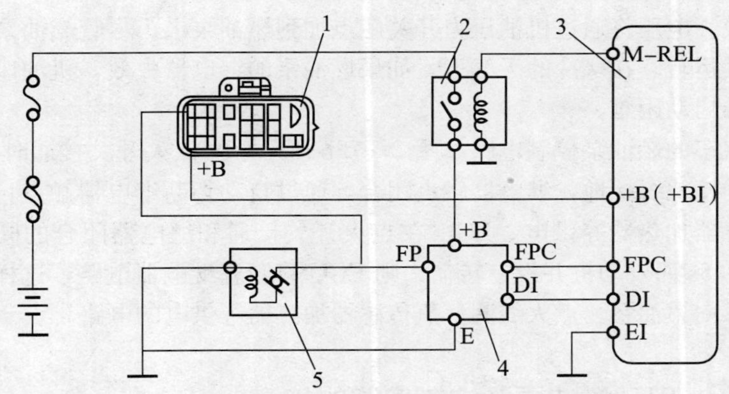

图 2—71　用油泵电脑控制的燃油泵电路

1—诊断座；2—主继电器；3—ECU；4—油泵控制单元；5—燃油泵

当发动机高速、大负荷工作时，发动机 ECU 的 FPC 端子向燃油泵控制 ECU 发出指令，使 FP 端子向燃油泵提供 12V 的蓄电池电压，燃油泵高速运转。当发动机低速、小负荷工作时，发动机 ECU 的 DI 端子向油泵 ECU 发出指令，使 FP 端子向燃油泵提供较低的电压（一般为 9V），燃油泵低速运转。

（5）典型的燃油泵控制电路。

通用汽车的燃油泵控制电路如图 2—72 所示。点火开关接通时，ECU 给燃油泵继电器的线圈通电，使继电器触点闭合，并通过触点接通内置于燃油箱里的燃油泵。发动机运转时，燃油泵始终工作。当点火开关接通 2s 而发动机并没有启动，ECU 就会停止向燃油泵继电器供电，继电器的触点断开而停止供油。

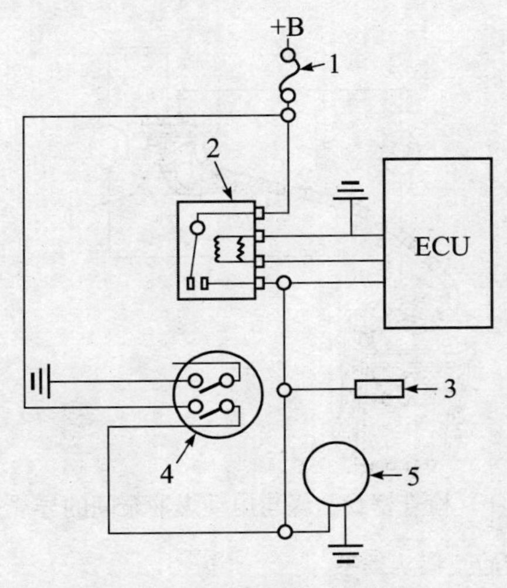

（a）通用汽车的油泵控制电路

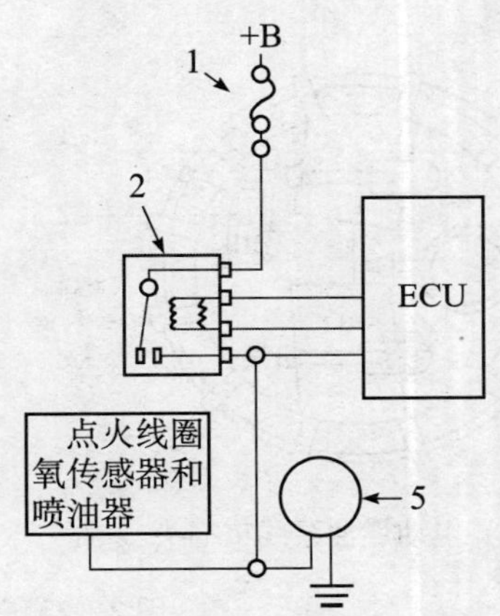

（b）克莱斯勒汽车的油泵控制电路

图 2—72　典型的燃油泵控制电路

1—保险丝；2—油泵继电器；3—喷油器；4—机油压力开关；5—燃油泵

如果点火开关在接通位置而燃油管路因为事故而损坏时，ECU 和燃油泵继电器具有防止燃油从损坏的管路喷出的安全装置。燃油压力开关与机油泵继电器触点并联在一起，如果继电器失效，电压将通过机油压力开关触点加到燃油泵上，尽管燃油泵继电器已经失效，使油泵继续运转。在寒冷的天气下，如果燃油泵的继电器失效，机油压力将不会立即建立，发动机会启动困难。

克莱斯勒汽车的燃油泵控制电路如图 2—72b 所示。当点火开关接通时，ECU 将燃油泵继电器线圈的接地线接地，继电器触点闭合，通过自动切断继电器触点，向燃油泵、点火线圈、氧传感器加热器等供电。ECU 在点火开关接通和继电器闭合的同时通电，如果点火开关接通 0.5s 而发动机并没有转动，则 ECU 将断开继电器电路，这样，继电器触点分开，则断开了向燃油泵、点火线圈、氧传感器加热器等供电的电路。

学习任务十五 电动燃油泵及控制电路的检测

学习目标：使学生能运用万用表、诊断仪以及示波器等仪器来检测电动燃油泵。

学习方法：本任务为实践技能学习，学生分组在实验室由实训指导教师指导完成。

在通电检测电动燃油泵时，注意不要将油泵置于无汽油的环境中，否则，会出现烧坏电动机，甚至发生火灾等危险。各种燃油喷射系统电动燃油泵的检测方法基本相同，现以桑塔纳 2000GSi 型轿车为例说明。当电控系统的电动燃油泵发生故障时，发动机 ECU 检测不到故障信息，利用 VAG1551/2 故障诊断仪，也读不到故障信息时，可以按以下步骤进行检测。

一、用万用表测量油泵接线柱之间的电阻

电动燃油泵插头端子如图 2—73 所示，用万用表电阻挡测量接线柱 1 与 3 之间的电阻，应为 2～3Ω，否则，更换电动燃油泵。

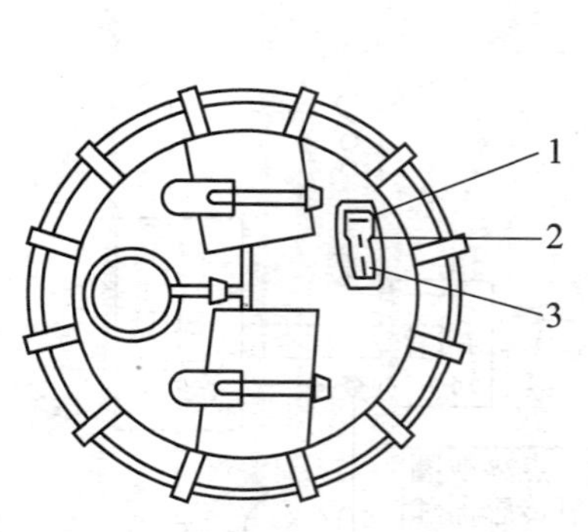

(a) 电动燃油泵线束插头

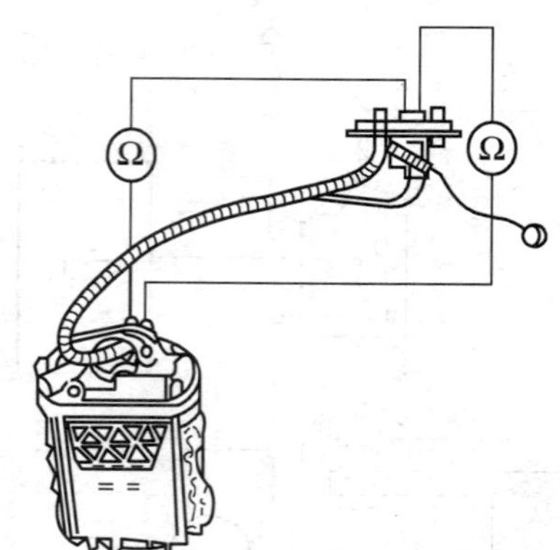

(b) 检查密封凸缘与电动燃油泵间的导线

图 2—73 电动燃油泵插头端子

1—搭铁；2—接组合仪表控制单元；3—接泵继电器

二、检测电动燃油泵的供电电压

检测电动燃油泵的供电电压的方法及步骤如下：

(1) 蓄电池电压应正常，燃油泵熔丝和汽油滤清器良好。

（2）接通点火开关，应该能够听到燃油泵启动的声音。

（3）如果燃油泵没有启动，应关闭点火开关，从中央线路板上拔下燃油泵继电器，用一个导线将中央线路板上相应燃油泵继电器的两个端子连接，再次启动发动机。如果燃油泵工作，说明燃油泵继电器有故障。

（4）如果燃油泵继电器良好，燃油泵仍不工作，则打开行李箱饰板，从密封凸缘拔下3个端子的导线插头，如图2—73所示。启动发动机，用万用表测量插头上端子1与端子3之间的电压，应为蓄电池的电压12V左右。

（5）如果电压不符合额定值，则根据电路图查找并消除电路中的断路故障；如果没有发现断路情况，说明燃油泵有故障，应进行更换。

三、检测电动燃油泵油量

检测电动燃油泵油量的方法及步骤如下：

（1）关闭点火开关。

（2）从汽油分配管上拔下输油管，接上燃油压力表。注意：燃油系统是有压力的，故要进行泄压操作。在打开系统之前，应在开口处放置抹布，然后小心地松开接头来释放燃油压力。

（3）将燃油压力表的一段软管伸到一个量杯中，如图2—74所示。

（4）接通点火开关，使燃油泵工作30s。

（5）将排出的油量与额定值相比较。压力表显示300kPa时，泵油量应大于0.58L/30s。

如果没有达到最低的供油量，故障原因可能为进油管弯曲或阻塞、燃油滤清器阻塞、燃油泵故障等。

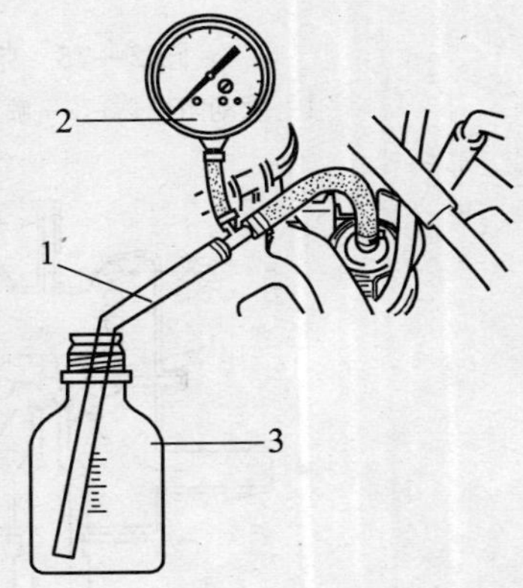

图2—74　燃油压力表连接

1—软管；2—燃油压力表；3—量杯

学习任务十六　燃油压力调节器结构与原理

学习目标：掌握燃油压力调节器的作用、类型、结构及工作原理。

学习方法：本任务为理论基础学习，教师可以通过PPT等多媒体手段来完成。

一、燃油压力调节器的作用和类型

燃油压力调节器的作用就是保持输油管内燃油压力与进气管内气体压力的差值恒定，即根据进气管内压力的变化来调节燃油压力。

燃油压力调节器根据安装位置分为两种，一种与油轨（也称燃油分配管）相连，特点是带回油管；另一种在油箱中，特点是无回油管。

二、燃油压力调节器的结构与原理

1. 带回油管的燃油压力调节器

带回油管的油压调节器通常安装在油轨的一端，如图2—75所示，油轨的作用是固定喷油器和油压调节器，并将燃油分配给各个喷油器。油压调节器主要由膜片、回位弹簧和回油阀等组成，如图 2—76 所示。膜片将调节器壳体内部分成两个室，即弹簧室和燃油室；膜片上方的弹簧室通过软管与进气管相通，膜片与回油阀相连，回油阀控制回油量。

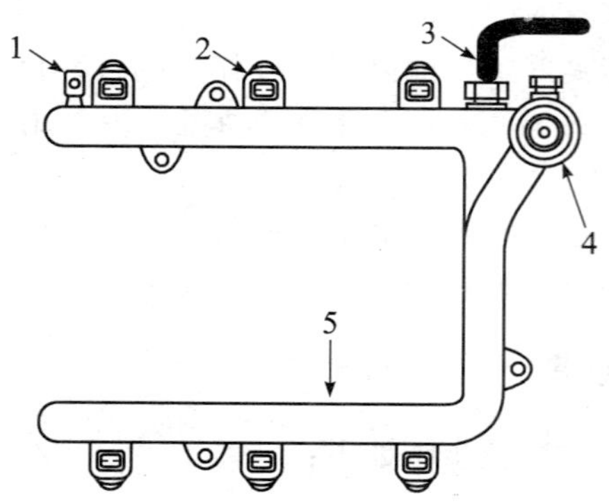

图 2—75　带回油管的油压调节器通常安装位置

1—脉动阻尼器；2—喷油器；3—回油管；4—燃油压力调节器；5—油轨

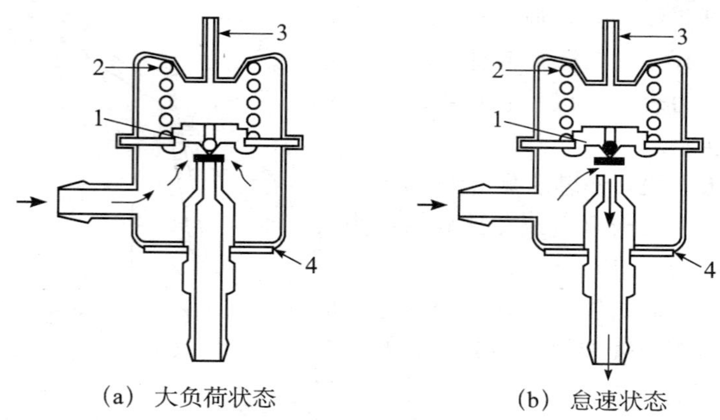

图 2—76　燃油压力调节器工作原理

1—膜片；2—回位弹簧；3—真空管接头；4—壳体

发动机工作时，燃油压力调节器膜片上方承受的压力为弹簧的弹力和进气管内气体的压力之和，膜片下方承受的压力为燃油压力，当膜片上、下承受的压力相等时，膜片处于平衡位置不动。当进气管内气体压力下降（真空度增大）时，膜片向上移动，回油阀开度增大，回油量增多，使输油管内燃油压力也下降；反之，当进气管内的气体压力升高时，则膜片带动回油阀向下移动，回油阀开度减小，回油量减少，使输油管内燃油压力也升高。由此可见，在发动机工作时，燃油压力调节器通过控制回油量来调节输油管内燃油压力，从而保持喷油压差恒定不变。进气歧管、燃油分配管内压力与节气门开度的变化关系如图 2—77 所示。

2. 无回油管的燃油压力调节器

无回油管的燃油压力调节器一般和燃油滤清器、燃油泵以及燃油表传感器等组成一体，安装在油箱内，燃油压力调节器和燃油滤清器位于总成的上部。由一条油管将油轨和

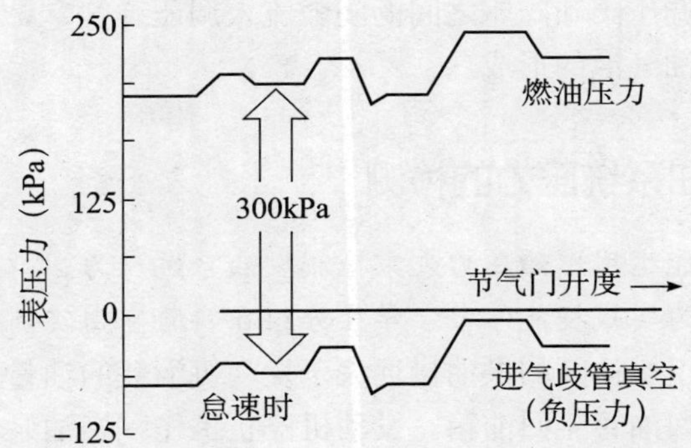

图 2—77 进气歧管、燃油分配管内压力与节气门开度的变化关系

这个总成连接起来，如图 2—78 所示。

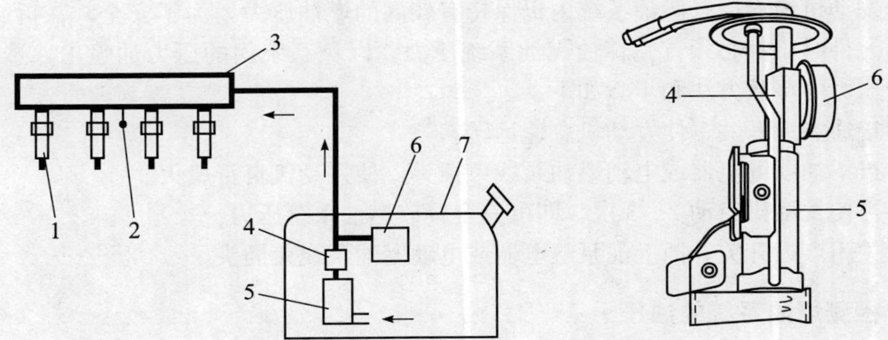

图 2—78 无回油管的燃油压力调节器总成

1—喷油器；2—脉动阻尼器；3—油轨；4—燃油滤清器；5—燃油泵；6—燃油压力调节器；7—油箱

燃油压力调节器是一个弹簧加载的压力调节器，如图 2—79 所示，主要由调压阀和调压弹簧组成。

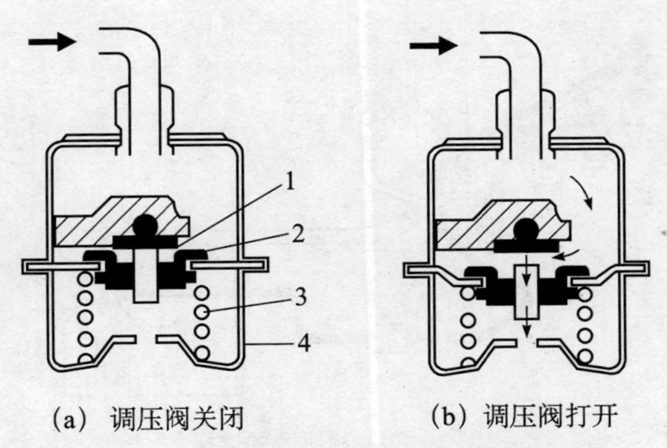

图 2—79 无回油管的燃油压力调节器结构

1—阀座；2—调压阀；3—调压弹簧；4—壳体

它的作用是把燃油管的压力限定在 3.5bar。当燃油压力小于 3.5bar 时，调压阀在调压弹簧的作用下落座；当燃油压力大于 3.5bar 时，调压阀克服调压弹簧的作用力向下移动，多余的燃油便经过调压阀和阀座之间的间隙流入调压弹簧室，再返回油箱。这样，可减少燃油热量，减少燃油气泡的形成。

学习任务十七　燃油系统压力的检测

学习目标：使学生能运用燃油压力表来检测燃油系统压力。

学习方法：本任务为实践技能学习，学生分组在实验室由实训指导教师指导完成。

发动机工作时，由于燃油泵的供油量远大于发动机消耗的油量，所以回油阀始终保持开启，使多余燃油经过回油管流回油箱。发动机停止工作（燃油泵停转）时，随输油管内燃油压力下降，回油阀在弹簧作用下逐渐关闭，以保持燃油系统内有一定的燃油压力。

一、释放燃油系统的油压

由于发动机熄火后，燃油系统内仍保持有较高的燃油压力，为了安全，在拆卸燃油系统内任何元件时，都必须首先释放燃油系统压力，以免系统内的压力油喷出，造成伤害。燃油系统压力的释放方法和步骤如下：

（1）接通点火开关，使发动机怠速运转。

（2）拔下油泵继电器或电动燃油泵线束插头，使发动机自行熄火。

（3）再使发动机启动 2～3 次，即可完全释放燃油系统压力。

（4）关闭点火开关，插上油泵继电器或电动燃油泵线束插头。

二、检测燃油系统的油压

为了保证发动机在各种工况下，供油系统都能供给足够数量的燃油，在不同工作条件下，供油系统实际供给的燃油压力并不是固定值。以桑塔纳 2000GLi 型轿车燃油系统油压测试为例来进行说明。

（1）测试前应准备工作：电源电压正常；按要求释放系统油压；连接油压表如图2—80所示等。

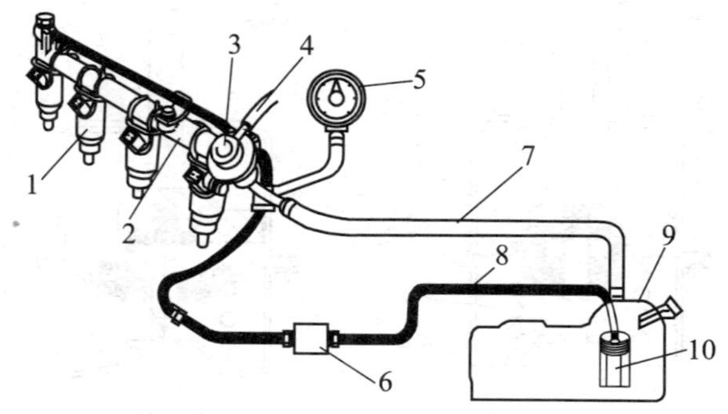

图 2—80　油压表的连接

1—喷油器；2—油轨（燃油管）；3—燃油压力调节器；4—真空管；5—压力表；6—燃油滤清器；7—回油管；8—输油管；9—油箱；10—燃油泵

（2）接通点火开关，发动机怠速运转时，油压表压力显示值应符合 250±20kPa。

（3）突然加大节气门开度时，油压表压力应迅速增大到 300kPa 左右。

(4) 在怠速时，拔下油压调节器上的真空管，并用手指堵住进气管一侧的管口，油压表压力必须升高到300kPa。

若燃油系统压力过低，可夹住回油软管以切断回油管路，再检查油压表指示压力，如压力恢复正常，说明燃油压力调节器有故障，应更换；若压力仍过低，应检查燃油系统有无泄漏，燃油泵滤网、燃油滤清器和油管路是否堵塞，若无泄漏和堵塞故障，应更换燃油泵。

若油压表指示压力过高，应检查回油管路是否堵塞；若回油管路正常，说明燃油压力调节器有故障，应更换。

(5) 如果测试燃油系统压力符合标准，使发动机运转至正常工作温度后，重新接上燃油压力调节器上的真空软管，检查燃油压力表指示压力应略有下降（约0.05MPa），否则应检查真空管路是否堵塞或漏气；若真空管路正常，说明燃油压力调节器有故障，应更换。

三、检测燃油系统的密封性和保压能力

检测燃油系统密封性和保压能力的方法和步骤如下：

(1) 保证电源电压正常。

(2) 接通点火开关，发动机怠速运转，使油压表压力达到额定值。

(3) 断开点火开关，等待10min后，油压表压力必须高于22kPa。

(4) 如果压力低于22kPa，则重复步骤(2)。

(5) 断开点火开关，夹住回油管，同时观察油压表压力，等待10min后，如表压力高于200kPa，说明油压调节器失效，应予更换。

(6) 如果压力低于200kPa时，说明输油管、喷油器有泄漏或燃油泵单向阀故障或喷油器进油口“O”形密封圈失效，需逐项进行检修。

四、预置燃油系统的油压

在拆开燃油系统进行维修之后，为避免首次启动发动机时，因系统内无压力而导致启动时间过长，应预置燃油系统残余压力。

方法一：燃油系统压力预置可通过反复打开和关闭点火开关数次来完成。

方法二：有些车系，如日本丰田车系等带故障诊断座，可以直接将诊断座上的电源端子“+B”与燃油泵测试端子“FP”跨接。接通点火开关，使电动燃油泵工作约10s之后，便完成预置工作。最后关闭点火开关，拆下诊断座上的专用导线。

学习任务十八　喷油器结构与原理

学习目标：掌握喷油器的作用、类型、结构及工作原理。

学习方法：本任务为理论基础学习，教师可以通过PPT等多媒体手段来完成。

一、喷油器的作用和类型

喷油器（Injector，简称INJ，全称为电磁喷油器）是电控燃油喷射系统的执行元件，作用是根据ECU发出的脉冲喷油信号，控制燃油喷射量。单点喷射系统的喷油器安装在

节气门体空气入口处，多点喷射系统的喷油器安装在各缸进气歧管或气缸盖上的各缸进气道处。

按喷油口的结构不同，喷油器可分为轴针式、球阀式和孔式，国产轿车燃油喷射系统大多采用轴针式电磁喷油器。按喷油器电磁线圈阻值大小，喷油器可分为高阻型（13～18Ω）和低阻型（1～3Ω）两种。按驱动方式喷油器可分为电流驱动和电压驱动两种。

二、喷油器的结构与原理

喷油器主要由进油滤网、线束连接器、电磁线圈、回位弹簧、衔铁和针阀等组成，针阀与衔铁制成一体，针阀下部有轴针，如图 2—81 所示。

（1）喷油器喷油：电磁线圈通电时，产生电磁吸力，将衔铁吸起并带动针阀离开阀座，同时回位弹簧被压缩，燃油经过针阀并从轴针与喷口的环隙或喷孔中喷出。

（2）喷油器不喷油：电磁线圈断电时，电磁吸力消失，回位弹簧迅速使针阀关闭，喷油器停止喷油。在喷油器的结构和喷油压力一定时，喷油器的喷油量取决于针阀的开启时间，即电磁线圈的通电时间。

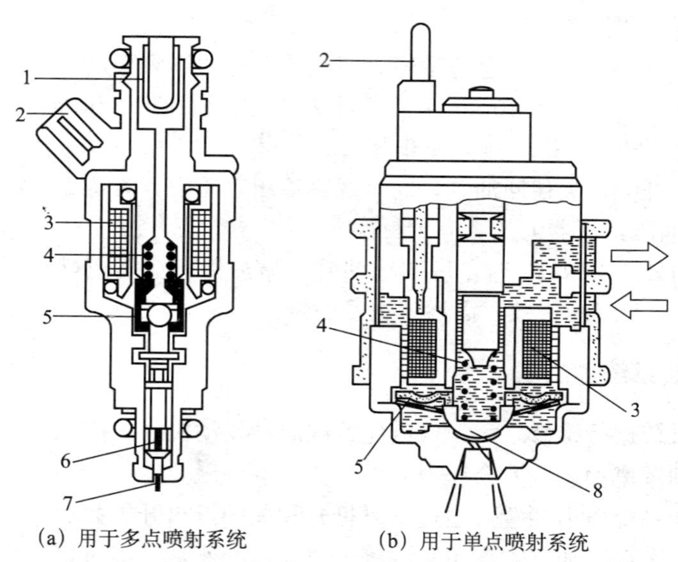

(a) 用于多点喷射系统　　(b) 用于单点喷射系统

图 2—81　喷油器

1—进油滤网；2—线束连接器；3—电磁线圈；4—回位弹簧；5—衔铁；6—针阀；7—轴针；8—喷嘴

孔式喷油器在电控汽油喷射系统中应用较少，其结构原理与轴针式喷油器相似。

单点燃油喷射系统中，电磁喷油器的结构如图 2—81b 所示，由线束连接器、电磁线圈、回位弹簧、衔铁和球阀等组成，工作原理与轴针式相同。

三、喷油器的控制电路

各车型喷油器的控制电路基本相同，一般都是通过点火开关和主继电器（或熔丝）给喷油器供电，ECU 控制喷油器搭铁，其驱动电路如图 2—82 所示。

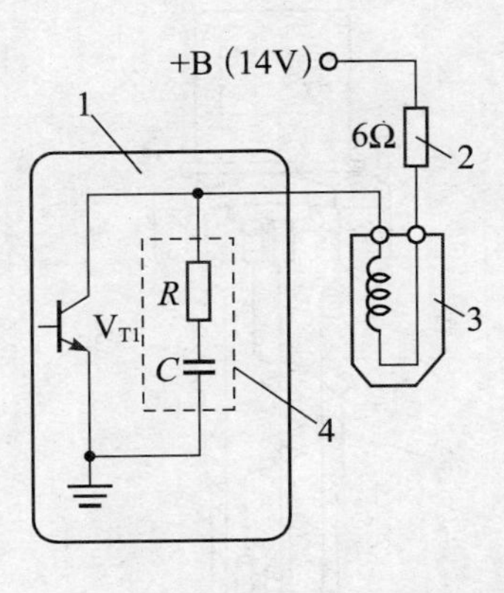

(a) 低阻电压驱动电路

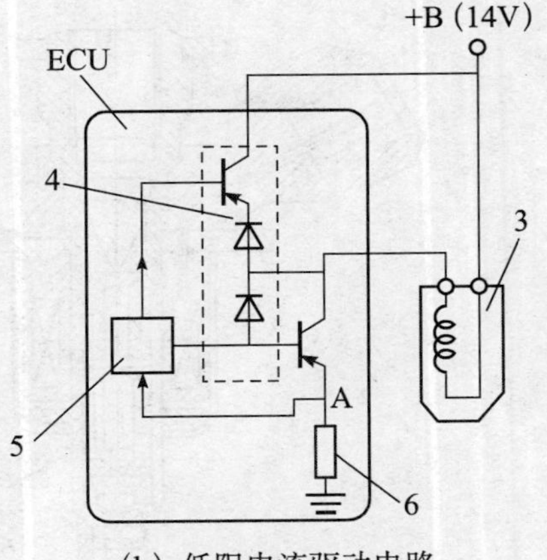

(b) 低阻电流驱动电路

图 2—82　喷油器的控制电路

1—ECU；2—附加电阻；3—喷油器；4—消弧电路；5—电流控制回路；6—电流检测电阻

喷油器的低阻电压驱动电路如图 2—82a 所示，驱动回路中串入一个附加电阻，增加回路的阻抗。高阻电压驱动电路，没有附加电阻，因喷油器电磁线圈阻值为 12～17Ω，故电路比较简单。喷油器的低阻电流驱动电路如图 2—82b 所示，ECU 通过电流进行控制，因为，通过喷油器电磁线圈的电流能在极短的时间内达到最大，使针阀开启，所以，这种喷油器具有良好的响应性。当针阀开到最大而需要保持开度时，电流下降为 1～2A，这样，防止了线圈发热，减少了电能的消耗。

桑塔纳 2000 型轿车喷油器的控制电路如图 2—83 所示。各种传感器的信号输入给 ECU 后，ECU 根据计算和逻辑分析判断结果，发出脉冲信号指令控制喷油器喷油。当脉冲信号的高电平加到驱动三极管 VT 基极时，VT 导通，喷油器线圈电流接通，产生电磁吸力将阀门打开，喷油器开始喷油；当脉冲信号的低电平加到驱动三极管 VT 基极时，VT 截止，喷油器线圈电流切断，在回位弹簧作用下阀门关闭，喷油器停止喷油。由于雾状燃油喷射在进气门附近，与吸入空气混合形成可燃混合气，燃油雾化很好。

图 2—83　桑塔纳 2000 型轿车喷油器控制电路

1—燃油泵；2—燃油泵继电器；3—ECU；4—喷油器

四、冷启动喷油器及其控制电路

冷启动喷油器安装在进气总管上，其功用是在发动机冷启动时喷油，以加浓混合气，改善发动机的冷启动性能。其结构如图 2—84a 所示，工作原理与前述喷油器相同，不同之处主要是它采用旋流式喷孔，喷油时将燃油喷成螺旋雾状，有利于燃油的雾化和蒸发。由正时开关控制冷启动喷油器的工作。

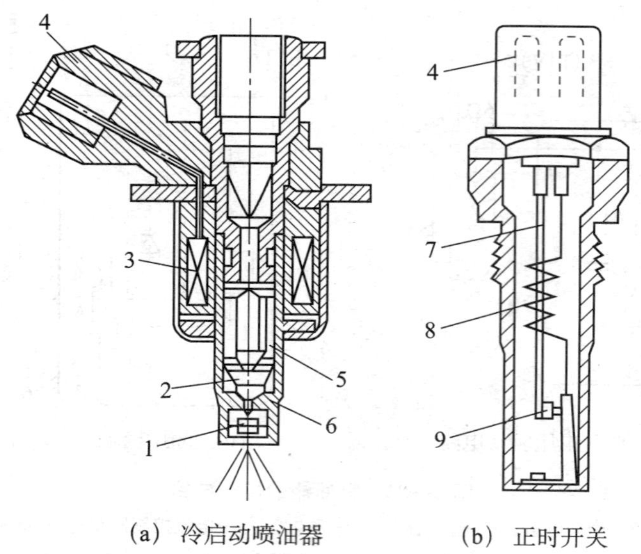

(a) 冷启动喷油器　　(b) 正时开关

图 2—84　冷启动喷油器与正时开关

1—喷嘴；2—针阀；3—电磁线圈；4—线束连接器；5—衔铁；6—阀座；7—双金属片；8—加热线圈；9—触点

正时开关安装在发动机冷却水路上，其结构如图 2—84b 所示，主要由线束连接器、壳体、双金属片、加热线圈和触点组成。以日本丰田凌志 LS400 轿车冷启动喷油器控制电路为例，分析其控制过程，如图 2—85 所示。

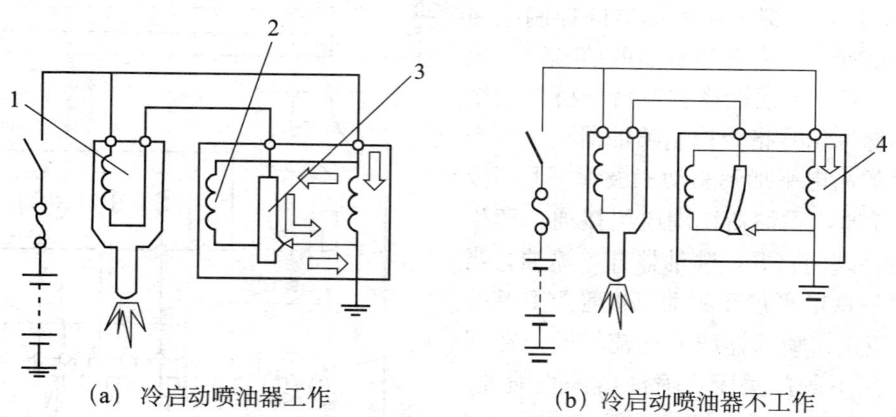

(a) 冷启动喷油器工作　　(b) 冷启动喷油器不工作

图 2—85　凌志 LS400 轿车冷启动喷油器控制电路

1—冷启动喷油器；2—加热线圈 L_1；3—双金属片；4—加热线圈 L_2

发动机低温启动时，点火开关转至“ST”挡，启动继电器线圈通电，正时开关触点闭合，冷启动喷油器工作；同时，通电的加热线圈使双金属片受热而弯曲变形，当双金属片弯曲到一定程度时，触点断开，冷启动喷油器停止工作。当发动机暖机后，由于冷却水温度升高，正时开关的触点保持常开，冷启动喷油器不工作。发动机热启动时，冷启动喷油器不工作。目前，发动机都采用集中控制系统，很多车已取消了冷启动喷油器，而冷启动时的喷油量，由 ECU 控制各缸喷油器来完成，这样，不仅可使各缸供油均匀，也可减小控制系统元件。

学习任务十九　喷油器的检测

学习目标：使学生能运用万用表、诊断仪以及示波器等仪器来检测喷油器。

学习方法：本任务为实践技能学习，学生分组在实验室由实训指导教师指导完成。

一、就车诊断喷油器工作情况

接通点火开关，使发动机怠速运转；用螺丝刀或听诊器测试各缸喷油器工作声音，若各缸喷油器工作声音清脆均匀，说明各缸喷油器工作正常；若听不到某缸喷油器工作声音，则应测量该喷油器的电磁线圈电阻及检查喷油器控制线路。

二、检测喷油器的电阻值

拔下喷油器线束插头，用万用表测量喷油器两端子之间的电阻，如图 2—86 所示，低阻值喷油器应为 2～3Ω，高阻值喷油器应为 13～16Ω，否则应更换喷油器。

三、喷油器控制电路检查

拆开喷油器线束连接器，接通点火开关，但不启动发动机，用万用表测量其电源端子与搭铁间电压，应为 12V 电源电压（即插头端子 1 与发动机搭铁之间的电压）。否则应检查供电线路、点火开关、继电器或保险丝是否有故障。测量各喷油器插头负极端子与发动机 ECU 喷油器端子之间的阻值，应小于 1Ω，如图 2—87 所示，如测量桑塔纳 2000 型喷油器端子 2 与 ECU 端子 73、80、58、65 之间的阻值，应小于 1Ω，否则线路有断路。

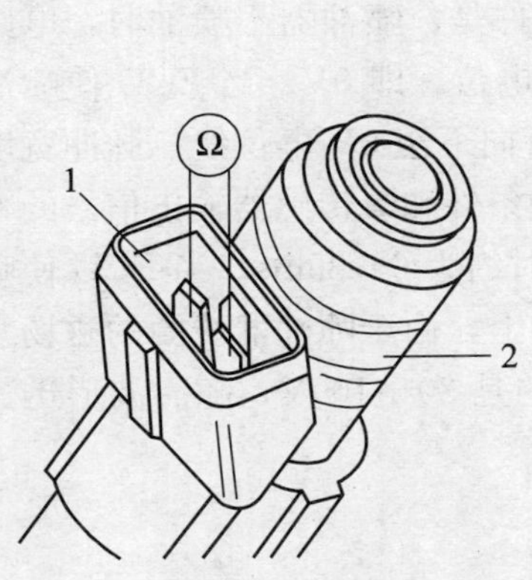

图 2—86　测量喷油器电阻

1—线束插头；2—喷油器

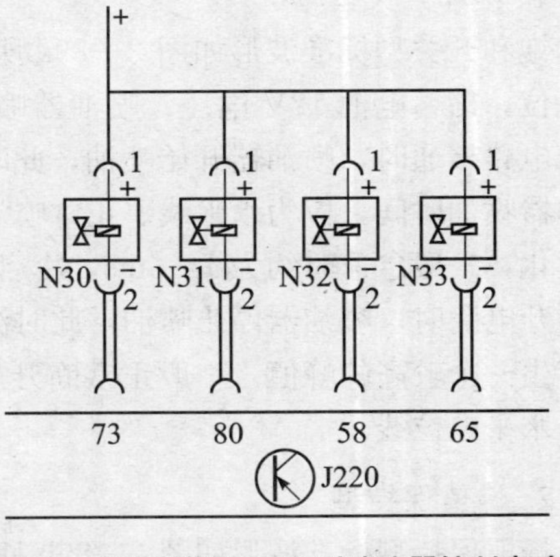

图 2—87　桑塔纳 2000 型喷油器控制电路

四、喷油器的喷油量检查

喷油器的喷油量可在专用设备上进行，也可按图 2—88 所示的方法检查。检查方法是：燃油泵工作后，用导线让蓄电池直接给喷油器通电，并用量杯检查喷油器的喷油量。每个喷油器应重复检查 2～3 次，各缸喷油器的喷油量和均匀度应符合标准。各车型喷油器的喷油量和均匀度标准不同，一般喷油量为 50～70mL/15s，各缸喷油器的喷油量相差不超过 10%，否则应清洗或更换喷油器。同时，观察燃油从喷孔喷出的形状，应为 35°左右的圆锥雾状。

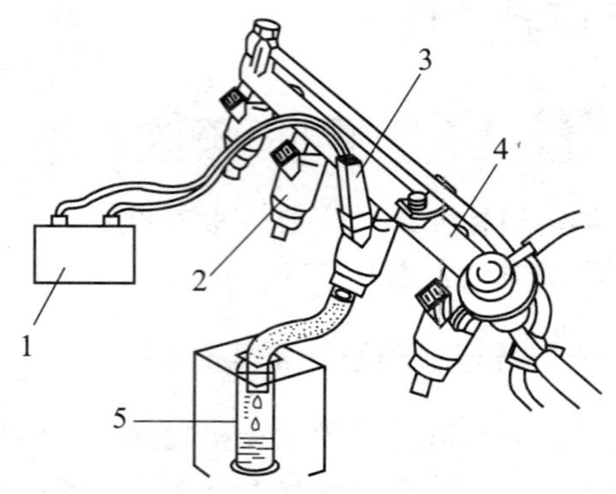

图 2—88　喷油器喷油量的测试

1—蓄电池；2—喷油器；3—专用检测线；4—燃油总管；5—量杯

五、喷油器的密封性检查

喷油器密封性可在专用设备上进行，在检测喷油量之前，直接给燃油泵通电工作，油压达到正常时，观察喷油器有无滴漏现象。也可将喷油器和输油管从安装位置上拆下，再与燃油系统悬空连接好，打开点火开关，让燃油泵通电工作，观察喷油器有无滴漏现象。一般要求 2min 内喷油器滴油不超过 1 滴，说明喷油器密封性良好，否则应更换喷油器。

注意：低阻喷油器不能直接与蓄电池连接，必须串联一个 8～10Ω 的附加电阻。

六、喷油器的波形检测

喷油器标准波形形状，根据 ECU 内部控制喷油器电路的开关三极管类型不同，有 PNP 型和 NPN 型，NPN 型喷油器常见标准波形有饱和开关型、峰值保持型和波许峰值保持型等三种，如图 2—89 所示。

1. 饱和开关型

饱和开关型标准波形如图 2—89a 所示，标准波形条件是：喷油器不喷油时，电路为高电位，即蓄电池 12V 电压；喷油器喷油时，电路为低电位，即 0V。当 ECU 使喷油器接地电路接通时，喷油器开始喷油，此时波形幅值应垂直向下至 0V 电位线；脉冲宽度为喷油器喷油时间，应为水平线。正常喷油时间会随着驾驶条件和氧传感器输出信号的变化而变化，一般怠速时约为 1～6ms，冷启动或节气门全开时约为 6～35ms。当 ECU 使喷油器断开电路时，喷油器停止喷油，此时波形幅值应垂直向上，由于喷油器线圈的磁场衰减而产生一个较高的峰值，一般正常断开峰值电压范围大约是 30～100V，随后波形迅速呈 12V 水平电位线。

2. 峰值保持型

峰值保持型标准波形如图 2—89b 所示，标准波形条件是：喷油器不喷油时，为高电位，即蓄电池 12V 电压；喷油器喷油时，波形为低电位，即 0V。ECU 用 4A 电流打开喷油器针阀，然后用 1A 电流使针阀保持开启状态。当 ECU 将电流切换到 1A 时，将引起喷油器磁场的突变，于是产生一个电压尖峰；当完全断开接地电路而停止喷油时，则会再产生一个电压尖峰。在发动机工作时，一般从信号开启到第一个尖峰的时间与喷油时间无关，而两个尖峰之间的时间则随发动机的加减速应不断变化，即加速时，将看到第二个尖峰向右移动，而第一个尖峰保持不动；混合气很浓时，两个尖峰之间会很近。

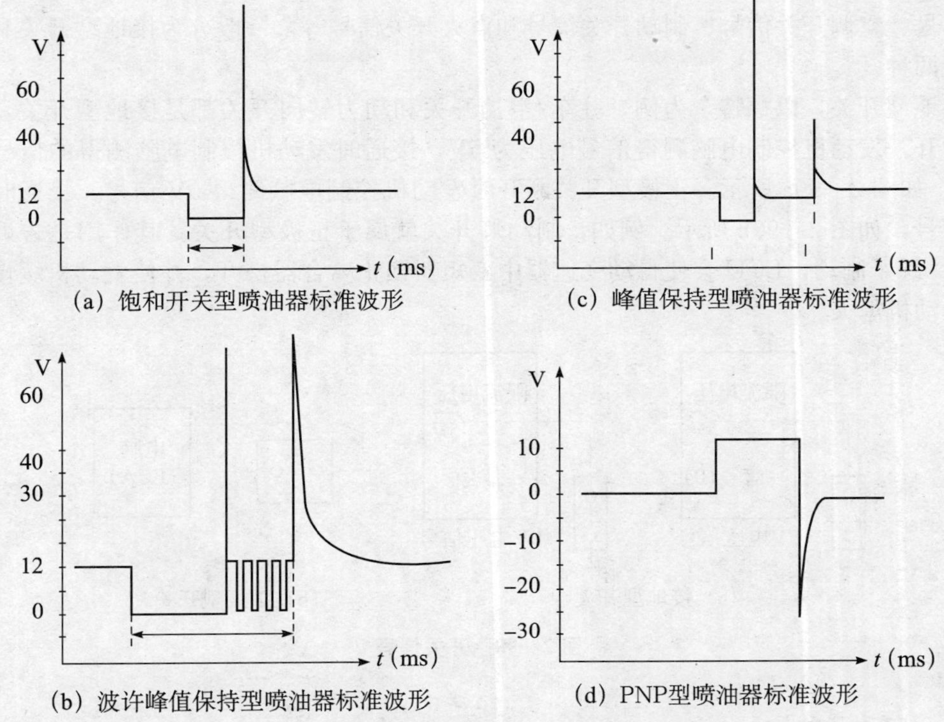

图 2—89　喷油器标准波形

3. 波许峰值保持型

波许峰值保持型标准波形如图 2—89c 所示，标准波形条件是：喷油器不喷油时，电路为高电位，即蓄电池 12V 电压；喷油器喷油时，波形为低电位，即 0V。当 ECU 用 4A 电流打开喷油器针阀，然后，ECU 是通过高速脉冲开关电路来减少电流。波形中出现两个尖峰，第一个尖峰是由于在脉冲电路接通瞬间产生的，第二个尖峰是在脉冲电路断开的瞬间产生，产生原因同上。测试时，要观察脉冲波形幅值、频率、形状和脉宽等是否一致，同时启动时喷油脉宽应为 6～35ms，若发现喷油脉宽超过 50ms 时，发动机会被淹，则会出现启动困难。

4. PNP 型

PNP 型标准波形如图 2—89d 所示，标准波形条件是：PNP 型喷油器的脉冲电压是在一个接地状态下触发喷油器开关的，所以喷油时电压突变尖峰的方向与其他类型的相反。这种类型的喷油器常见于克莱斯勒车系中。波形分析和要求同上。

学习任务二十　开关信号类型及检测

学习目标：掌握各种开关的作用、类型及检测方法。

学习方法：本任务为理—实一体学习，教师可以通过 PPT 等多媒体手段来讲解理论知识，然后，学生通过实际操作掌握各种开关信号的检查方法和步骤。

电控发动机控制系统开关信号有启动开关信号、驻车/空挡开关信号、动力转向压力开关信号、空调开关信号、制动开关信号和点火开关信号等，一般分为接地型开关和正极型开关两种。

接地型开关，以福特车为例，驻车/空挡开关和动力转向开关都是接地型开关，平时开关断开，发动机控制电脑测得信号电压为 5V，接通时发动机控制电脑测得的信号电压为 0V，如图 2—90a 所示。正极型开关断开时发动机控制电脑测得 0V 信号，接通时测得 12V 信号，如图 2—90b 所示。例如，制动灯开关就属于正极型开关，其作用是告诉发动机 ECU 踩了制动，ECU 会使自动变速器中变矩器锁止离合器松开，并使发动机缓慢降速以免发动机熄火。

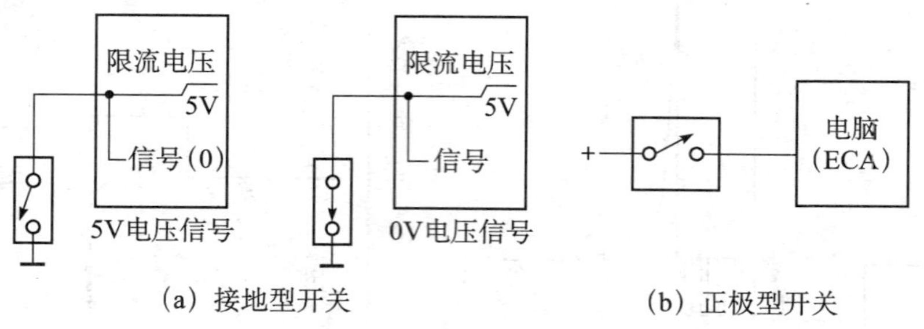

图 2—90　开关信号

一、启动开关信号

启动时由启动开关向发动机控制电脑提供一个启动信号（12V），作为喷油量和点火提前角的修正信号，丰田 2JZ—GE 发动机启动电路如图 2—91 所示。

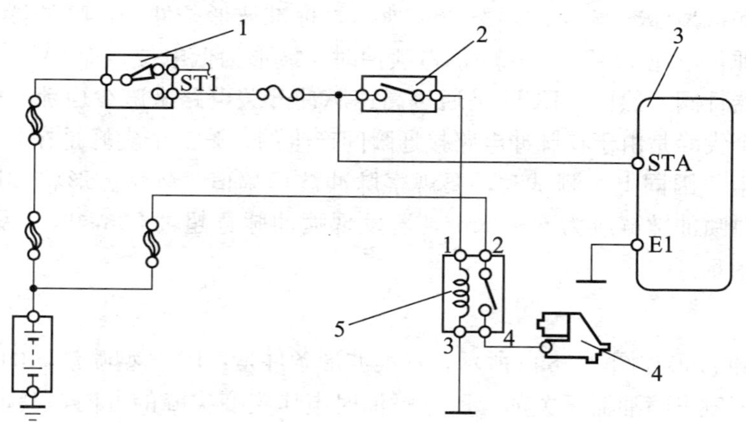

图 2—91　丰田 2JZ—GE 发动机启动电路

1—点火开关；2—空挡启动开关；3—发动机 ECU；4—启动机；5—启动机继电器

检测启动开关信号的步骤如下：

(1) 首先，应保证启动时 STA 端子与 E1 端子的电压为 6～14V。

(2) 检查启动时启动机是否正常工作。

(3) 若启动机工作正常，则检查发动机 ECU 的 STA 端子至点火开关 ST1 之间导线和连接器是否正常。若正常，则检查 ECU 的 E1 端子搭铁是否良好。若良好，则应更换 ECU。

（4）若启动机不能启动，则检查点火开关至启动机继电器之间线路、连接器和蓄电池、点火开关、空挡启动开关（自动变速器）和启动机继电器是否正常。若正常，则检查启动机 50 端子的电压，在启动时应为 6～14V。若电压正常，则应检查启动机；若电压不正常，则应检查蓄电池至启动机继电器之间线路和启动机继电器和启动机 50 端子之间的线路是否正常。

二、空挡开关信号

空挡开关 NSW（Neutral Safe Switch ）表示自动变速器挡位选择开关所处位置，一般安装在自动变速器壳体旁。此开关信号主要用于怠速系统的控制，ECU 通过对空挡开关（NSW）信号的识别，对怠速进行控制，在发动机处于过渡工况时修正喷油量。

当自动变速器处于 N 挡或 P 挡时，空挡启动开关闭合，此时，发动机控制电脑 ECU 的 NSW 端子通过启动机继电器和防盗 ECU 接地，NSW 端子的电压低于 1V。当自动变速器处于 D、2、L 或 R 挡时，空挡启动开关断开，NSW 端是高电平（蓄电池电压）。

三、动力转向压力开关信号

动力转向压力开关 PSW（Power Steering Switch）表示动力转向开关接通使发动机负荷增加的信号，是一个压力开关，用于监测系统高压，如图 2—92 所示。

汽车低速运行或怠速时，若转动方向盘，则动力转向油泵向转向控制阀输出压力油。动力转向泵所增加的负荷可能使发动机转速下降甚至熄火。若此时转动方向盘，则动力转向开关闭合，发动机控制电脑收到信号后，立即控制怠速控制阀或步进电机动作，增加怠速空气量，使发动机转速升高。若此时空调也工作，电脑会控制空调压缩机离合器的继电器暂时切断，使空调暂停工作，防止发动机因负荷增大而熄火。

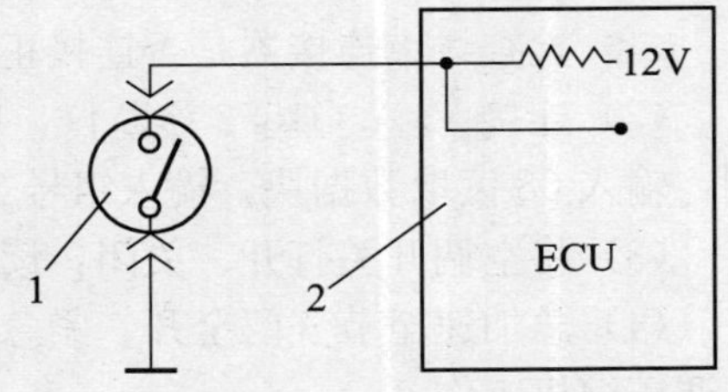

图 2—92 动力转向压力开关信号电路

1—压力开关；2—发动机电脑

动力转向压力开关信号的检测步骤如下：

（1）拔下动力转向开关连接器，接通点火开关。

（2）测量线束端电源端子电压，应为 12V。

（3）检查动力转向开关至发动机 ECU 之间线路是否良好，搭铁线连接是否良好。

（4）检查发动机 ECU 是否正常。

四、空调（A/C）开关信号

空调（A/C）开关信号包括空调选择信号和请求信号。空调选择信号是指通知发动机 ECU，空调被选用而使发动机负荷增大。当 ECU 收到空调选择信号后，会控制怠速控制阀或步进电动机工作，使发动机转速提高。电路为点火开关 →空调开关→ 压力开关 → ECU，如图 2—93 所示。

空调请求信号是指空调接通后，蒸发器开关若接通（蒸发器开关由温度控制），ECU便可收到请求信号，然后接通空调继电器线圈电路，使电磁离合器电路接通。电路为点火开关→空调开关→ 压力开关→蒸发器开关→ECU→空调继电器。

当蒸发器温度过高时，蒸发器开关断开，ECU将切断空调继电器电路，空调停止工作；当空调制冷剂不足时，低压开关断开，ECU也将切断空调继电器电路，空调停止工作。

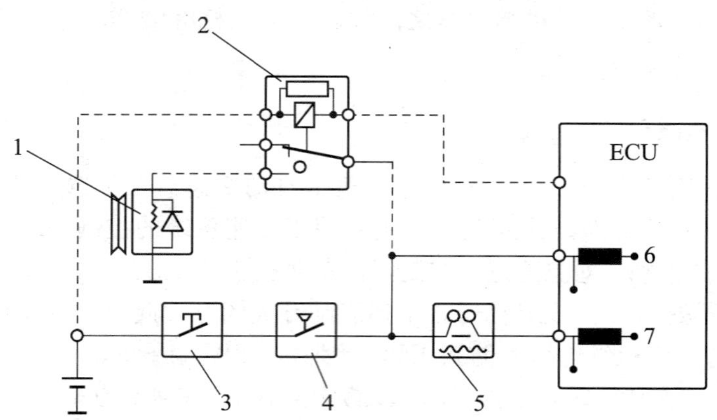

图2—93 空调（A/C）开关信号电路

1—空调压缩机；2—空调继电器；3—空调开关；4—压力开关；
5—蒸发器开关；6—选择信号端子；7—请求信号端子

以桑塔纳时代超人车的空调系统检测为例，其诊断步骤如下：

（1）检查线束连接器是否连接正确。

（2）连接V. A. G1552诊断仪，启动发动机并怠速运转，输入地址码01进入发动机检测，输入08读取数据块，输入组号20。

（3）将空调开关打开、关闭，读取空调工作数据。

（4）急加速至节气门全开、紧急运行模式和冷却液温度超过120℃时，电脑应将切断空调压缩机工作。

五、制动开关信号

在制动时，由制动开关向发动机控制电脑提供制动信号，作为对喷油量、点火提前角、自动变速器等的控制信号。

六、点火开关信号

点火开关信号表示点火开关接通时，ECU便收到一个电信号，然后，ECU才能进行设定、监测、修正、控制等工作。

知识与能力拓展

一、专用故障诊断仪

专用型故障诊断仪是汽车制造公司为自己生产的汽车而专门设计制造的，世界上一些大的汽车制造公司都有自己专用的故障诊断仪，如日本本田车系专用的 PGM、美国克莱斯勒车系专用的 DRB—Ⅱ、美国福特车系专用的 STAR—Ⅱ、德国大众车系专用的 V. A. G1551 和 V. A. G1552、德国宝马车系专用的 GT—I 等。专用故障诊断仪一般只适合在特约维修站配备，以便提供良好的售后服务，充分发挥故障诊断仪的功能。

使用专用诊断仪调取故障码时应注意：各车型诊断座位置和形式不同，必须选用带有不同连接器的专用传输线。如桑塔纳 2000 诊断座位于换挡手柄前部、捷达三轿车诊断座位于中央继电器盒右侧，两车型的诊断座均为 16 端子，必须选用 V. A. G1551/3 专用传输线；奥迪 A6 轿车诊断座位于发动机室靠近驾驶员座位侧的辅助继电器盒内，有两个两端子诊断座，必须选用 V. A. G1551/1 专用传输线。

二、通用故障诊断仪

通用型故障诊断仪是汽车保修设备制造公司为适应诊断检测多种车型而设计制造的，一般都配有不同车系的测试卡和适合各种车型的检测连接电缆连接器，测试卡存储有几十种甚至上百种不同公司、不同车型汽车电控系统的检测程序、检测数据和故障码等资料，适合综合性维修企业使用。目前常用的通用型故障诊断仪有：美国 Snap-on 公司生产的 MT2500、美国 IAE 公司生产的 OTC4000、深圳生产的 431ME 电眼睛和三元修车王、笛威公司生产的 OB91 等。

三、示波器

示波器是一种显示瞬时波形的电子设备，是电控系统故障诊断中的重要检测仪器。示波器主要用来显示控制系统中输入、输出信号的电压波形，以供维修人员根据波形分析判断电控系统故障。示波器可分为模拟式示波器和数字式示波器。

模拟式示波器一般采用开关、按键和旋钮等实现对波形垂直幅度、水平幅度、垂直位置、水平位置和亮度等的调整。特点是：显示速度快，但显示波形不稳定（抖动），且没有记忆功能，给对故障波形的分析判断带来困难。

数字式示波器多采用菜单式操作，只需在各级菜单上选择测试项目，无须任何设定和调整，可以直接观测波形，使用起来非常方便。数字式示波器由微处理器控制，显示波形稳定，且具有记忆功能，可在测试结束后使故障波形重现，便于对故障波形进行进一步的分析判断。其功能有：

（1）测试各种传感器、执行元件、电路和点火系统等的电压波形。

（2）数字式示波器具有汽车万用表功能，可测试电压、电阻、闭合角、喷油脉冲、喷油时间、点火电压等。有的示波器内部还存有汽车数据库和标准波形，使判断故障更为方便。

（3）数字式示波器可对测试内容进行记录、回放。

（4）能提供在线帮助，包括提供系统工作原理、测试连接方法、接线颜色等。

学习测试

测试 1：说明空气流量计的作用、类型及应用。

测试 2：说明叶片式空气流量计的结构组成及工作原理。

测试 3：说明热线式空气流量计的结构组成及工作原理。

测试 4：说明热膜式空气流量计的结构组成及工作原理。

测试 5：说明卡门旋涡式空气流量计的结构组成及工作原理。

测试 6：说明进气管绝对压力传感器的作用、类型及工作原理。

测试 7：说明进气温度传感器的作用、类型及工作原理。

测试 8：说明冷却液温度传感器的作用、类型及工作原理。

测试 9：说明节气门位置传感器的作用、类型及工作原理。

测试 10：说明曲轴位置传感器的作用、类型及工作原理。

测试 11：说明凸轮轴位置传感器的作用、类型及工作原理。

测试 12：说明氧传感器的作用、类型及工作原理。

测试 13：说明涡轮式电动燃油系统的结构组成及工作原理。

测试 14：说明滚柱式电动燃油系统的结构组成及工作原理。

测试 15：说明 ECU 控制的燃油泵控制电路组成及控制过程。

测试 16：说明燃油泵继电器控制的燃油泵控制电路组成及控制过程。

测试 17：说明油泵开关控制的燃油泵控制的电路组成及控制过程。

测试 18：说明燃油压力调节器的作用、结构组成及工作原理。

测试 19：说明喷油器的结构组成、工作原理及控制过程。

测试 20：说明冷启动喷油器结构组成、工作原理及控制电路。

工作单 1

姓名____________ 日期________________

空气流量计的检测

完成此工作单后，你将应该能够正确使用工具和诊断仪器对空气流量计进行检测。

工具和材料：数字万用表、诊断仪、示波器、常用工具、试验车等。

所检测汽车的描述

汽车型号：________________________发动机型号：________________________

步骤

1. 指出安装位置，说出该车空气流量计类型：________________________________；描述其作用：____。

2. 打开点火开关，用万用表检测标准电压为：______，应为：______。

3. 如果标准电压失准，则打开点火开关，从传感器接地线到电瓶负极之间接一个电压表，测量的电压降是：____________________，标准值为：____________________。

分析原因：____
____。

检测传感器侧基准电压端子与蓄电池负极之间电压为：______，标准为：______。

4. 如果基准电压正常，则闭合点火开关，检测传感器侧信号线电压，被测量的电压是：____________________，标准为：____________________。

分析原因：____
____。

5. 启动发动机并怠速运转，然后，将油门踩到最大，再将油门松开，观察并描述传感器信号电压的整个变化情况：________________________________；
根据信号电压的变化情况进行说明分析：________________________________
____。

6. 连接诊断仪，启动发动机并怠速运转，然后，将油门踩到最大，再将油门松开，观察并描述空气数据流的情况：________________________________；
根据数据流的变化情况进行说明分析：________________________________
____。

7. 在传感器的输出端和地线之间连接一个示波器，启动发动机并怠速运转，然后使发动机加速并慢慢回到怠速，观察并描述波形：________________________
____
____。

结论：____
____。

指导老师评语：

____
____
____。

老师签名：　　　　　　年　　月　　日

工作单 2

姓名____________　日期________________

进气歧管绝对压力传感器的检测

完成此工作单后，你将应该能够正确使用工具和诊断仪器对进气歧管绝对压力传感器的检测。

工具和材料：数字万用表、诊断仪、示波器、常用工具、试验车等。

所检测汽车的描述

汽车型号：________________________发动机型号：________________________

步骤

1. 指出安装位置，说出该车进气歧管绝对压力传感器类型：________________；
描述其作用：____。

2. 打开点火开关，用万用表检测基准电压为：______，标准值应为：______。

3. 如果基准电压失准，则打开点火开关，从传感器接地线到电瓶负极之间接一个电压表，测量的电压降是：____________________，标准值为：____________________。

分析原因：____
____。

检测传感器侧基准电压端子与蓄电池负极之间电压为：______，标准为：______。

4. 如果基准电压正常，则闭合点火开关，检测传感器侧信号线电压，被测量的电压是：____________________，标准为：____________________。

分析原因：____
____。

5. 启动发动机并怠速运转，然后，将油门踩到最大，再将油门松开，观察并描述传感器信号电压的整个变化情况：____；
根据信号电压的变化情况进行说明分析：____。

6. 连接诊断仪，启动发动机并怠速运转，然后，将油门踩到最大，再将油门松开，观察并描述数据流的情况：____；
根据数据流的变化情况进行说明分析：____。

7. 在传感器的输出端和地线之间连接一个示波器，启动发动机并怠速运转，然后使发动机加速且又慢慢回到怠速，观察并描述波形：__________________________________
____
____。

根据波形分析传感器情况：____
____。

指导老师评语：

____
____
____。

老师签名：　　　　　　　　年　　月　　日

工作单3

姓名__________　日期______________

节气门位置传感器的检测

完成此工作单后，你将应该能够正确使用工具和诊断仪器对节气门位置传感器的检测。

工具和材料：数字万用表、诊断仪、示波器、常用工具、试验车等。

所检测汽车的描述

汽车型号：______________________发动机型号：______________________

步骤

1. 指出安装位置，说出该车节气门位置传感器类型：__________________________；
描述其作用：____
____。

2. 指出安装位置，拔下线束插头并观察端子个数，描述各个端子含义：____________
____
____。

3. 用万用表测量节气门位置传感器的基准电压应该是：______，实际测量值是：______。

分析测量结果：______________________________。

4. 用万用表的测量传感器输出电压，当节气门关闭时为______，标准值应为______。

当节气门全开时为：______，标准值为：______；当节气门从关闭到全开，然后再慢慢关闭，描述整个过程电压变化情况：______________________________。

分析测量结果：______________________________。

5. 将示波器连接到节气门位置传感器上。将点火开关拧到ON挡，使节气门全开，然后再慢慢关闭。观察并描述波形：______________________________
____
____
____
______________________________。

6. 根据波形，分析传感器性能：______________________________
____
______________________________。

指导老师评语：

____
____
______________________________。

老师签名：　　　　　　年　　月　　日

工作单 4

姓名______________　日期______________

温度传感器的检测

完成此工作单后，你将应该能够正确使用工具和诊断仪器对温度传感器的检测。

工具和材料：数字万用表、诊断仪、示波器、常用工具、试验车等。

所检测汽车的描述

汽车型号：______________发动机型号：______________

步骤

1. 冷却液温度传感器的安装位置：______________________________；描述其作用：______________________________。

进气温度传感器的安装位置：______________________________；描述其作用：______________________________。

2. 拔下传感器线束插头，用万用表测量冷却液温度传感器的阻值：______，大约温度是：______，分析测量结果：______________________________；用万用表测量进气温度传感器的阻值为：______，大约温度为：______。分析测量结果：______________________________。

3. 启动发动机，当发动机工作到正常工作温度时，熄火并拔下传感器线束插头，测量冷却液温度传感器的阻值为：______，标准值为：______。测量进气温度传感器的阻值为：______，标准值为：______。

（此步骤也可将温度传感器拆下，放在热水中，进行阻值测量。）

4. 连接诊断仪，启动发动机并怠速运转到正常工作温度，观察并描述温度传感器数据的变化情况：____

____

____。

根据温度传感器数据的变化情况说明分析：________________________________

____

____。

5. 连接示波器，启动发动机并怠速运转到正常工作温度，描述波形的变化情况：____

____

____

____；

根据波形的变化情况说明分析：____。

指导老师评语：

____

____

____。

老师签名：　　　　　　　　年　　月　　日

工作单5

姓名____________　日期________________

曲轴/凸轮轴位置传感器的检测

完成此工作单后，你将应该能够正确使用工具和诊断仪器对曲轴/凸轮轴位置传感器的检测。

工具和材料：数字万用表、诊断仪、示波器、常用工具、试验车等。

所检测汽车的描述

汽车型号：________________________发动机型号：________________________

步骤

1. 描述该车曲轴和凸轮轴位置传感器的安装位置：______________________________

____。

2. 曲轴位置传感器类型为：____；

凸轮轴位置传感器类型为：____。

3. 描述曲轴位置传感器作用：____；

凸轮轴位置传感器作用：____。

4. 当发动机运行时，若曲轴位置传感器出现故障导致信号中断，发动机能否继续工作：________________；电控单元ECU能否检测到故障信息：________________。

5. 当发动机运行时，若霍尔凸轮轴位置传感器出现故障而导致信号中断时，发动机能否继续运转：____________________熄火后能否启动：____________________

6. 拆下传感器线束插头，确定各端子含义：________________________________

____
____。

7. 用万用表检测各端子之间的导通情况：______________________________
____。

检测传感器电源电压和导线电阻情况：________________________________
____。

8. 根据前面的检查，分析说明传感器性能：____________________________
____。

9. 用示波器测试传感器输出波形，记录并描述波形：____________________
____
____
____。

根据波形分析传感器工作性能：______________________________________
____。

指导老师评语：

____
____
____。

老师签名：　　　　　　　　年　　月　　日

工作单6

姓名__________　日期______________

氧传感器的检测

完成此工作单后，你将应该能够正确使用工具和诊断仪器对氧传感器的检测。

工具和材料：数字万用表、诊断仪、示波器、常用工具、试验车等。

所检测汽车的描述

汽车型号：____________________发动机型号：____________________

步骤

1. 氧传感器安装位置和数量：____；

描述其作用：____
____。

2. 拔下线束插头，说出各端子的含义：________________________________
____
____。

3. 用万用表测量加热器供电电压：______________，标准为：______________；

（1）测量信号电压为：______________，标准为：______________；

（2）测量加热电阻的阻值为：______________，标准为：______________；

（3）分析测量结果：____。

4. 连接诊断仪，启动发动机并工作到正常工作温度，描述整个过程的电压变化情况：____。

根据电压变化情况分析说明：____。

5. 连接示波器，启动发动机并工作到正常工作温度，描述整个过程的波形情况：____

根据波形变化情况分析说明：____。

指导老师评语：

____。

老师签名：　　　　　　　　　　年　　月　　日

工作单 7

姓名__________　日期______________

燃油泵的检测

完成此工作单后，你将应该能够正确使用工具和诊断仪器对燃油泵的检测。

工具和材料：数字万用表、诊断仪、常用工具、燃油压力表、量杯、试验车等。

所检测汽车的描述

汽车型号：____________________发动机型号：____________________

步骤

1. 描述燃油泵和燃油泵继电器的安装位置：____

描述燃油泵的作用：____；

描述燃油泵继电器的作用：____。

2. 将点火开关置于 ON 挡，用手感觉燃油泵继电器动作情况并描述：____；

同时，倾听油泵运转情况并描述：____。

3. 拔下燃油泵线束插头，确定各端子的含义：________________________。

在插座侧测量燃油泵的两个端子的阻值为：________，标准值应为：________；在插头侧测量燃油泵的两个供电端子的电压为：________，标准值应为：________。

4. 根据前面的检查和测量，分析并得出结论：____。

5. 检测电动燃油泵的泵油量：

(1) 关闭点火开关，将燃油压力表接在汽油分配管上，并复习释放燃油压力的全过程。

(2) 将燃油压力表的一端软管伸到一个量杯中。

(3) 接通点火开关，利用跨接线驱动油泵的方法，使燃油泵工作 30s，观察压力表显示 250KPa 时的排出油量值为：________ L/30s，标准值为：________/30s。

(4) 根据排出的油量分析并得出结论：____。

指导老师评语：

____。

老师签名：　　　　　　　　年　　月　　日

工作单 8

姓名____________　日期________________

燃油系统油压的检测

完成此工作单后，你将应该能够正确使用工具和诊断仪器对燃油系统油压的检测。

工具和材料：燃油压力表、量杯、常用工具、试验车等。

所检测汽车的描述

汽车型号：________________________发动机型号：________________________

步骤

1. 释放系统燃油压力：

(1) 将燃油箱的加油盖拧开，以释放油箱内的蒸汽压力。

(2) 拔下燃油泵的保险丝或断开油泵继电器。

(3) 启动发动机运行，直到发动机自行熄火。

(4) 再启动发动机 2～3 次，即可完全释放燃油系统压力。

(5) 断开蓄电池负极。

(6) 在燃油分配管上的检测阀周围放一块抹布，取下防尘帽，将燃油压力表接上。

(7) 在压力表上连接放油软管，并将软管放入一个容器内，然后打开压力表的放油阀，使燃油流入容器内。

2. 打开点火开关，燃油压力值为：____________，标准应为：____________；启动发动机并怠速运转，燃油压力值为：____________，标准应为：____________；踩下油门，使发动机转速上升，描述燃油压力值为：____________，标准应为：____________。

3. 使发动机熄火，燃油泵停止工作，等待 10min 后，描述燃油压力值为____________，标准应为：______________。

4. 根据实际测试值和标准值对比分析，结论：____。

5. 发动机怠速时，拆下油压调节器真空软管，并用手堵住进气管侧的管口，描述燃油压力的变化情况：____。

6. 接回真空软管，夹住回油管，描述燃油压力的变化情况：____。

7. 根据前面两步的测试，分析并得出结论：____。

指导老师评语：

____。

老师签名： 年 月 日

工作单 9

姓名____________ 日期________________

喷油器的检测

完成此工作单后，你将应该能够正确使用工具和诊断仪器对喷油器的检测。

工具和材料：数字万用表、诊断仪、示波器、常用工具、试验车、试灯、油盆等。

所检测汽车的描述

汽车型号：________________________发动机型号：________________________

步骤

1. 指出喷油器的安装位置，观察并说出该车喷射类型：________________________；描述喷油器的作用：____。

2. 拔下线束插头，用万用表测量每个喷油器线圈的阻值：NO_1 阻值为：________ NO_2 阻值为：________ NO_3 阻值为：________ NO_4 阻值为：________；对照规定的电阻值进行分析并得出结论是：____。

3. 将喷油器插头接上，使发动机运转，用听诊器检查每个喷油器工作时的声音。根据听到的声音描述各个喷油器工作情况：____。

4. 拆一个喷油器上的插头，插入试灯，启动发动机时，观察试灯闪亮情况__________。

5. 把示波器的正极接线连接到喷油器的正极线，示波器的负极接地。

观察并描述喷油器的波形（最好使用四通道，同时观察四个喷油器波形）：

NO_1 ______________

NO_2 ______________

NO_3 ______________

NO_4 ______________

根据测试波形情况分析喷油器工作性能：________________________________。

6. 检查喷油器喷油量，描述检查过程：________________________________

____。

7. 检查喷油器密封性，描述检查过程：________________________________

____。

8. 根据喷油器喷油量和密封性的检查情况，分析并得出结论：________________。

指导老师评语：

____

____

____。

老师签名：　　　　　　　　　年　　　月　　　日

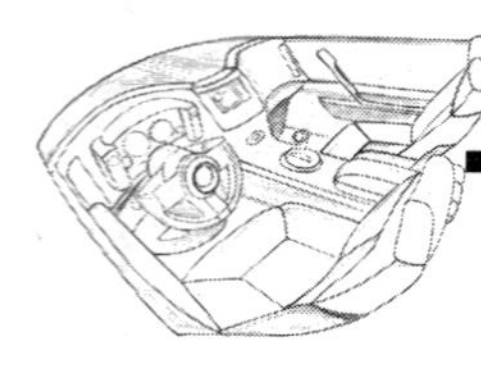

第三章

汽油喷射控制过程

引言

现代汽车燃油喷射系统由传感器、执行器和ECU组成。各种传感器向ECU提供信号，ECU根据接收的信号进行分析、计算和判断，最后启动一个控制程序给执行器，即喷油器进行喷油。汽油喷射控制包括喷油正时控制、喷油量控制和断油控制。控制方式有同步控制和异步控制。同步控制是指控制程序与发动机各缸工作循环相一致，具有规律性；异步控制是指控制程序与发动机各缸工作规律不一致，无固定位置和时间。

学习任务一 喷油正时控制过程

学习目标：掌握喷油正时控制的作用、类型及控制原理。

学习方法：本任务为理论基础学习，教师可以通过PPT等多媒体手段来讲解。

喷油正时控制就是指电脑控制喷油器什么时候开始喷油。单点喷射系统的喷油器工作由ECU根据发动机工况要求，控制喷油器连续喷油。多点喷射系统的喷油器分为同时喷射、分组喷射、顺序喷射三种。

一、同时喷射控制

同时喷射控制是指各缸喷油器由ECU控制同时喷油，其控制电路如图3—1所示，各缸喷油器的电磁线圈由一个公共的驱动电路控制。

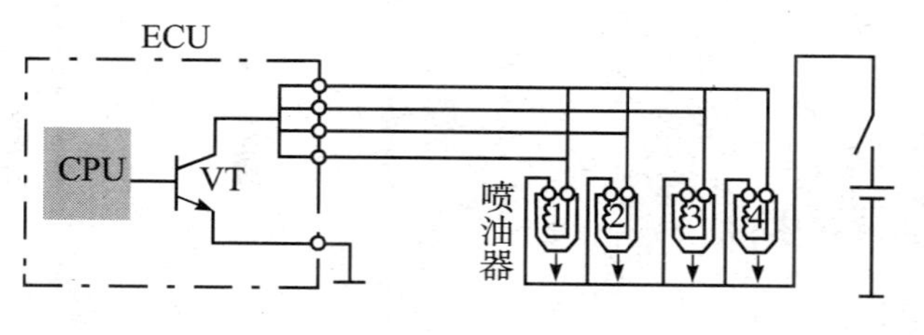

(a) 同时喷射控制电路

喷射　360°　点火

1缸	进	压	功	排	进	压
3缸	排	进	压	功	排	进
4缸	功	排	进	压	功	排
2缸	压	功	排	进	压	功

▨表示喷油　↯表示火花塞跳火

(b) 同时喷射喷油正时

图3—1　同时喷射

同时喷射控制是以发动机最先进入做功行程的缸为基准，在该缸排气行程上止点前某一位置，ECU输出指令信号，接通所有喷油器电磁线圈电路，各缸喷油器即开始喷油，即在发动机一个工作循环内，各喷油器同时喷油 1～2 次。同时喷射方式驱动回路通用性好，电路结构与软件都比较简单，但各缸喷油时间不可能最佳，可能会导致各缸的混合气形成不一样。现代汽车很少使用同时喷射控制。

二、分组喷射控制

分组喷射是 ECU 把所有气缸的喷油器分成几组进行控制，一般四缸发动机分成两组，六缸发动机分成三组，八缸发动机分成四组，由 ECU 分组控制喷油器。四缸发动机分组控制电路如图 3—2 所示。

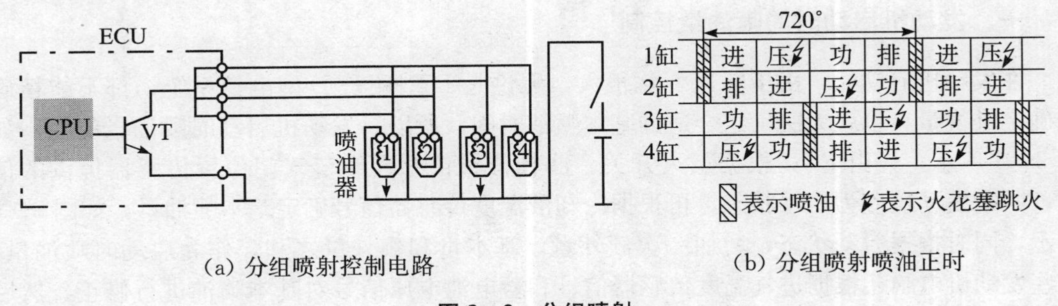

(a) 分组喷射控制电路　　(b) 分组喷射喷油正时

图 3—2　分组喷射

分组喷射控制是以各组最先进入做功行程的缸为基准，在该缸排气行程上止点前某一位置，ECU 输出指令信号，接通该组喷油器电磁线圈电路，该组喷油器即开始喷油。即发动机每转一圈，只有一组喷油器喷油，每组喷油器喷油 1～2 次。分组喷射比同时喷射的混合气雾化质量好。切诺基 2.5L 四缸发动机和夏利 2000 型发动机采用这种喷射方式。

三、顺序喷射控制

顺序喷射是指各缸喷油器分别由 ECU 进行控制，按照发动机工作的顺序喷油。控制电路如图 3—3 所示，各缸喷油器的驱动控制电路彼此独立，即各缸喷油器独立喷油。

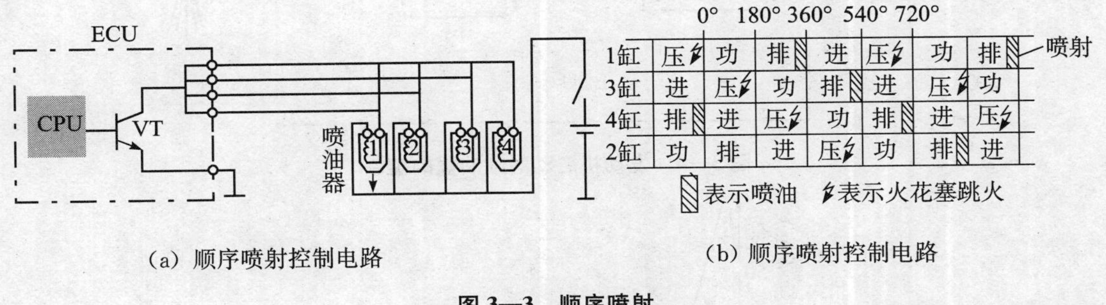

(a) 顺序喷射控制电路　　(b) 顺序喷射控制电路

图 3—3　顺序喷射

采用顺序喷射方式的发动机，喷油器驱动回路数与气缸数相等，ECU 根据凸轮轴位置传感器信号（G 信号）、曲轴位置传感器信号（Ne 信号）和发动机的做功顺序，确定各缸工作位置，当确定某缸活塞运行至排气行程上止点前某一位置时，ECU 输出喷油控制信号，接通喷油器电磁线圈电路该缸即开始喷油，如切诺基发动机在各缸排气行程上止点前 64°开始喷油，喷油顺序与做功顺序一致。现代汽车普遍采用这种控制方式。

学习任务二　喷油量控制过程

学习目标： 掌握喷油量控制的作用、类型及控制原理。

学习方法： 本任务为理论基础学习，教师可以通过 PPT 等多媒体手段来完成。

喷油量控制是保证发动机在各种运行工况下，都能获得最佳的混合气浓度，以提高发动机的经济性和降低排放污染。在汽油机电控燃油喷射系统中，喷油量控制是通过控制喷油器喷油时间来实现的，控制模式分为发动机启动时的喷油量控制和发动机启动后的喷油量控制两种。

一、发动机启动时的喷油量控制

在发动机启动时，由于转速变化很大，无论是 D 型还是 L 型电控系统，都不能精确地确定进气量，也就无法确定合适的基本喷油时间，所以，发动机启动时喷油量的控制如图 3—4 所示，先由 ECU 根据点火开关、曲轴位置传感器和节气门位置传感器提供的信号，判断发动机应为启动状态，再根据冷却液温度传感器信号确定基本喷油量，如图 3—5 所示，同时根据启动状态，增加一次额外量，基本量和额外量之和，作为启动时喷油量。有些发动机电脑还根据进气温度传感器信号和蓄电池电压信号对基本喷油进行修正，然后确定启动时的喷油量。也有发动机电脑在接到启动信号后，只根据冷却液温度传感器信号确定启动时总喷油量。发动机启动时的喷油量控制形式为开环控制。

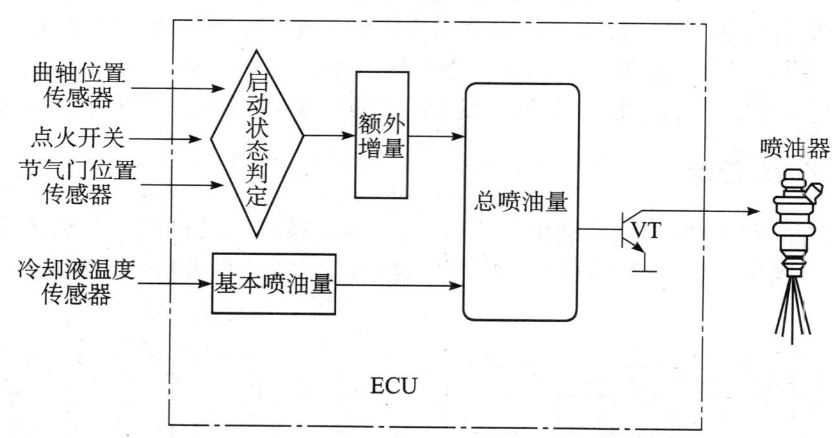

图 3—4　发动机启动时喷油量的控制

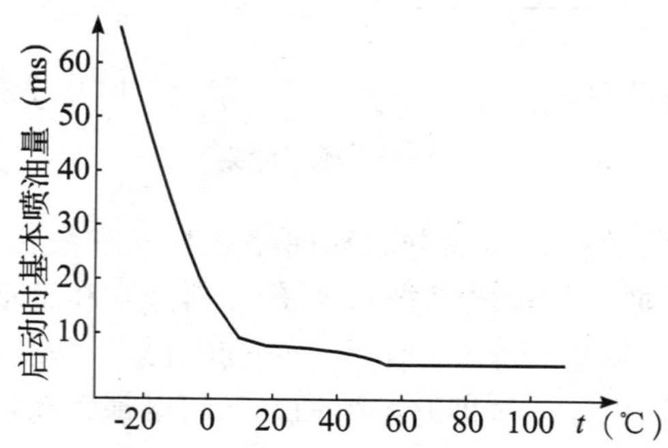

图 3—5　基本喷油量与冷却液温度的对应关系

二、发动机启动后的喷油量控制

发动机启动后，喷油器总喷油量由基本喷油量、修正量和额外增量组成，如图 3—6 所示。

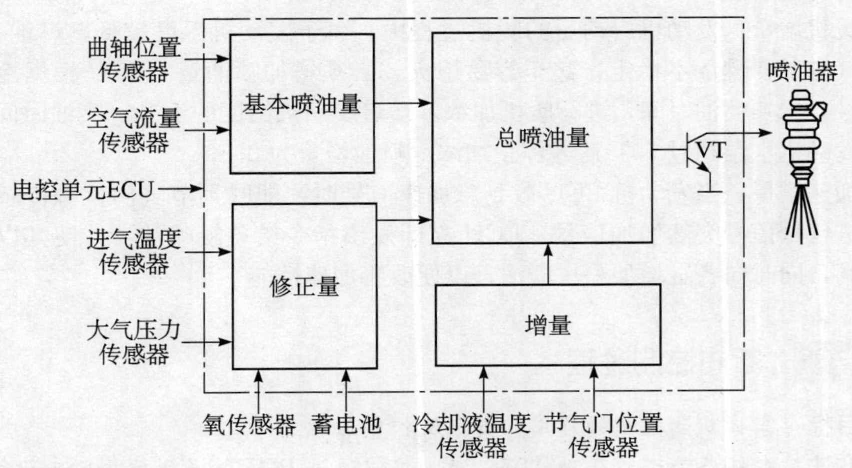

图 3—6　发动机启动后的喷油量控制

1. 基本喷油量确定

（1）D 型基本喷油量：ECU 根据发动机转速信号和进气管绝对压力信号来确定基本喷油量。

（2）L 型基本喷油量：ECU 根据发动机转速信号和空气流量计信号来确定基本喷油量。

2. 修正量确定

ECU 在确定基本喷油时间的同时，还必须根据各种传感器输送来的发动机运行工况信息，对基本喷油时间进行修正。

（1）进气温度传感器：ECU 根据进气温度传感器提供的进气温度信号，对喷油时间进行修正。通常以 20℃为进气温度信息的标准温度，低于 20℃时空气密度大，ECU 适当增加喷油时间，使混合气不致过稀；进气温度高于 20℃时，空气密度减小，适当减少喷油时间，以防混合气偏浓。增加或减少的最大修正量约为 10%。

（2）大气压力传感器：当发动机工作时，ECU 根据大气压力传感器信号确定修正系数的大小。但对于使用热膜式和热线式空气流量计的电控系统，由于直接检测的是进入发动机的空气量，所以，进气量多少与大气压力无关，喷油量不需要修正。

（3）氧传感器：ECU 根据氧传感器输入的电压信号确定混合气是浓还是稀，然后发出控制指令来修正喷油量。当 ECU 接收到氧传感器的信号电压高于 0.5V 时，表明混合气偏浓，空燃比偏小，则 ECU 发出控制指令修正喷油量，使其减少，让混合气逐渐变稀，空燃比逐渐增大。当 ECU 接收到的氧传感器的信号电压低于 0.5V 时，表明混合气偏稀，空燃比偏大，则 ECU 发出控制指令修正喷油量，使其增加，让混合气逐渐变浓，空燃比逐渐减小。

（4）蓄电池电压：蓄电池电压的高低对喷油器的开启滞后时间有影响，电压低时，开启滞后时间长，则实际喷油量会减少，为此，ECU 必须根据蓄电池电压大小来修正喷油量。当蓄电池输入 ECU 的电压低于 14V 时，ECU 将增加喷油器的喷油量。

3. 额外增量确定

（1）暖机增量：发动机启动后的暖机过程中，由于发动机温度较低，燃油雾化不好，会使混合气变稀，燃烧不稳定，甚至容易熄火，必须增加喷油量。ECU 根据冷却液温度传感器信号，增加喷油时间，进行暖机加浓。随着发动机温度的上升，喷油时间将逐渐减小，直到发动机水温超过 60℃后才停止加浓，喷油增量为 0。

（2）加速增量：当发动机 ECU 收到急加速信号时，即收到节气门位置传感器变化速率增大、进气量信号突然增加信号，ECU 立即发出指令给各缸喷油器，使其以一个固定的喷油时间，同时向各缸增加一次喷油，以便改善加速性能。

学习任务三　断油控制过程

学习目标：掌握断油控制的作用、类型及控制原理。

学习方法：本任务为理论基础学习，教师可以通过 PPT 等多媒体手段来讲解。

一、减速断油控制

汽车在高速行驶中，若 ECU 收到油门踏板突然松开并减速的信号时，会切断燃油喷射控制电路，停止喷油，当发动机转速降至设定转速时又恢复正常喷油。这样，可以防止混合气过浓，降低碳氢化合物及一氧化碳的排放量。

减速断油控制条件：

（1）节气门位置传感器的怠速触点闭合。

（2）冷却液温度已经达到正常温度。

（3）发动机转速高于某一转速。

减速断油控制是当发动机在高转速运转过程中突然减速时，ECU 自动控制喷油器中断燃油喷射，直到发动机转速下降到设定的转速时，再恢复喷油。

二、限速断油控制

在发动机运转过程中，ECU 随时都将曲轴位置传感器测得的发动机实际转速与存储器中存储的极限转速进行比较。当实际转速达到或超过安全转速 80～100r/min 时，ECU 就发出停止喷油指令，控制喷油器停止喷油，限制发动机转速进一步升高。喷油器停止喷油后，发动机转速将降低。当发动机转速下降至低于安全转速 80～100r/min 时，ECU 将控制喷油器恢复喷油。

三、清溢流断油控制

启动发动机时，如果多次启动未能着火，将会使浓混合气进入气缸并会浸湿火花塞，使其不能跳火而出现发动机不能启动的现象，这种火花塞被混合气浸湿的现象称为“溢流”或“淹缸”。

当出现溢流现象时，发动机将不能正常启动。这时可将发动机油门踏板踩到底，接通启动开关启动发动机，ECU 自动控制喷油器停止喷油，以便排除气缸内的燃油蒸汽，使火花塞干燥，并能跳火，这种控制称为清溢流断油控制。

清溢流断油控制的条件是：

（1）点火开关处于启动位置。

（2）节气门全开。

（3）发动机转速低于 500r/min。

在正常启动电控发动机时，不要踩下油门踏板，而是直接打启动开关。否则电控系统可能进入清溢流断油控制而使电控发动机无法启动。

四、升挡断油控制

在电控自动变速器汽车上，在行驶过程中，如果变速器需自动升挡时，变速器 ECU 会向发动机 ECU 发出扭矩传感器信号，发动机 ECU 接收到这个信号后，立即发出指令，使个别气缸停止喷油，以便降低发动机转速，减轻换挡冲击，这种控制称为升挡断油控制。

学习测试

测试 1：喷油正时控制有几种类型？是如何控制的？

测试 2：喷油量控制有几种类型？是如何控制的？

测试 3：断油控制有几种类型？各有何作用？

测试 4：如何实现清溢流断油控制？

测试 5：如何实现升挡断油控制？

测试 6：如何实现减速断油控制？

测试 7：如何实现限速断油控制？

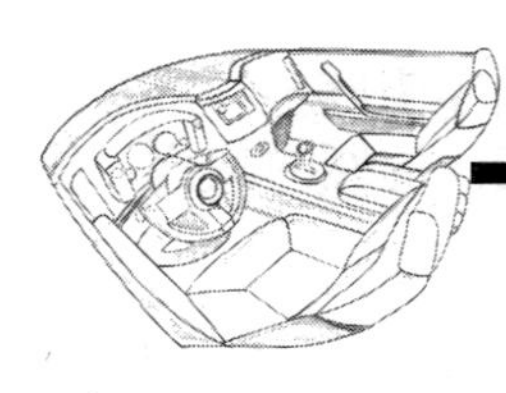

第四章

汽油机电控点火系统

引言

随着电控点火系统的不断完善，电控点火系统已在汽车上广泛应用。电控点火系统控制功能包括点火提前角控制、通电时间控制和爆震控制三方面。电控点火系统主要的优点是：

（1）采用点火提前角控制，保证发动机在各种工况下，都可获得最佳的点火提前角，从而使发动机的动力性、经济性、排放性及工作稳定性等均处于最佳。

（2）采用通电时间控制，保证发动机在工作过程中，ECU 对点火线圈初级电路的通电时间和电流进行控制，从而使点火线圈中存储的点火能量保持恒定，不仅提高了点火的可靠性，而且可有效地减少电能消耗，防止点火线圈烧损。

（3）采用爆震控制，可使点火提前角控制在爆震的临界状态，以此获得最佳的燃烧过程，有利于发动机各种性能的提高。

学习任务一　电控点火系统组成及配电方式

学习目标：掌握电控点火系统的组成、类型及主要组成件的作用。

学习方法：本任务为理论基础学习，教师可以通过 PPT 等多媒体手段来完成。

一、有分电器电控点火系统

1. 组成

有分电器电控点火系统由电源、各种传感器、ECU 、点火器、点火线圈、分电器、火花塞等组成，如图 4—1 所示。各组成件的作用如下：

（1）凸轮轴/曲轴位置传感器：检测凸轮轴和曲轴的位置，并向 ECU 输送信号，以便控制点火正时和确定基本点火提前角。

（2）空气流量计（或进气管绝对压力传感器）：检测并向 ECU 输送进气量信号，以便确定基本点火提前角。

（3）冷却液温度传感器：检测并向 ECU 输送发动机冷却液温度信号，用于修正点火提前角。

（4）节气门位置传感器：检测并向 ECU 输送节气门开度信号，以便

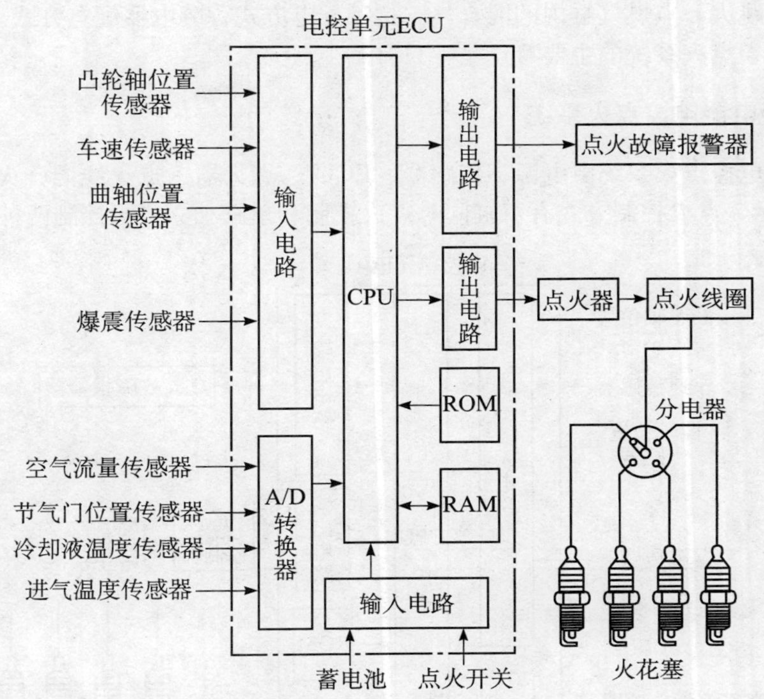

图4—1　电控点火系统的基本组成

ECU根据发动机负荷，对点火提前角进行修正。

（5）启动开关：检测发动机的工作状态，向ECU输送发动机正在启动的信号，是发动机启动时对点火提前角进行控制的主信号。

（6）空调开关：检测空调系统的工作状态，向ECU输送空调正在工作的信号，用于发动机怠速工况下，对点火提前角进行修正。

（7）车速传感器：检测并向ECU输送车速信号，用于对点火提前角进行修正。

（8）ECU：不断地接收各传感器的信息，按内存的程序计算出最佳点火提前角，并向点火器发出指令。

（9）点火器：点火器是电控点火系统的执行元件，它可将电子控制系统输出的点火信号进行功率放大后，驱动点火线圈工作。

（10）点火线圈：点火线圈可将火花塞跳火所需的能量存储在线圈的磁场中，并将电源提供的低压电转变为足以在电极间产生击穿点火的15～20kV高压电。

（11）分电器：在有分电器的电控点火系统中，分电器根据发动机的点火顺序，将点火线圈产生的高压电依次输送给各缸火花塞。

（12）火花塞：主要是利用点火线圈产生的高压电产生电火花，点燃气缸内的混合气。

2. 配电方式

发动机工作时，ECU根据各传感器信号确定某缸点火时，向点火器发出指令信号，点火器控制点火线圈内初级电路通电或断电。当点火线圈中的初级电路断电时，次级线圈产生的高压电输送给分电器，分电器按照发动机的点火顺序，依次将高压电输送给各缸火花塞，火花塞跳火，点燃气缸内的混合气。这种配电方式称分电器配电方式。

分电器电控点火系统的主要特点是：只有 1 个点火线圈。

二、无分电器电控点火系统

无分电器电控点火系统由电源、传感器、ECU 、点火器、点火线圈、火花塞等组成，如图 4—2 所示。点火控制方式有双缸同时点火控制和单缸独立点火控制两种。

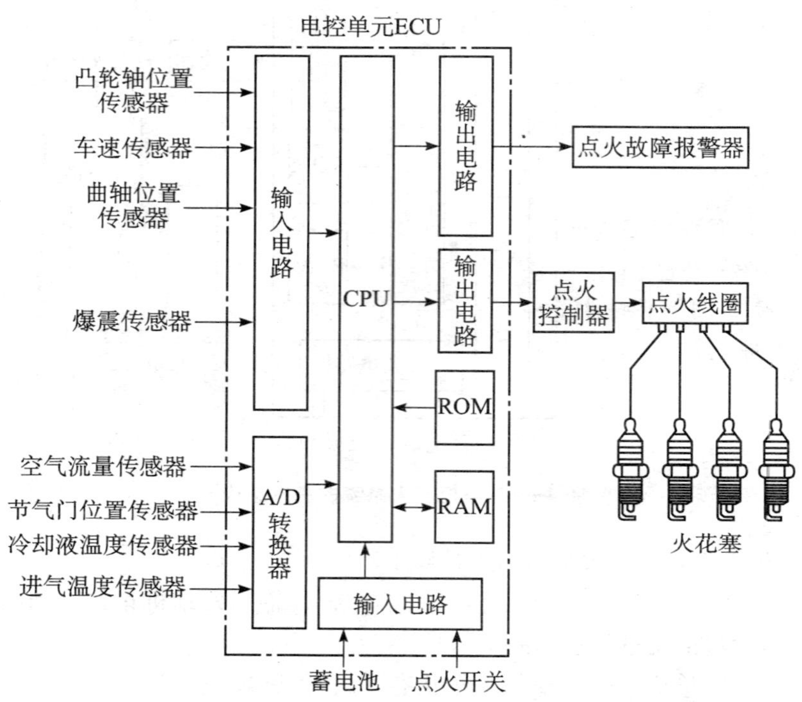

图 4—2　无分电器电控点火系统

1. 双缸同时点火控制

双缸同时点火控制方式分为二极管分配高压电方式和点火线圈分配高压电方式两种。

（1）二极管分配高压电方式。

二极管分配高压电的双缸同时点火控制的方式，如图 4—3 所示。对于四缸发动机，四个气缸共用一个点火线圈，点火线圈为内装双初级绕组、双输出次级绕组的点火线圈，利用四个二极管的单向导电性，交替完成对 1、4 缸和 2、3 缸配电过程。这种形式点火系统对点火线圈要求较高，而且发动机的气缸数必须是数字 4 的整倍数，所以在应用上受到一定的限制。

（2）点火线圈分配高压电方式。

点火线圈分配高压电双缸同时点火的方式，如图 4—4 所示。中华尊驰、桑塔纳 2000GSi、捷达 ATK 和奥迪 200 等轿车采用这种点火方式。以六缸发动机为例，两个气缸共用一个点火线圈，点火线圈的数量等于气缸数的一半，1、6 缸，2、5 缸及 3、4 缸的活塞分别同时到达上止点，称为同步缸，两同步缸共用一个点火线圈，两个缸的火花塞与共用的点火线圈中的次级线圈串联。当点火线圈初级电路断电时，一个气缸接近压缩行程的上止点，火花塞跳火点燃该缸的混合气，称为有效点火；而另一气缸接近排气行程的上止

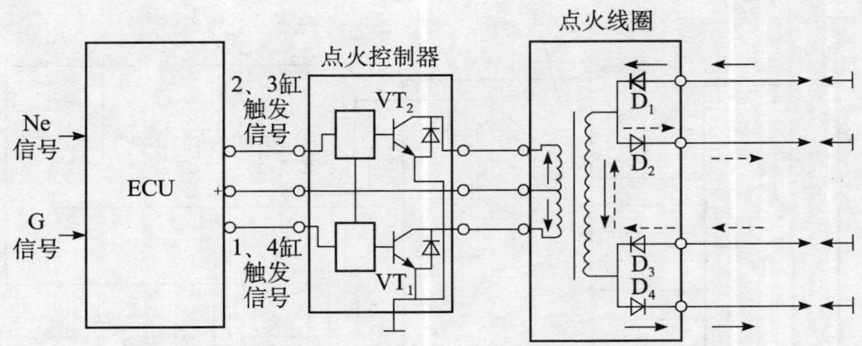

图 4—3　二极管分配高压电的点火控制方式

点，火花塞跳火不起作用，称为无效点火。由于处于排气行程气缸内的压力很低，加之废气中导电离子较多，其火花塞很容易被高压电击穿，消耗的能量就非常少，所以不会对压缩行程气缸点火产生影响。

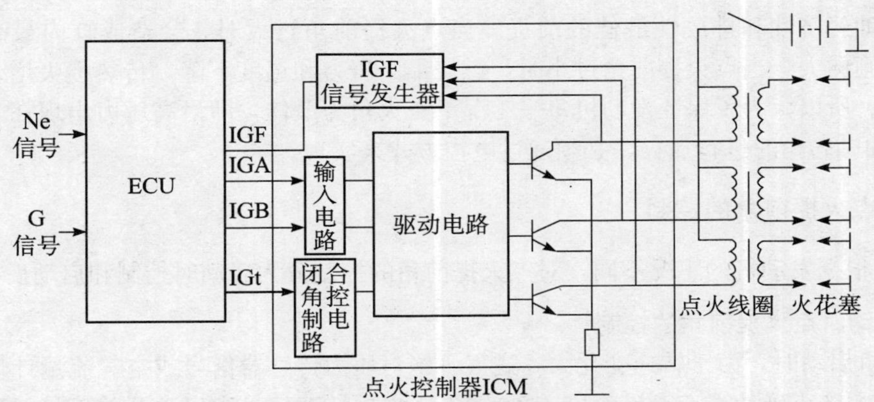

图 4—4　点火线圈分配高压电双缸同时点火方式

2. 单缸独立点火控制

单缸独立点火控制如图 4—5 所示，其特点是每缸有一个点火线圈，即点火线圈的数量与气缸数相同。在发动机转速较高时，点火线圈的通电时间较长，这样点火能量较高，分火性能好；点火线圈不易发热；体积较小，一般压装在火花塞上。但该控制系统的结构和控制电路较复杂。

学习任务二　点火提前角控制

学习目标： 掌握点火提前角控制的意义及控制原理。

学习方法： 本任务为理论基础学习，教师可以通过 PPT 等多媒体手段来完成。

一、点火提前角控制的必要性

发动机工作时任何工况都需要一个点火提前角，最佳的点火提前角是保证发动机的动

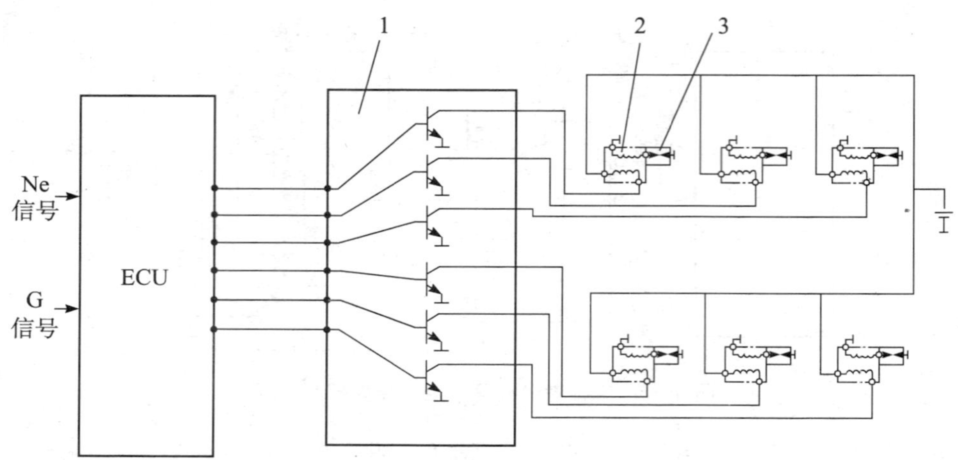

图 4—5　单缸独立点火控制方式

1—点火控制器；2—点火线圈；3—火花塞

力性、燃油经济性和排放性最佳的前提。当点火提前角过大时，会造成缸内最高压力升高，爆震倾向大。当点火提前角过小时，燃烧最高压力和温度下降，传热损失增多，排气温度升高。所以，为了保证发动机每一工况下点火角为最佳，即最高压力出现在上止点后10°～15°曲轴转角时进行点火，必须通过电控方式来实现。

二、点火提前角的控制

ECU 根据发动机的工况不同，对点火提前角的控制分为启动时控制和启动后控制。

1. 启动时点火提前角的控制

发动机启动时，由于转速变化大，进气管绝对压力传感器信号或空气流量计信号不稳定，ECU 无法正确计算点火提前角。而是 ECU 根据转速信号和启动开关信号，参照内存储的初始点火提前角（设定值）对点火提前角进行控制，一般设定值为上止点前 10°左右（因发动机型号而异）。

2. 启动后点火提前角的控制

启动后点火提前角由基本点火提前角和修正角（或修正系数）组成。

（1）基本点火提前角。

1）怠速工况时基本角的确定：ECU 根据节气门位置传感器信号（IDL 信号）、发动机转速传感器信号（Ne 信号）和空调开关信号（A/C 信号）来确定，如图 4—6 所示。

2）其他工况下的基本角：ECU 根据发动机的转速和负荷对照存储器中存储的基本点火提前角控制模型来确定，如图 4—7 所示。

（2）点火提前角的修正。

1）冷却液温度的修正。

发动机暖机过程中，随冷却水温的提高，混合气的燃烧速度加快，燃烧过程所占的曲轴转角减小，点火提前角也应适当减小，如图 4—8a 所示。

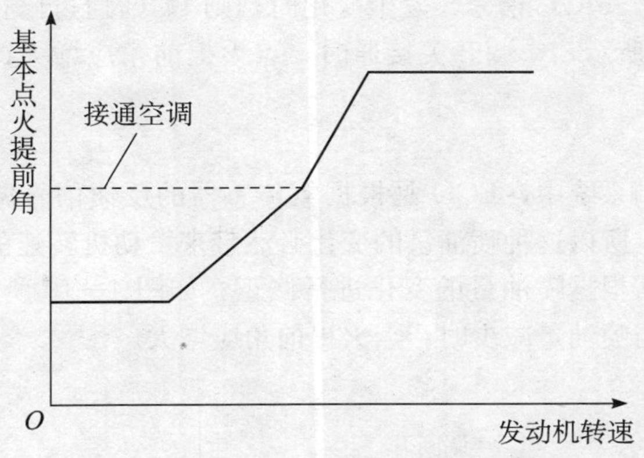

图 4—6　怠速时基本点火提前角的确定

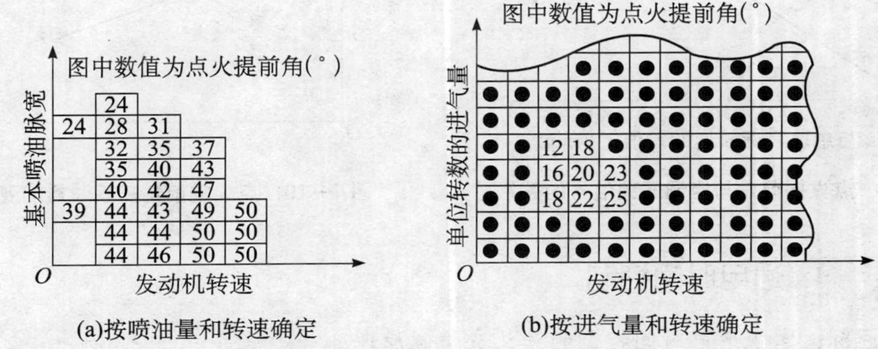

图 4—7　基本点火提前角控制模型

发动机怠速工况运行（IDL 触点接通）时，冷却液温度过高，一般是因为燃烧速度慢，散热损失多，燃烧过程占的曲轴转角过大，为了避免发动机长时间过热，应增大点火提前角，如图 4—8b 所示。

发动机正常运行工况（怠速触点 IDL 断开）时，冷却液温度过高，爆震倾向逐渐增大，为了避免产生爆震，则应减小点火提前角，如图 4—8c 所示。

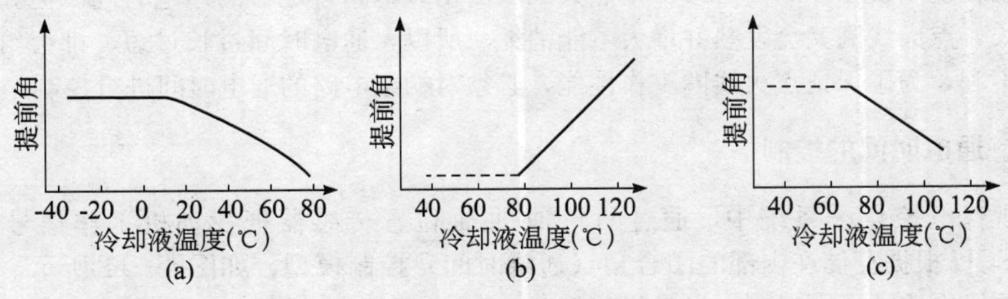

图 4—8　点火提前角与冷却液温度信号的关系

2）发动机转速的修正。

发动机在怠速运转过程中，由于负荷等因素的变化会导致转速改变，所以 ECU 必须根据实际转速与目标转速的差值修正点火提前角，以保持发动机在规定的怠速转速下稳定运转。如空调开关信号（A/C 信号）发生变化时，则 ECU 通过修正点火提前角，来稳定怠速转速，如图 4—9 所示，空调开关接通时，点火提前角应增大；空调开关断开时，点火提前角应减少。

3）喷油量的修正。

在空燃比反馈控制系统中，ECU 是根据氧传感器的反馈信号调整喷油量的多少来达到最佳空燃比控制的，所以这种喷油量的变化必然带来发动机转速的变化。为了稳定发动机转速，点火提前角需根据喷油量的变化进行修正，如图 4—10 所示。当喷油量增多时，点火提前角应减小；当喷油量减少时，点火提前角应增大。

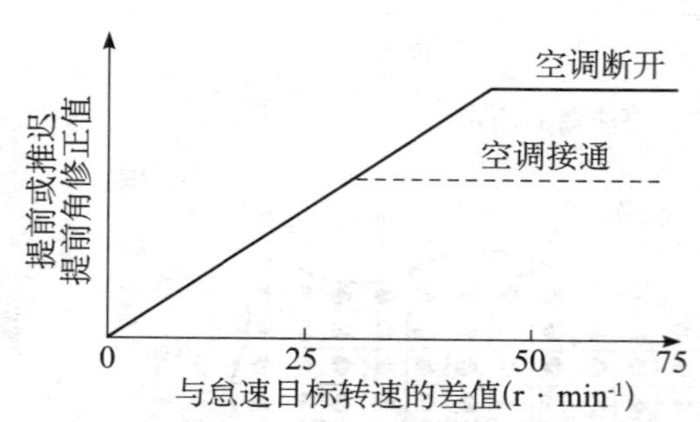

图 4—9　点火提前角与空调开关信号的关系

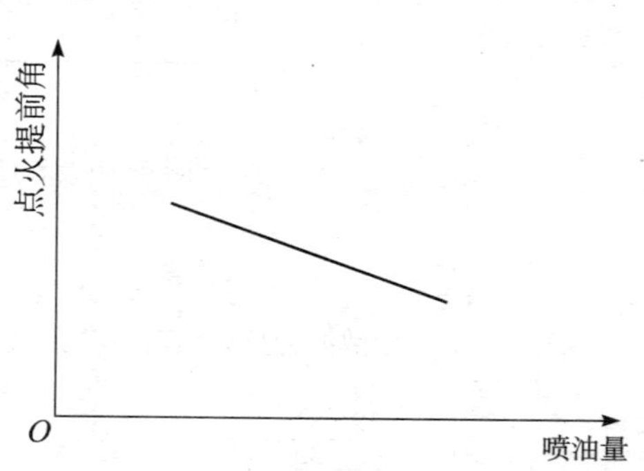

图 4—10　点火提前角随喷油量的变化关系

学习任务三　通电时间控制

学习目标：掌握通电时间控制的意义及控制原理。

学习方法：本任务为理论基础学习，教师可以通过 PPT 等多媒体手段来完成。

一、通电时间控制的必要性

当点火线圈的初级电路被接通后，其初级电流按指数规律增长，通电时间长短决定初级电流的大小。当初级电流达到饱和时，若初级电路被断开，此时瞬间初级电流达到最大值（即断开电流），会感应次级电压达到最大值。次级电压升高，会使火花塞点火能力增强，所以在发动机工作时，必须保证点火线圈的初级电路有足够的通电时间。但如果通电时间过长，点火线圈又会发热并增大电能消耗。所以，通电时间过长过短，都会给点火系统带来不利，为了保证点火线圈工作性能，必须对初级电路的通电时间进行控制。

二、通电时间的控制

在现代电控点火系统中，通过凸轮轴/曲轴位置传感器把发动机工作信号输入给 ECU，ECU 根据存储在内部的闭合角（通电时间）控制模型，如图 4—11 所示，控制点火线圈初级电路的通电时间。发动机工作时，ECU 根据发动机转速信号（Ne 信号）和电源电压信号确定最佳的闭合角（通电时间），并向点火器输出执令信号（IGt 信号），以控制点火器中晶体管的导通时间，并随发动机转速提高和电源电压下降，闭合角（通电时间）增长。

现代电控点火系统，都采用高能点火线圈，电阻很小。所以，为了增加其使用寿命，

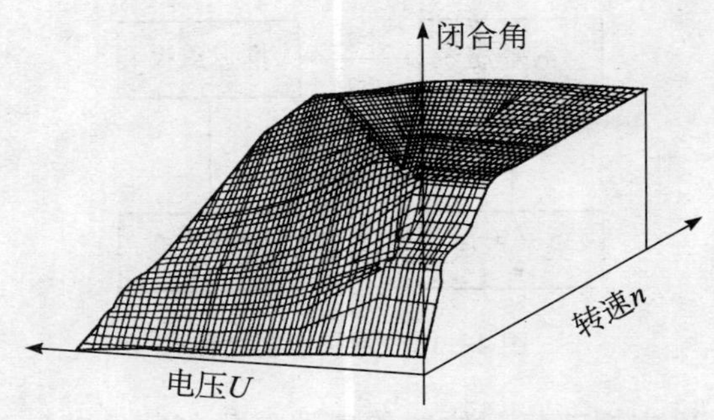

图 4—11　闭合角（通电时间）控制模型

在控制电路中增加了恒流控制电路，保证在任何转速下点火线圈初级电流均为规定值 7A，既改善了点火性能，又能防止初级电流过大而烧坏点火线圈。

学习任务四　爆震控制

学习目标：掌握爆震控制意义及控制原理。

学习方法：本任务为理—实学习内容，教师可以通过 PPT 等多媒体手段来完成理论教学，再通过实际操作让学生掌握测试方法和步骤。

一、爆震控制的必要性

发动机工作过程中，燃料燃烧的火焰，在传播的过程中，会使未燃混合气进一步受到压缩和热辐射的作用。如果在火焰前锋尚未到达之前，末端混合气已经自燃，则这部分混合气燃烧速度极快，火焰速度可达每秒百米甚至数百米以上，使燃烧室内的局部压力、温度很高，并伴随有冲击波。压力冲击波反复撞击缸壁，发出尖锐的敲缸声，这种现象称为爆震燃烧。爆震燃烧是一种不正常燃烧，轻微时，可使发动机功率上升，油耗下降；严重时，气缸内发出特别尖锐的金属敲击声，且会导致冷却液过热，功率下降，耗油率上升。所以，应对爆震燃烧加以控制。

二、爆震控制方法

在无爆震控制的点火系统中，通过点火时刻的设定防止爆震的产生，但会导致发动机的动力性、经济性下降。

在电控点火系统中，通过爆震传感器输入给 ECU，ECU 经过分析，判定有无发生爆震及爆震的强度，并根据判定结果对点火提前角进行反馈控制，可以使发动机处于爆震的边缘工作，既能防止爆震发生，又能有效地提高发动机动力性和经济性。爆震控制实际是点火提前角控制中的追加功能，控制过程如图 4—12 所示。

爆震传感器把气缸体上的振动转换成电压信号输送给 ECU，ECU 对信号进行滤波处理，并判断有无发生爆震及爆震的强度。有爆震时，则逐渐减小点火提前角（推迟点火），直到爆震消失为止。无爆震时，则逐渐增大点火提前角（提前点火），当再次出现爆震时，ECU 又开始逐渐减小点火提前角，爆震控制过程就是对点火提前角进行反复调整的过程。

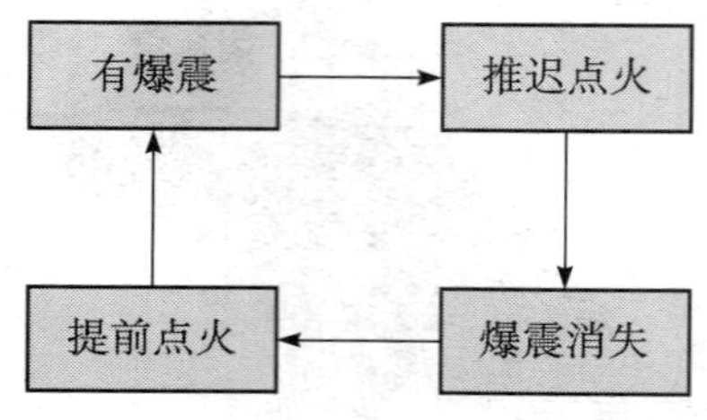

图 4—12　爆震控制过程

发动机工作时，ECU 根据节气门位置传感器信号判断发动机的负荷大小，从而决定点火系统采用闭环控制或开环控制。发动机负荷较小时，发生爆震的倾向几乎为零，所以电控点火系统在此负荷范围内采用开环控制模式。而当发动机的负荷超过一定值时，电控点火系统自动转入闭环控制模式。

三、爆震控制系统

1. 爆震控制系统的组成

爆震控制系统主要由爆震传感器、点火控制器、火花塞和 ECU 等组成，如图 4—13 所示。ECU 根据爆震传感器的信号对点火提前角实行反馈控制。

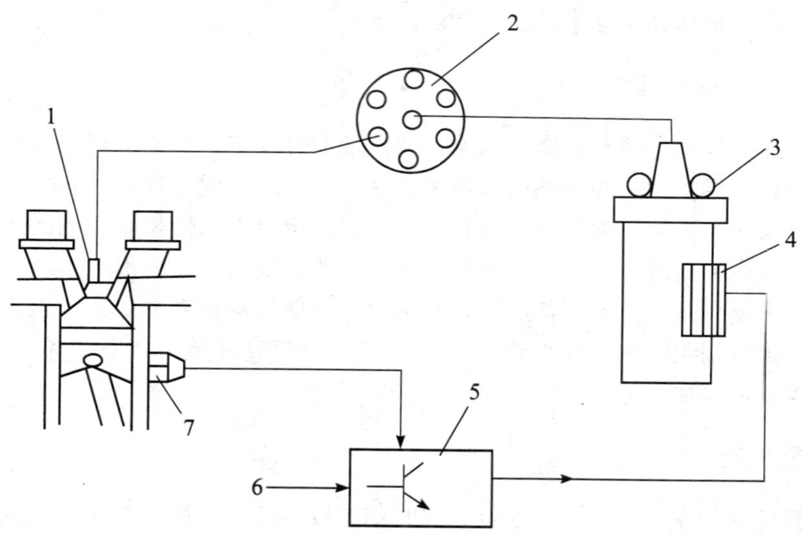

图 4—13　爆震控制系统的组成

1—火花塞；2—分电器；3—点火线圈；4—点火器；
5—ECU；6—其他传感器信号；7—爆震传感器信号

2. 工作原理

爆震传感器安装在气缸体上，检测发动机不同频率范围内的机械振动，发生爆震时，爆震传感器向 ECU 输送的信号先经过滤波电路进行过滤，只允许特定频率范围的爆震信号通过滤波电路。再将滤波后的信号峰值电压与爆震强度基准值进行比较，若其值大于爆震强度基准值，控制系统可由此判定有爆震，并以某一固定值逐渐减小点火提前角。若滤波后的信号峰值电压低于爆震强度基准值，控制系统则由此判定无爆震，并以某一固定值逐渐增大点火提前角。同时，ECU 根据爆震信号超过基准值的次数来判定爆震强度，其次数越多，爆震强度越大；次数越少，则爆震强度越小，如图 4—14 所示。

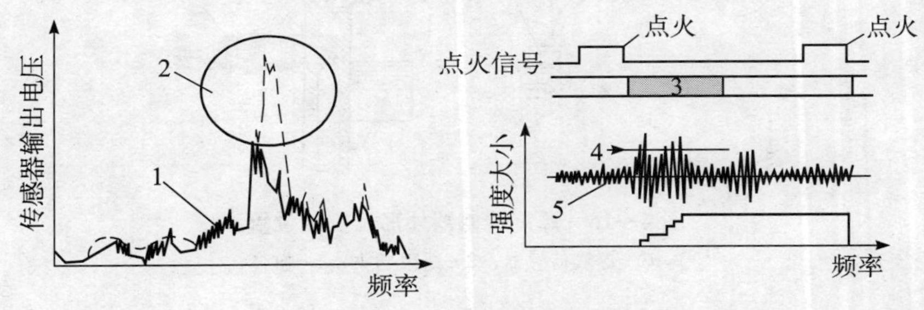

图 4—14　爆震信号的确定

1—无爆震电压波；2—产生爆震电压波；3—爆震识别区间；
4—爆震确定基准；5—爆震传感器输出信号

ECU 内设有爆震信号识别电路，如图 4—15 所示，用于确定发动机是否发生爆震。只有在能够识别发动机点火后爆震且可能发生的一段曲轴转角范围内，控制系统才允许对爆震信号进行识别。

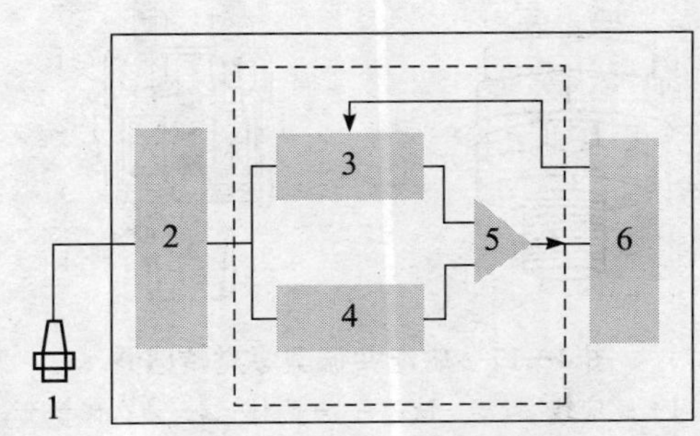

图 4—15　爆震识别电路

1—火花塞；2—滤波电路；3—峰值检测电路；4—与基准值比较电路；
5—爆震判断电路；6—微处理电路

三、爆震传感器

1. 作用与分类

爆震传感器 DS（Detonation Sensor）是电控点火系统实现点火时刻闭环控制的重要元件，安装在发动机缸体侧面，其功用是将发动机爆震信号转换为电信号传递给 ECU，ECU 根据爆震信号对点火提前角进行修正，从而使点火提前角保持最佳。

按检测缸体振动频率的检测方式不同，爆震传感器分为共振型与非共振型两种，按结构分为压电式和磁电式两种。通用和日产汽车采用了磁电式爆震传感器。桑塔纳 2000GLi、2000GSi，捷达 AT、GTX 型等国产轿车采用了压电式爆震传感器。其外形及安装位置如图 4—16 所示。

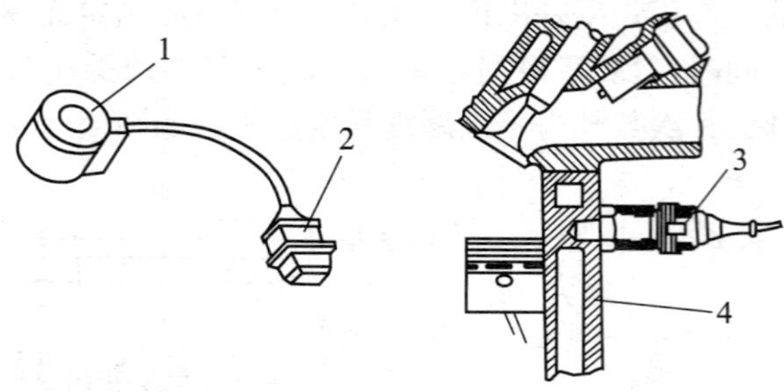

图 4—16　爆震传感器外形及安装位置

1，3—爆震传感器；2—线束插头；4—缸体

2. 工作原理

（1）磁电共振型。

磁电共振型爆震传感器主要由感应线圈、铁芯、永久磁铁和壳体等组成，如图 4—17 所示。铁芯用高镍合金制成，在其一端设置有永久磁铁，另一端安放在弹性部件上。感应线圈绕制在铁芯的周围，线圈两端引出电极与控制线路连接。

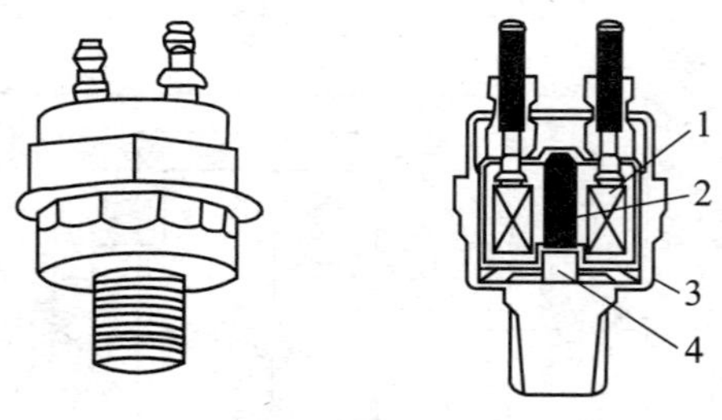

图 4—17　磁电共振型爆震传感器

1—感应线圈；2—铁芯；3—壳体；4—永久磁铁

当发动机缸体产生振动时，铁芯就会随之产生振动，感应线圈中的磁通量就会发生变化。由电磁感应原理可知，线圈中就会感应产生交变电动势，即传感器就有信号电压输出，输出电压高低取决于发动机的振动强度和振动频率。当发动机缸体振动频率达到 6～9kHz，即与传感器的固有频率相同时，传感器产生共振，振动强度最大，线圈中产生的电压最高，即传感器输出的信号电压最大，如图 4—18 所示。

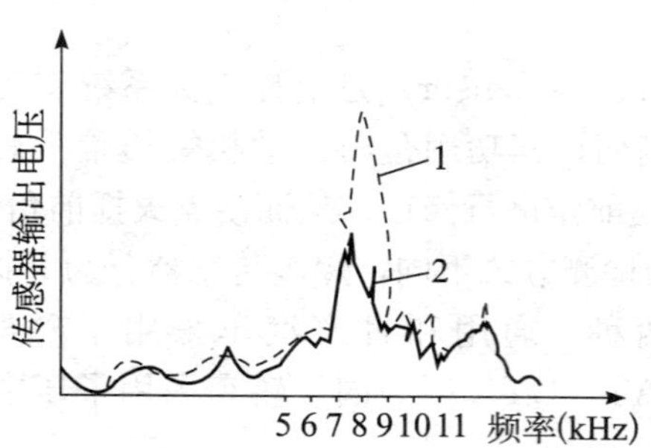

图 4—18　共振型爆震传感器信号波形

1—虚线表示有爆震；2—实线表示无爆震

（2）压电共振型。

压电共振型爆震传感器利用压电效应原理检测发动机爆震。检测发动机爆震的方法有三种：一是检测发动机燃烧室压力的变化；二是检测发动机缸体振动频率；三是检测混合气燃烧噪声。现代汽车广泛采用检测发动机缸体振动频率来检测爆震，这种传感器具有测量精度高、安装方便且输出电压较高等优点，但通用性差。

压电共振型爆震传感器主要由压电元件、振子、基座、壳体等组成，如图 4—19 所示。压电元件紧贴在振子上，振子则固定在基座上。压电元件检测振子的振动压力，并转换成电信号输送给 ECU。

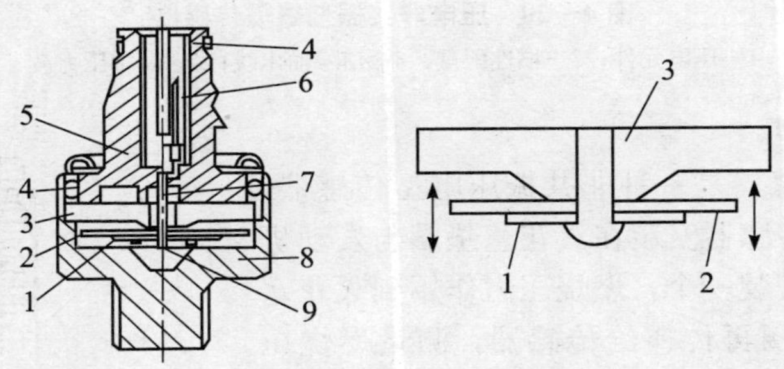

图 4—19　压电共振型爆震传感器

1—压电元件；2—振子；3—基座；4—O 形密封圈；5—连接器；6—接头；7—密封剂；8—壳体；9—引线

（3）压电非共振型。

共振型爆震传感器只能用于特定的发动机，不能与其他发动机互换使用，装车自由度很小，美国汽车采用了这种传感器。非共振型爆震传感器的突出优点是适用于所有的发动机，装车自由度很大。但其输出电压较低，频率特性平且频带较宽，需要配用带通滤波器，信号处理比较复杂，通过调整滤波器的频率范围可使传感器用于不同发动机，通用性强。中国、日本和欧洲汽车大部分采用了这种传感器。

压电非共振型爆震传感器主要由套筒、压电元件、惯性配重、塑料壳体和接线插座等组成，如图 4—20 所示。压电元件制成垫圈形状，在其两个侧面上制作有金属垫圈作为电极，并用导线引到接线插座上。惯性配重与压电元件以及压电元件与传感器套筒之间安放有绝缘垫圈，套筒中心制作有螺孔，传感器用螺栓安装固定在发动机缸体上，调整螺栓的拧紧力矩便可调整传感器的输出电压。

压电式非共振型爆震传感器是以接收加速度信号的形式来检测爆震的。当发动机发生爆震时，产生 5～10kHz 的压力波，压力波经过气缸体传给爆震传感器，再经过配重块以正比于振动加速度的交变力施加在压电元件上，不断变化的压力，使电动势也不断变化，当约 20mV 的电动势传给 ECU 时，经过滤波后，ECU 便输出一个指示爆震的信号。ECU 识别到某个气缸有爆震时，就立即控制此气缸的点火正时向延迟方向改变3°～5°，以便消除爆震。经过一定次数的无爆震后，ECU 再控制点火正时以每步 0.3°～0.5°的曲轴转角向提前方向给进，以保证发动机的点火提前角始终处于接近爆震时的最佳角度。

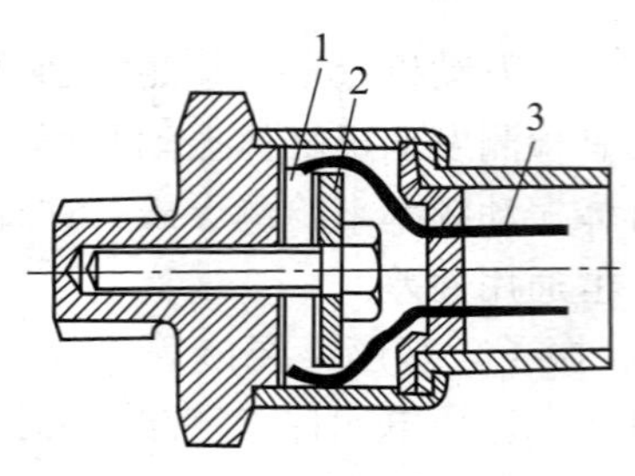

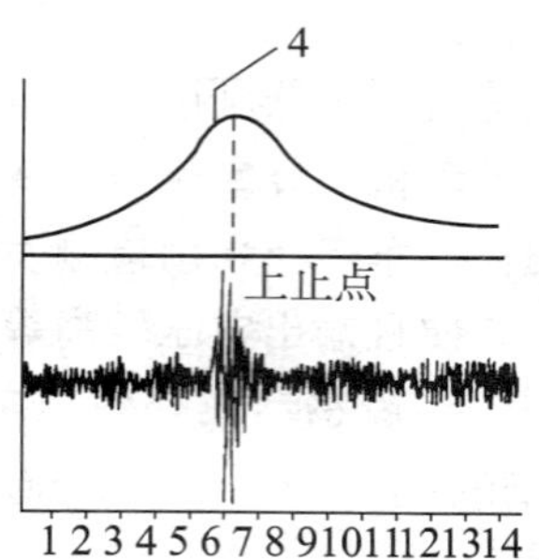

图 4—20　压电非共振型爆震传感器

1—压电元件；2—惯性配重；3—信号输出线；4—爆震压力波

（4）垫圈压力型。

垫圈压力型传感器是一种非共振压电型传感器，如图 4—21 所示。传感器安装在火花塞垫圈与发动机气缸盖之间，每缸安装一个，燃烧压力作用到火花塞上，经过火花塞垫圈再传递给传感器，测量燃烧压力。发动机工作时，各缸的燃烧压力通过压电元件检测各缸的爆震信息，并转换成电信号输送给 ECU。

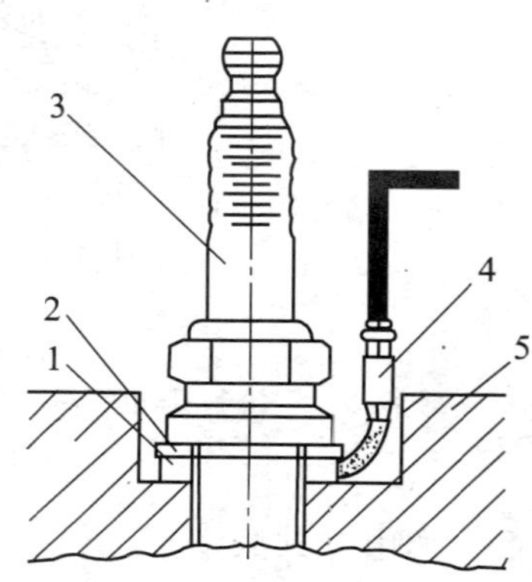

图 4—21　垫圈压力型传感器

1—爆震传感器；2—垫圈；3—火花塞；4—线束插头；5—缸盖

3. 爆震传感器检测

桑塔纳 2000GLi 型轿车采用一只压电式爆震传感器，捷达 AT、GTX，桑塔纳 2000GSi 型轿车使用两个爆震传感器，安装时要保证固定螺栓的拧紧力矩准确，以防爆震传感器传输错误爆震信号。

（1）万用表检测。

一般可通过测量电阻的方法对爆震传感器进行粗略的检测。检测时，断开点火开关，拔下传感器线束插头，如阻值过大或为无穷大，说明线束与端子接触不良或断路，应予修理。对磁带伸缩式爆震传感器，由于其传感器内部采用了感应线圈，故用万用表检测时应有一定的电阻值，电阻值为零或无穷大均表示感应线圈有短路或断路故障；对压电式爆震传感器，由于传感器是用压电材料制作的，故用万用表检测时，其电阻值应为无穷大，若电阻值为零，表示有短路故障。

以桑塔纳 2000GSi 型轿车爆震传感器检测为例，电路连接及线束插头如图 4—22 所示，端子 1 是传感器信号输入线，端子 2 是传感器负极线，端子 3 是传感器屏蔽线。用万用表电阻检测传感器电阻。检测时，断开点火开关，拔下传感器线束插头，端子 1 与 2 之间阻值应大于 1MΩ；端子 1 与 3 之间阻值应大于 1MΩ；端子 2 与 3 之间阻值应大于 1MΩ；各线路上阻值应小于 0.5Ω，否则应更换。

（2）诊断仪诊断。

当爆震传感器发生故障时，发动机 ECU 能够检测到有关信息，并使发动机进入故障应急状态。利用专用的 V. A. G1551 或 V. A. G1552 故障诊断仪，通过诊断插座可以读取此故障的有关信息。

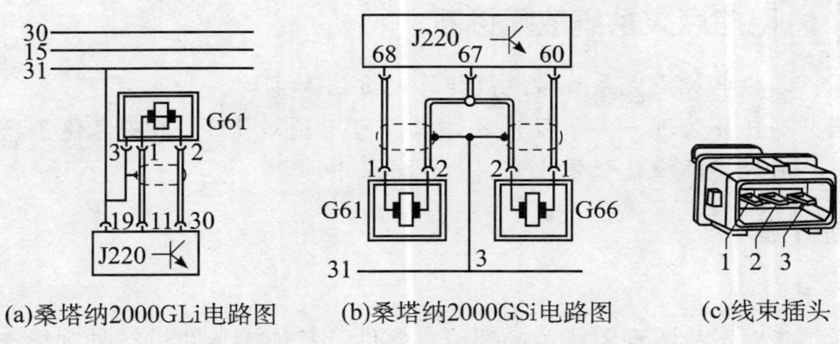

图 4—22　桑塔纳 2000GSi 型轿车爆震传感器

用 V. A. G1552 检测桑塔纳 2000GSi 型轿车爆震传感器的步骤如下：

1）输入地址码 01，输入 08 读取测量数据组。输入组号 13，读取 4 个缸的爆震控制点火滞后角数据（发动机大油门，3 挡行驶，水温大于 80℃），应在 0°～15°之间。

2）输入组号 14 和 15，分别读取 4 个缸的爆震控制点火滞后角数据（某一转速和负荷下），应在规定范围内。

3）输入组号 16，读取爆震传感器信号电压（发动机怠速），应为 0.3～1.4V。同时要求各缸爆震传感器信号电压之间的偏差不得大于 50%。注意：猛踩加速踏板时爆震传感器信号最大可达 5.1V。

（3）示波器检测。

用示波器测试爆震传感器波形，可以判定传感器工作性能的好坏。首先连接示波器，启动发动机并怠速运转，可对发动机加载，再察看波形显示。波形的峰值电压和频率将随发动机的负荷和转速的增加而增加。若发动机点火过早、燃烧温度不正常、废气再循环不正常时，其幅度和频率也会增加。

打开点火开关，不启动发动机，用金属物敲击爆震传感器附近的缸体。在敲击发动机缸体后，示波器上应有一突变波形，敲击越大，幅值也越大，如果波形显示只是一条直线，则说明爆震传感器没有信号输出，应检查线路和爆震传感器。

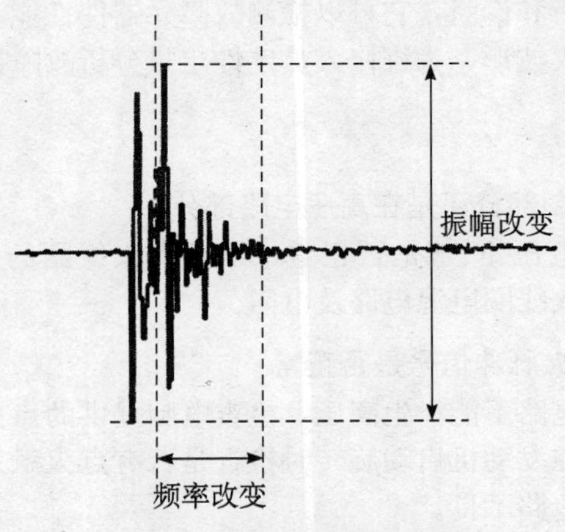

图 4—23　爆震传感器标准波形

学习任务五　电控点火系统故障诊断

学习目标：掌握电控点火系统常见故障诊断方法和步骤。

学习方法：本任务为理—实学习内容，教师可以通过PPT等多媒体手段来完成理论知识的讲解，再通过实际操作让学生掌握测试方法和步骤。

一、诊断方法

1. 直观诊断

直观诊断是指对与故障现象相关的部位、部件及其连接导线进行外观检查。由于电脑控制点火系统结构原理复杂，工作可靠性也较高，发生故障后，除了电子元器件本身的损坏外，很多故障是出于线路短路、断路、插接器接触不良造成的，而与电脑系统无关，通过询问用户故障发生过程及现象，结合经验诊断方法，可容易地、直观地发现这些故障，达到事半功倍的效果，是一种最简单、最基本的故障诊断方法。主要检查项目有：

（1）查找各个插接器是否有污损、插接不到位而引起的接触不良。

（2）检查电线是否断开，是否有因磨损而引起导线间或导线与地间的短路现象。

（3）检查各个传感器和执行器是否有零件松动、丢失、变形、卡死、磨损超限等机械故障。

（4）检查发动机工作时是否有异响、点火器、点火线圈温度是否正常等。

2. 自诊断系统诊断

汽车电脑控制系统几乎都具有自诊断功能，电脑控制点火系统也不例外，因此，当电脑控制点火系统出现故障时，应首先利用汽车的自诊断功能调取存储在电脑内的故障码，根据故障码可快速对电控系统故障作出判断，并进一步排除故障。因此，利用自诊断系统诊断电脑控制点火系统故障，是最主要的诊断手段。

3. 仪器诊断

仪器诊断即利用一些简单的通用仪器仪表（如数字万用表、示波器等）或一些专用的诊断仪器设备（如发动机综合分析仪、解码器、点火分析仪、正时灯等），对电脑控制点火系统故障进行检测、分析和诊断，它可以检测故障元器件性能参数、检测测试点信号以及整个点火系统性能、点火波形，为维修人员定性定量分析故障提供了宝贵的信息。

二、诊断内容及方法

1. 确定故障在电脑控制部分还是在高压电路部分

方法：测量一次线圈电压IG＋是否正常，以及点火线圈的电阻阻值是否符合规定。如果不正常，应检查其点火线圈电源电路及电阻。

2. 检查电脑提供的点火脉冲信号是否正常

如果点火线圈的二次电路不能产生高压，检查电脑提供的点火脉冲信号是否正常，方法是：用示波器或万用表在发动机启动旋转时检查是否有点火触发信号，如信号正常，则为点火器或点火线圈及其电路不良。

3. 检查点火电脑、有关传感器及线路是否正常

首先检查点火电脑及有关传感器工作电压是否符合要求，搭铁线是否出现断路或接触

不良，再检查曲轴位置传感器（点火基准传感器）和曲轴转角与转速传感器及其有关电路是否正常。安装位置是否合适，连接导线和插接件有无不良，用万用表或示波器在发动机启动旋转时检查其是否能够产生足够的信号电压。如点火电脑及有关传感器工作电压符合要求，曲轴基准位置传感器（点火基准传感器）和曲轴转角与转速传感器及其有关电路也正常，并能够产生足够的信号电压，则可初步认为点火电脑不良，可更换同型号点火电脑试验，以便进一步确认。

4. 分析并确认故障

若确认是点火控制系统故障，即点火控制系统及其有关传感器和电路发生故障，一般电脑自诊断系统的故障报警灯将会点亮。这时应充分发挥电脑自诊断系统的功能，以便进一步缩小故障范围。若自诊断系统的故障报警灯没有点亮，则应该从其他方面寻找故障原因。

三、常见故障诊断

电脑控制点火系统常见的故障主要有：发动机不着火、火花弱、点火正时不准（过早或过晚），点火性能随工况变化等。在诊断过程中要注意一些事项：对于需开机测试的项目，首先连接仪器及其接线，然后打开点火开关；开机前，应确保各元件之间的连接良好，以免出现故障；在点火开关 ON 的情况下，不得随意拔下传感器插头或仪器测试线；在测试过程中，应严格按照测试要求进行，不得随意启动或加速；不得随意更改基本参数的设置，以免损坏发动机。

1. 发动机不着火

(1) 故障现象：发动机不能启动且无任何启动迹象，无高压火花。

(2) 可能的故障原因：点火线圈或点火器损坏，曲轴基准位置传感器、曲轴转角与转速传感器及其电路不良，点火电脑本身故障。

(3) 检测和诊断。诊断流程如图 4—24 所示。

2. 点火正时不准

(1) 故障现象：发动机不易启动，怠速不稳；发动机动力不足、发动机易爆震等。

(2) 可能的故障原因：初始点火提前角调整不当、点火基准传感器和曲轴转角与转速传感器不良或安装位置不正确。

(3) 检测与诊断：应首先检查初始点火提前角并按规定予以调整。影响发动机点火正时失准的主要部件是发动机点火基准传感器和曲轴转角与转速传感器，因此应特别检查信号转子是否有变形、歪斜，信号采集与输出部分安装有无不当，装置间隙是否合适等。对于点火提前角控制系统故障，若故障灯已点亮，应先用故障自诊断操作程序调出故障码，再根据所读取的故障码，排除其故障。重点应检查发动机水温传感器、爆震传感器；另外，进气压力传感器、节气门位置传感器等不良时，也会造成点火正时不准。

3. 点火性能随工况变化

(1) 故障现象：低速时工作正常，高速时失速；温度低时正常，温度高时不正常；刚启动时正常，工作一段时间后出现故障等。

(2) 可能的故障原因：点火基准传感器和曲轴转角与转速传感器等安装松动；电路连

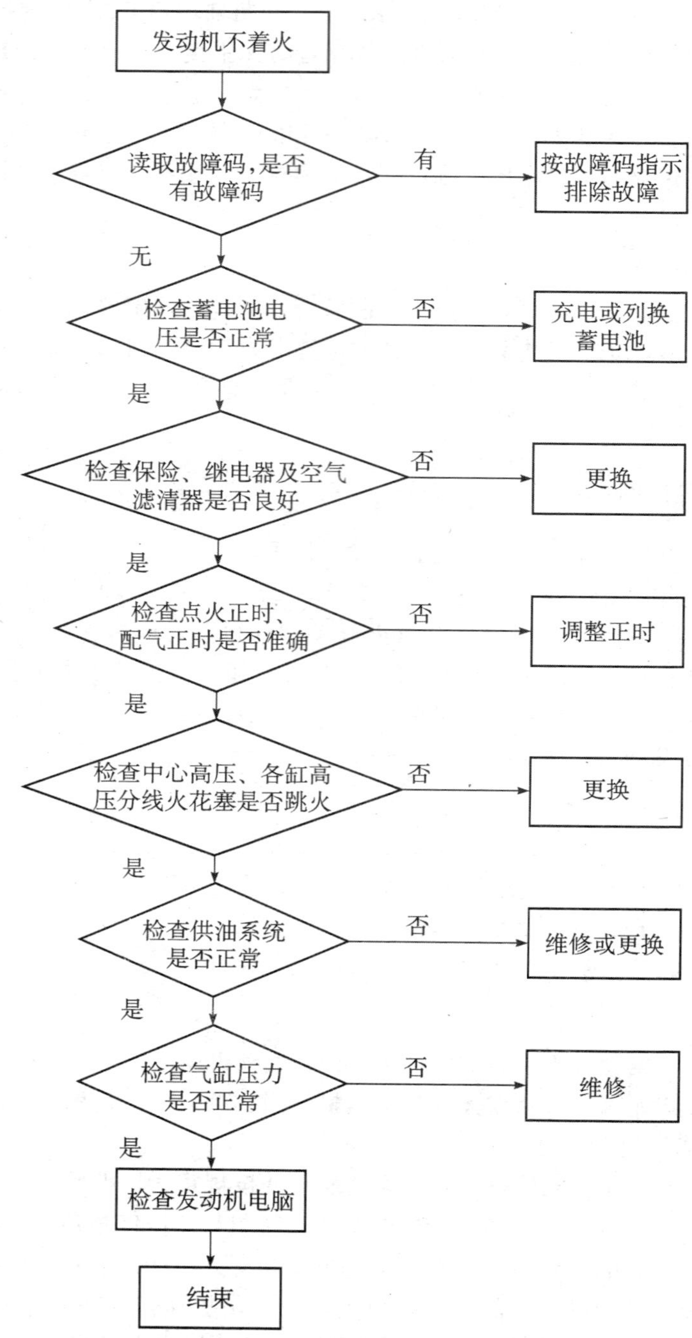

图 4—24　发动机不着火故障诊断流程

接器件接触不良；点火器热稳定性差；点火线圈局部损坏或击穿；高压线电阻过大等。

（3）检测自诊断：检查各有关部件安装有无松动，电路连接是否牢固、可靠，点火器、点火线圈温度是否异常；检查或更换高压线、火花塞等。

知识与能力拓展

AFE 型电控发动机点火提前角的调整

一、发动机应满足的条件

(1) 发动机冷却液温度大于 80℃；
(2) 蓄电池电压大于 10.5V；
(3) 节气门关闭位置正常；
(4) 关闭空调及其他所有用电设备，散热风扇停止运转；
(5) 发动机无故障代码存储；
(6) 进排气系统无泄漏、阻塞。

二、调整方法

方法 (1)：连接 VAG1552 进入 01-08-012 显示组，其第四区显示的是进气歧管绝对压力值，操作者可一边转动分电器外壳，一边观察进气歧管绝对压力值。当该值为 36～37kPa 时，固定分电器外壳。此时的点火提前角即为怠速时最佳点火提前角。

方法 (2)：利用 VAG1552 诊断仪“基本设定”功能，将怠速提高到1 500转，此时点火提前角被锁定在 12°BTDC，利用普通点火正时灯照射曲轴传动带轮上的正时记号，当该记号超前正时传动带罩盖上的尖头 16mm 弧长时，固定分电器外壳，此时的点火提前角就是 12°BTDC。(注：曲轴传动带轮的直径为 150mm，故 16mm 弧长对应 12°曲轴转角。)

学习测试

测试 1：点火提前角过大或过小对发动机有何影响？
测试 2：通电时间对发动机工作的影响？
测试 3：影响发动机点火提前角的因素有哪些？
测试 4：电控点火系统的主要优点有哪些？
测试 5：电控点火系统主要由哪几部分组成？各组成功能是什么？
测试 6：最佳点火提前角和初始点火提前角的定义。
测试 7：发动机启动后在正常工况下运转时，控制点火提前角的信号主要有哪些？
测试 8：启动后基本点火提前角是如何确定的？
测试 9：暖机修正控制信号主要有哪些？
测试 10：电脑控制直接点火系统由哪些部件组成？
测试 11：分电器的作用是什么？试述有分电器电控点火系统的工作原理。
测试 12：为什么要在电控点火系统的点火控制电路中增加恒流控制？
测试 13：发动机爆震产生的原因是什么？爆震怎样被控制？
测试 14：常用的爆震传感器有哪几种型式？它们各有什么特点？
测试 15：ECU 是如何对爆震进行反馈控制的？

工作单 1

姓名____________ 日期________________

电控点火系基本检查

完成此工作单后，你将应该能够正确使用相关工具和仪器检测汽油机电控点火系工作情况。

工具和材料：万用表、诊断仪等。

所检测汽车的描述

汽车型号：________________________发动机型号：________________________

步骤

1. 基本检查：

（1）高压线是否牢固地装在分电器盖、点火线圈以及火花塞上：________________；

（2）高压线的绝缘体上有无裂纹或磨损迹象：________________________________；

（3）高压线两端的绝缘套有无裂纹或变脆：__________________________________；

（4）高压线是否根据点火的顺序连接：______________________________________；

（5）高压线上有无白色或灰色粉状积淀物：__________________________________；

（6）点火线圈的接线柱绝缘体上是否有裂纹或漏电迹象：______________________；

（7）在点火线圈上及线圈周围是否有机油：__________________________________；

（8）分电器盖是否正确地安装在分电器壳体上：______________________________；

（9）分电器固定夹或固定螺钉是否紧固：____________________________________；

（10）分电器盖内有无炭痕：____；

（11）分火头是否有变色或烧毁现象：______________________________________；

（12）真空提前装置的软管是否可靠连接：__________________________________；

（13）初级点火系统导线的连接是否紧固：__________________________________；

（14）点火模块的电接头是否被腐蚀：______________________________________；

（15）点火模块的插接器有无松动或损坏：__________________________________；

（16）触发装置是否有损坏或裂纹：____；

（17）若为霍尔效应式传感器，其阻断环叶片上是否有刮、摩擦等痕迹：__________；

（18）曲轴位置传感器或导线接头上是否有机油、防冻液或其他染物：____________；

（19）接上诊断仪，检查是否出现与点火或缺火有关的故障码：________________。

2. 通过目检的情况，可以得出以下结论：______________________________________

____

____。

指导老师评语：

____

____

____。

老师签名：　　　　　　　　　年　　月　　日

工作单 2

姓名＿＿＿＿＿＿ 日期＿＿＿＿＿＿＿＿

电控点火系点火波形及点火正时检查

完成此工作单后，你将应该能够正确使用相关工具和仪器检测汽油机电控点火系工作情况。

工具和材料：正时灯、示波器、试验车等。

所检测汽车的描述

汽车型号：＿＿＿＿＿＿＿＿＿＿＿＿发动机型号：＿＿＿＿＿＿＿＿＿＿＿＿

步骤

1. 电控点火系点火波形检查：

（1）将示波器的引线连接到汽车上。

（2）将示波器设置在并列波形方式。观察并描述每个气缸火花线的长度、高度与形状：＿＿。

（3）通过对每个气缸波形形状的观察，可以得出以下结论：＿＿。

2. 点火正时检查：

（1）将点火正时灯正确连接到汽车发动机上，启动发动机并怠速运转，正时灯应接通。

（2）将点火正时灯光束射向正时记号和参考位置，观察正时标记是否固定并成一条直线：＿＿。

（3）若正时标记不成一条直线，分析点火过早还是过晚：＿＿＿＿＿＿＿＿＿＿。

（4）该车若带分电器，可进行点火正时调整，其方法和过程为：＿＿。

（5）该车若无分电器，点火正时由电脑控制，当出现点火正时异常时，检查方法：

1）读取故障码：＿＿＿＿＿＿＿＿＿＿＿＿＿＿＿＿＿＿＿＿＿＿＿＿＿＿＿＿＿＿＿；

2）读点火正时的数据流：＿＿＿＿＿＿＿＿＿＿＿＿＿＿＿＿＿＿＿＿＿＿＿＿＿；

3）检查曲轴位置传感器（霍尔传感器）、爆震传感器、冷却液温度传感器等是否正常：＿＿；

4）检查电控单元是否正常：＿＿＿＿＿＿＿＿＿＿＿＿＿＿＿＿＿＿＿＿＿＿＿＿＿。

3. 结论：＿＿＿。

指导老师评语：

＿＿。

老师签名： 年 月 日

工作单 3

姓名____________ 日期________________

爆震传感器的检测

完成此工作单后，你将应该能够正确使用相关工具和仪器检测爆震传感器工作情况。

工具和材料：万用表、诊断仪、示波器、试验车等。

所检测汽车的描述

汽车型号：________________________发动机型号：________________________

步骤

1. 描述爆震传感器的安装位置：____；描述爆震传感器的作用：____。

2. 拔下线束插头，确认各端子的含义：____。

3. 对照电路图，用万用表检测端子之间阻值为：________，标准值应为：________；检测各线路上阻值为：________，标准值应为：________。

4. 根据测量结果，进行分析：____。

5. 连接诊断仪，启动发动机并怠速，用榔头敲击爆震传感器附近的缸体，观察并描述发动机点火提前角的变化情况：____。

根据观察的情况进行分析：____。

6. 连接示波器，打开点火开关，但不要启动发动机，用榔头轻轻敲击爆震传感器附近的缸体，观察并画出爆震传感器的输出信号波形情况：____。

根据观察到的波形变化情况进行分析：____。

指导老师评语：

____。

老师签名： 年 月 日

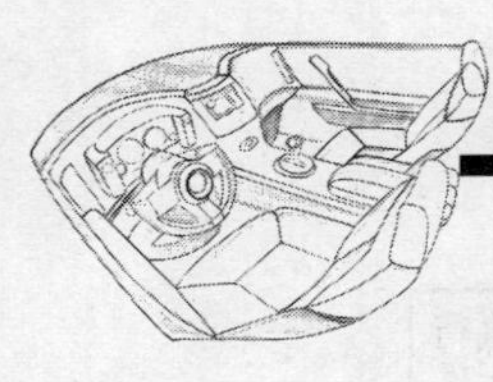

第五章

汽油机辅助控制系统

引言

在发动机电控系统中，除了电控燃油喷射系统和电控点火系统外，还有很多控制系统，怠速控制系统、进气控制系统、排放控制系统以及燃油箱蒸气吸附控制系统等，这些控制统称为辅助控制系统。辅助控制系统直接影响发动机的动力性、燃油经济性和排放性。

学习任务一　怠速控制理论

学习目标：掌握怠速控制的作用、类型、结构及工作原理。

学习方法：本任务为理论基础学习，教师可以通过PPT等多媒体手段来讲解。

一、概述

1. 怠速控制的功用

怠速控制的功用是发动机在怠速工况时，空气通过节气门缝隙或旁通节气门的怠速空气道进入发动机，并由空气流量计（或进气管绝对压力传感器）对进气量进行检测，电控燃油喷射系统（EFI）则根据各传感器信号控制喷油量，保证发动机的怠速运转。保证发动机排放要求且在运转稳定的前提下，尽量使发动机的怠速转速保持最低，以降低怠速时的燃油消耗量。

2. 怠速控制的组成

怠速控制主要由传感器、ECU和执行元件三部分组成，如图5—1所示。ECU根据各种传感器的输入信号确定一个怠速运转的目标转速，并与实际转速进行比较，根据比较结果控制执行元件工作，以调节进气量，使发动机的怠速转速达到所确定的目标转速。

3. 怠速控制的类型

（1）按控制元件不同分为步进电机式、直流电机式和电磁阀式三种。

（2）按控制阀运动情况不同分为滑阀式和转阀式两种。

（3）按控制空气量大小分为无辅助控制阀式和带辅助控制阀式两种。

（4）按执行元件控制方法不同分为直接控制节气门式和控制怠速空气道式。

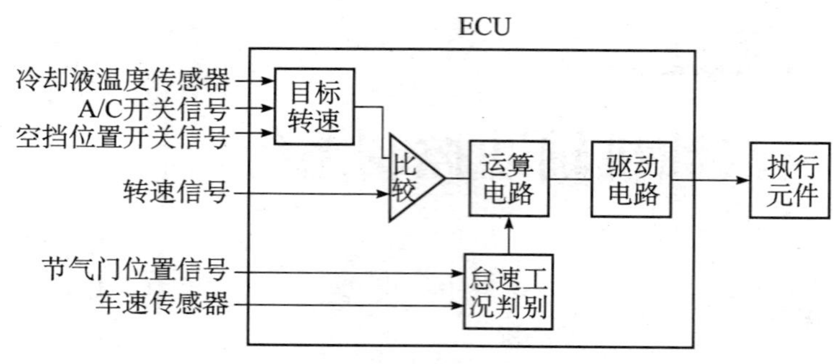

图 5—1 怠速控制的组成

（5）按 ECU 输出信号及控制方式不同分为脉冲信号占空比（脉冲信号的通电时间与通电周期之比）控制和与非信号开关控制。

目前广泛采用的是控制怠速空气道型，主要有步进电机滑阀型和转阀型、占空比控制电磁转阀型等。怠速控制的方法及执行元件的类型因车型而异。不同车型的怠速控制系统，其控制内容也不完全相同，控制内容通常包括：启动控制、暖机控制（快怠速控制）、负荷变化控制、反馈控制和学习控制等。

二、步进电机式怠速控制阀

1. 步进电机的结构与工作原理

步进电机的结构如图 5—2 所示，主要由用永久磁铁制成有 16 个（8 对）磁极的转子和两个定子组成。每个定子都由两个带 16 个爪极的铁心交错装配在一起，两个定子上分别绕有 1、3 相和 2、4 相两组线圈，每个定子上两线圈的绕制方向相反。ECU 控制步进电机工作时，给线圈输送的是脉冲电压，4 个线圈的通电顺序（相位）不同，步进电机的

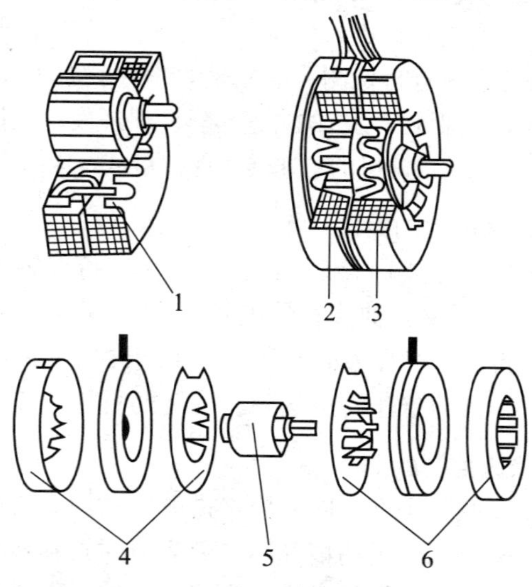

图 5—2 步进电机的结构

1—爪极；2、3—线圈；4、6—定子；5—转子

转动方向就不同，当按一定顺序输入一定数量的脉冲时，步进电机就向某一方向转动一定的角度，步进电机的转动量取决于输入脉冲的数量。因此，ECU 通过对定子线圈通电顺序和输入脉冲数量的控制，即可改变步进电机型怠速控制阀的位置（即开度），从而控制怠速空气量。由于给步进电机每输入一定量的脉冲只转过一定的角度，其转动是不连续的，所以称为步进电机。

步进电机的工作原理如图 5—3 所示。当 ECU 控制使步进电机的线圈按 1—2—3—4 顺序依次搭铁时，定子磁场顺时针转动（图 5—3b 向右），由于与转子磁场间的相互作用（同性相斥，异性相吸），使转子随定子磁场同步转动。同理，步进电机的线圈按相反的顺序通电时，转子则随定子磁场同步反转。转子每转一步与定子错开一个爪极的位置，由于定子有 32 个爪极（上、下两个铁心各 16 个），所以步进电机每转一步为 1/32 圈（约 11°转角），步进电机的工作范围为 0～125 个步进级。

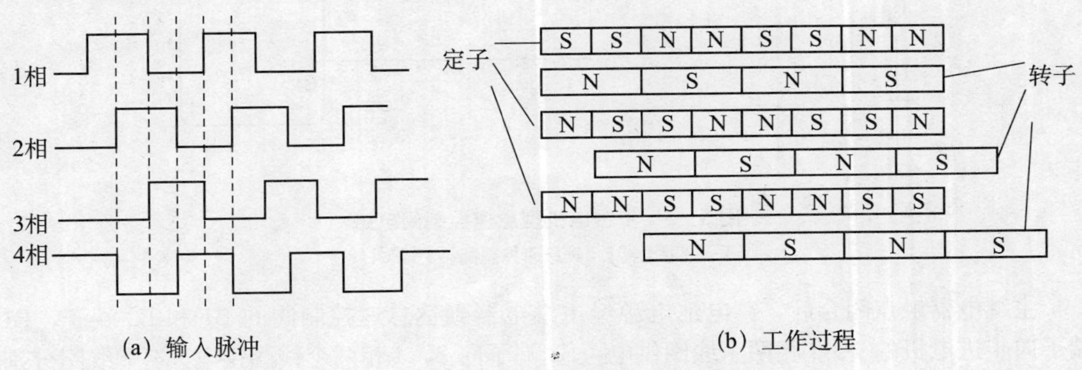

图 5—3　步进电机工作原理

2. 控制阀的结构与工作原理

步进电机型怠速控制阀的结构如图 5—4 所示。步进电机由转子和定子构成，丝杠机

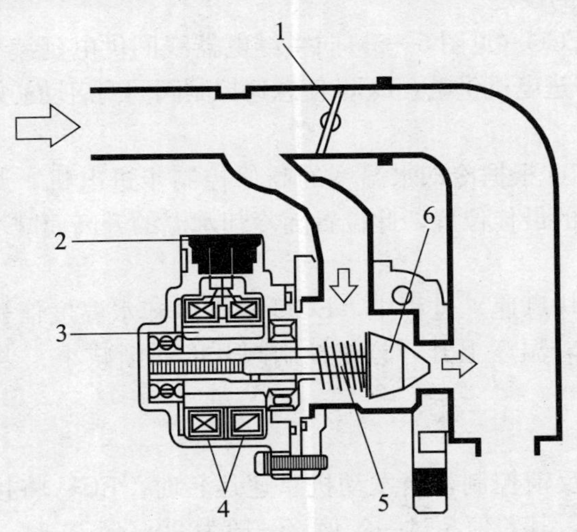

图 5—4　步进电机型怠速控制阀

1—节气门；2—线束连接器；3—转子；4—定子；5—丝杠机构；6—控制阀

构将步进电机的旋转运动转变为阀杆的直线运动，控制阀与阀杆制成一体。步进电机型怠速控制阀安装在节气门体上，控制阀伸入到设在怠速空气道内的阀座处，发动机怠速运转时，ECU 根据各传感器的信号，控制步进电机的正反转和转动量，以调节控制阀与阀座之间的间隙，从而改变怠速空气道的流通截面，控制发动机怠速工况下的空气供给量。

3. 控制电路

步进电机型怠速控制阀电路以日本丰田皇冠 3.0 轿车为例，如图 5—5 所示。

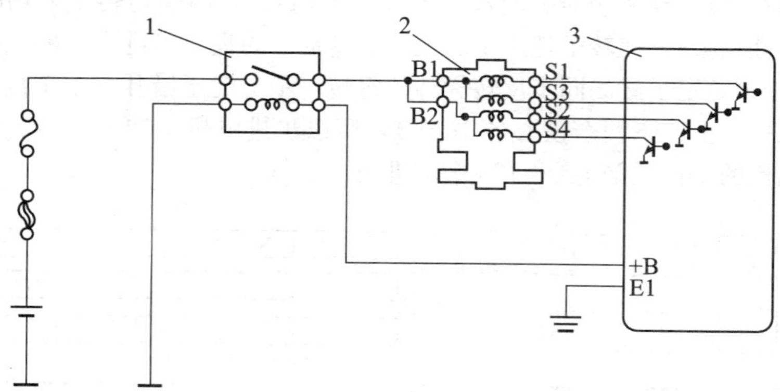

图 5—5　步进电机型怠速控制阀电路

1—主继电器；2—怠速控制阀；3—ECU

主继电器触点闭合后，蓄电池电源经主继电器到达怠速控制阀的 B1 和 B2 端子，B1 端子向步进电机的 1、3 相两个线圈供电，B2 端子向 2、4 相两个线圈供电。4 个线圈分别通过端子 S1、S2、S3 和 S4 与 ECU 端子 ISC1、ISC2、ISC3 和 ISC4 相连，ECU 控制各线圈的搭铁回路，以控制怠速控制阀的工作。

4. 控制内容

（1）启动初始位置的设定。

关闭点火开关后，ECU（见图 5—5）向主继电器线圈供电延续 2～3s，在这段时间内，蓄电池继续给 ECU 和步进电机供电，ECU 使怠速控制阀回到启动初始（全开）位置。

（2）启动控制。

在启动过程中，ECU 根据冷却水温度的高低控制步进电机，调节控制阀的开度，使之达到启动后暖机控制的最佳位置，此位置随冷却水温的升高而减小。

（3）暖机控制。

在暖机（暖机又称快怠速）过程中，ECU 根据冷却水温度信号按内存的控制特性控制怠速控制阀开度，随着温度上升，怠速控制阀开度逐渐减小。当冷却水温度达到 70℃时，暖机控制过程结束。

（4）怠速稳定控制。

怠速稳定控制又称反馈控制，当发动机怠速运转时，ECU 将接收到的转速信号与确定的目标转速进行比较，其差值超过一定值（一般为 20r/min）时，ECU 将通过步进电动机控制滑阀位置，调节怠速空气量，使发动机的实际转速与目标转速相同。

(5) 怠速预测控制。

发动机在怠速运转时，为了避免发动机怠速转速波动或熄火，当发动机负荷出现变化时，在转速变化之前，ECU 根据各负载设备开关信号（A/C 开关）等，通过步进电机提前调节控制阀的开度。

(6) 负载增多时的控制。

在怠速运转时，当负载增大而使蓄电池电压降低时，ECU 则根据蓄电池电压来调节控制阀的开度，以提高怠速运转转速和发电机的输出功率。

(7) 学习控制。

在发动机使用过程中，由于磨损等使控制阀的性能发生改变，当控制阀的位置相同时，实际的怠速运转转速会与设定的目标转速会有不同。在此情况下，ECU 在利用反馈控制使怠速运转转速回归到目标值的同时，还可将步进电动机转过的步数存储在 ROM 存储器中，以便使用。

三、旋转电磁阀式怠速控制阀

1. 控制阀的结构与工作原理

旋转电磁阀式怠速控制阀的结构如图 5—6 所示。控制阀安装在阀轴的中部，阀轴的一端装有圆柱形永久磁铁，永久磁铁对应的圆周位置上装有位置相对的两个线圈。由 ECU 控制两个线圈的通电或断电，改变两个线圈产生的磁场强度，两线圈产生的磁场与永久磁铁形成的磁场相互作用，即可改变控制阀的位置，从而调节怠速空气口的开度，以实现怠速空气量的控制。

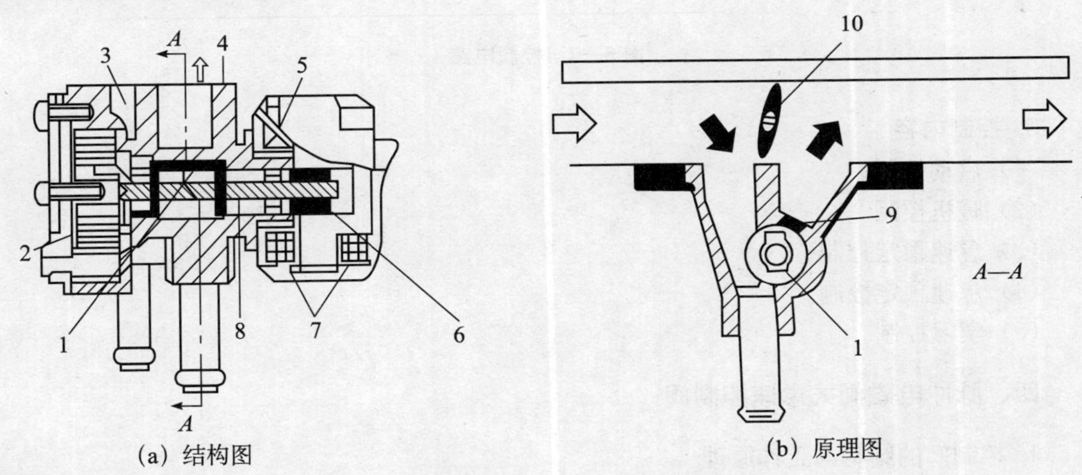

(a) 结构图　　(b) 原理图

图 5—6　旋转电磁阀型怠速控制阀

1—控制阀；2—双金属片；3—冷却水腔；4—阀体；5，7—线圈；6—永久磁铁；8—阀轴；9—怠速空气口；10—节气门

双金属片制成卷簧形，外端用固定销固定在阀体上，内端与阀轴端部的挡块相连接。阀轴上的限位杆穿过挡块的凹槽，使阀轴只能在挡块凹槽限定的范围内摆动。流过阀体水腔的冷却水温度变化时，双金属片变形，带动挡块转动，从而改变阀轴转动的两个极限位置，以控制怠速控制阀的最大开度和最小开度。此装置主要起保护作用，可防止怠速控制系统电路出现故障时，发动机转速过高或过低，只要怠速控制系统工作正常，阀轴上的限

位杆不与挡块的凹槽两侧接触。

2. 控制电路

ECU控制旋转电磁阀型怠速控制阀工作时，控制阀的开度是通过控制两个线圈的平均通电时间（占空比）来实现的。占空比是指脉冲信号的通电时间与通电周期之比，如图5—7所示。通电周期一般是固定的，所以占空比增大，即通电时间延长。当占空比为50%时，两线圈的平均通电时间相等，两者产生的磁场强度相同，电磁力相互抵消，阀轴不发生偏转。当占空比大于50%，两个线圈的平均通电时间一个增加，而另一个减小，两者产生的磁场强度也不同，所以使阀轴偏转一定角度，控制阀开启怠速空气口。占空比越大，两个线圈产生的磁场强度相差越多，控制阀开度越大。因此，ECU通过控制脉冲信号的占空比即可改变控制阀开度，从而控制怠速时的空气量。控制阀从全闭位置到全开位置之间，旋转角度限定在90°以内，ECU控制的占空比调整范围约为18%～82%。

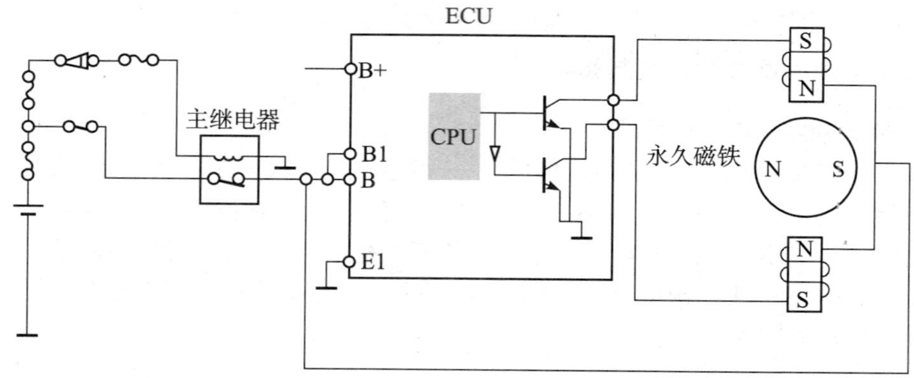

图5—7 控制电路

3. 控制内容

（1）启动控制。

（2）暖机控制。

（3）怠速稳定控制。

（4）怠速预定控制。

（5）学习控制。

四、脉冲电磁阀式怠速控制阀

1. 控制阀的结构与工作原理

脉冲电磁阀式怠速控制阀的结构如图5—8所示，主要由控制阀、阀杆、线圈和弹簧等组成。控制阀与阀杆制成一体，当线圈通电时，线圈产生的电磁力将阀杆吸起，使控制阀打开。控制阀的开度取决于线圈产生的电磁力大小。

2. 控制电路

脉冲电磁阀式怠速控制阀的控制原理与旋转阀型怠速控制阀的控制原理相同，其控制电路如图5—9所示。ECU通过控制输入线圈脉冲信号的占空比来控制磁场强度，以调节控制阀的开度，从而实现对怠速空气量的控制。

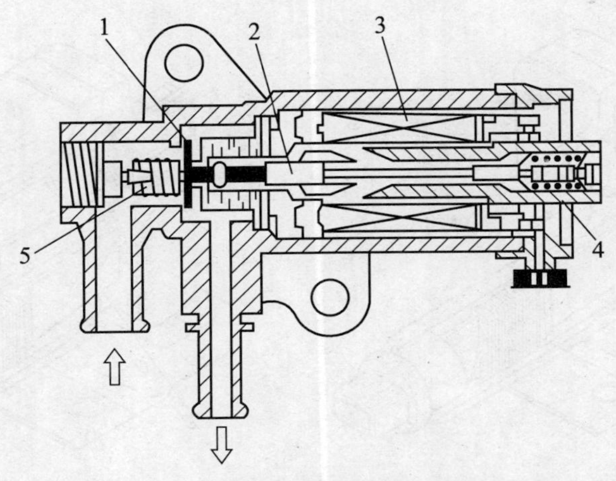

图 5—8　占空比控制电磁阀型怠速控制阀

1—控制阀；2—阀杆；3—线圈；4，5—弹簧

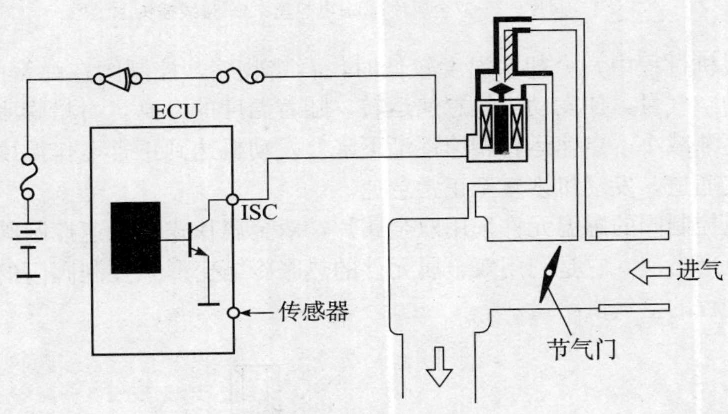

图 5—9　控制电路

3. 控制阀的控制内容

（1）启动控制。

（2）暖机控制（带辅助空气阀）。

（3）怠速稳定控制。

（4）怠速预定控制。

（5）学习控制。

五、辅助空气阀

1. 双金属片式辅助空气阀

双金属片式辅助空气阀由双金属片、电热丝及阀片等组成，如图 5—10 所示。发动机冷启动时，双金属片使阀片处于最大开启位置。

2. 石蜡式辅助空气阀

快怠速控制阀的结构如图 5—11 所示，主要由石蜡感温器、控制阀和弹簧等组成。发

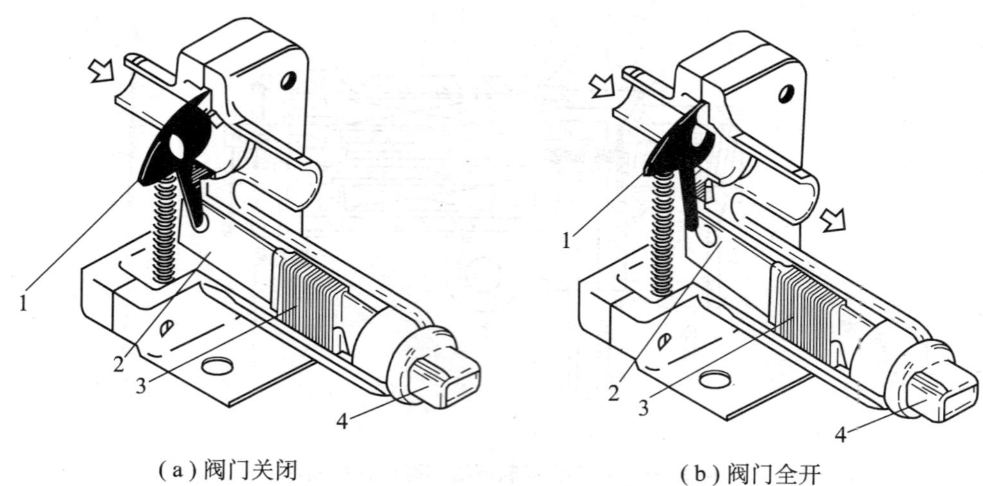

图 5—10　双金属片式辅助空气阀

1—阀片；2—双金属片；3—电热丝；4—接线插头

动机启动后的暖机过程中，冷却水温度较低时，石蜡收缩，控制阀在弹簧的作用下打开，增加怠速供给的空气量，使发动机快怠速运转。随着温度的升高，石蜡膨胀，推动连接杆使控制阀开度逐渐减小，怠速运转转速逐渐下降。发动机达到正常工作温度后，控制阀将完全关闭其空气通道，发动机恢复至正常怠速。

有些快怠速控制阀的感温元件采用双金属片，双金属片式快怠速控制阀的工作原理和石蜡式的工作原理类似，它是利用双金属元件的热胀冷缩变形来控制阀门的开度，从而控制发动机暖机过程的空气供给量。

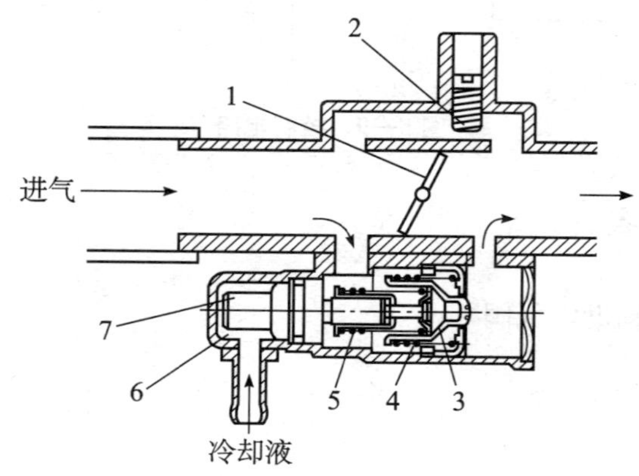

图 5—11　快怠速控制阀

1—节气门；2—怠速调整螺钉；3—控制阀；4，5—弹簧；6—冷却水腔；7—石蜡感温器

学习任务二　怠速控制系统的检测

学习目标：使学生能运用万用表、诊断仪以及示波器等仪器来检测发动机怠速控制系统。

学习方法：本任务为实践技能学习，学生分组在实验室由实训指导教师指导完成。

一、步进电机式怠速控制阀的检测

1. 检修步进电机式怠速控制阀时的注意事项

（1）不要用手推或拉控制阀，以免损坏丝杠机构的螺纹。

（2）不要将控制阀浸泡在任何清洗液中，以免步进电机损坏。

（3）安装时，检查密封圈，不应有任何损伤，并在密封圈上涂少量润滑油。

2. 检修步进电机式怠速控制阀的方法和步骤

（1）拆开怠速控制阀线束连接器，将点火开关转至“ON”但不启动发动机，在线束侧分别测量 B1 和 B2 端子（参照图 5—3）与搭铁之间的电压，均应为蓄电池电压（9～14V），否则说明怠速控制阀电源电路有故障。

（2）发动机启动后再熄火时，2～3s 内在怠速控制阀附近应能听到内部发出的“嗡嗡”响声，否则应进一步检查怠速控制阀、控制电路及 ECU。

（3）拆开怠速控制阀线束连接器，在控制阀侧分别测量端子（参照图 5—3）B1 与 S1 和 S3、B2 与 S2 和 S4 之间的电阻，阻值均应为 10～30Ω，否则应更换怠速控制阀。

（4）如图 5—12 所示，拆下怠速控制阀后，将蓄电池正极接至 B1 和 B2 端子，负极按顺序依次接通 S1—S2—S3—S4 端子时，随步进电机的旋转，控制阀应向外伸出；蓄电池负极按相反顺序依次接通 S4—S3—S2—S1 时，则控制阀应向内缩回。若工作情况不符合上述要求，应更换怠速控制阀。

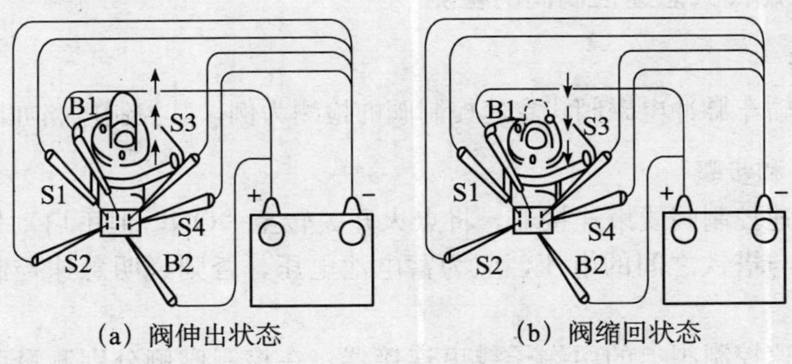

(a) 阀伸出状态　　(b) 阀缩回状态

图 5—12　步进电机式怠速控制阀检测

二、旋转电磁阀式怠速控制阀的检测

1. 控制电路

以日本丰田车的怠速控制阀的检测为例，其控制电路如图 5—7 所示。

2. 检测方法和步骤

（1）启动发动机，使发动机达到正常工作温度、变速器处于空挡位置时，使发动机维持怠速运转，打开空调，观察发动机转速，转速应升高至 1 000～1 200r/min，若不符合上述要求，应进一步检查怠速控制阀电路、ECU 和怠速控制阀。

（2）拆开怠速控制阀线束连接器，将点火开关转至“ON”但不启动发动机，在线束侧测量电源端子＋B 与搭铁之间的电压，应为 9～14V，否则说明怠速控制阀电源电路有故障。

（3）拆开怠速控制阀上的三端子线束连接器，在控制阀侧分别测量中间端子（+B）与两侧端子（ISCO 和 ISCC）之间的电阻，正常应为 18.8～22.8Ω，否则应更换怠速控制阀。

（4）检查怠速控制阀的旋转情况，连接方法如图 5—13 所示。当+B 和 ISCC 和蓄电池相连时，阀应旋转至全开位置；当+B 和 ISCO 和蓄电池相连时，阀应旋转至关闭位置；如果阀不能正常开启和关闭，应检查控制阀是否有油污和卡滞等现象，当经过清洗后，若仍不能正常开启和关闭，则应更换怠速控制阀。

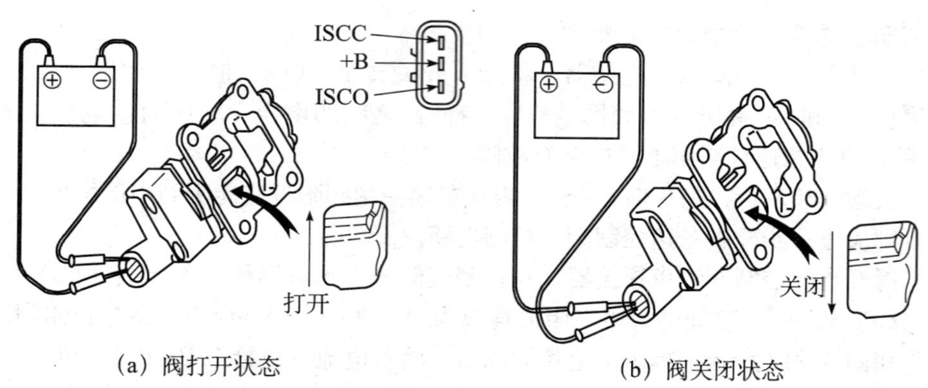

（a）阀打开状态　　（b）阀关闭状态

图 5—13　旋转电磁阀开闭检测

三、脉冲电磁阀式怠速控制阀的检测

1. 控制电路

以日本本田轿车脉冲电磁阀式怠速控制阀的检测为例，其控制电路如图 5—9 所示。

2. 检测方法和步骤

（1）拆开怠速控制阀线束连接器，将点火开关转至“ON”但不启动发动机，在线束侧测量电源端子与搭铁之间的电压，应为蓄电池电压，否则说明怠速控制阀电源电路有故障。

（2）拆开怠速控制阀上的两端子线束连接器，在控制阀侧分别测量两端子之间的电阻，正常应为 10～15Ω，否则应更换怠速控制阀。

（3）检查怠速控制阀的运动情况，方法与旋转电磁阀式怠速控制阀的相似。

四、辅助空气阀的检测

1. 辅助空气阀常见故障现象

辅助空气阀常见故障有不能开启或不能关闭。

在发动机暖机过程中，空气阀将逐渐关闭，经空气阀附加的空气量则不断减少，直至发动机完全热起，辅助空气阀完全关闭，恢复正常怠速为止。如果辅助空气阀出现故障，而不能开启时，将会导致发动机冷车怠速过低；反之，若辅助空气阀不能关闭时，则会导致发动机热车后怠速过高。

2. 辅助空气阀的检测方法和步骤

（1）检查辅助空气阀的开度。当室温低于 10°C 时，辅助空气阀应处于半开状态；当室温为 20℃时，辅助空气阀应处于微开状态（约 1/3 开）。

（2）对于电加热的辅助空气阀，可在接线插座处测量辅助空气阀电热丝电阻。其值应为 30～50Ω。将蓄电池接到辅助空气阀接线插头上，观察辅助空气阀能否在通电后逐渐关闭。

（3）对于石蜡式辅助空气阀，可用热水法检测，将石蜡式辅助空气阀放入热水中，将水温加热到 80℃左右，观察空气阀，应完全关闭。

（4）用螺丝刀撬动阀板，观察其开启是否灵活。如有异常，应更换附加空气阀。

学习任务三 进气控制理论

学习目标： 掌握进气控制系统的作用、类型、组成及工作原理。

学习方法： 本任务为理论基础学习，教师可以通过 PPT 等多媒体手段来完成。

一、涡轮增压控制系统

1. 涡轮增压控制的功能

将发动机排出的废气导入涡轮室，利用废气的流动能量冲击涡轮，使其高速运转，涡轮则驱动压气机工作，进而实现进气增压。

2. 涡轮增压控制系统的组成及工作原理

涡轮增压控制系统一般由涡轮增压器、进气压力传感器、电磁阀、中冷器、驱动气室和 ECU 等组成，如图 5—14 所示。按控制增压压力的执行元件不同，电磁阀一般可分为释压电磁阀和真空电磁阀。

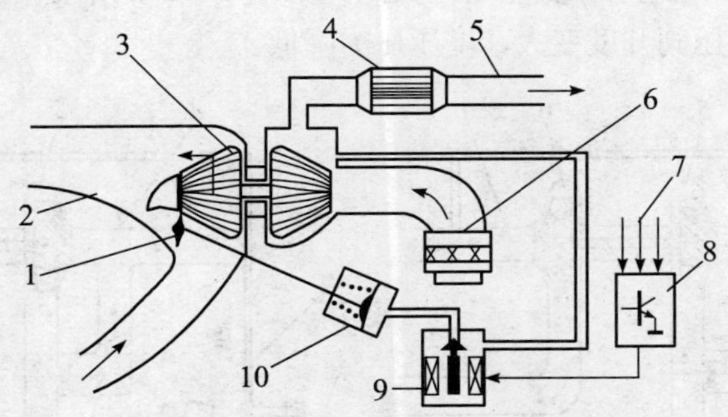

图 5—14 涡轮增压控制系统组成

1—切换阀；2—排气管；3—涡轮增压器；4—中冷器；5—进气总管；6—空气滤清器；7—各种信号（THW、THA、Vs、Ne、KNK 等）；8—ECU；9—电磁阀；10—驱动气室

（1）释压电磁阀控制增压压力。

释压电磁阀控制增压压力涡轮增压控制系统，如图 5—15 所示。控制废气流动的切换阀受驱动气室的控制，ECU 控制释压电磁阀。当 ECU 检测到的进气压力在 0.098MPa 以下时，释压电磁阀将关闭，如图 5—15a 所示，压力空气经释压阀进入驱动气室，膜片克服气室弹簧的压力将切换阀打开，废气流经涡轮室使增压器工作。当 ECU 检测到的进气压力高于 0.098MPa 时，释压电磁阀将通气口打开，如图 5—15b 所示，通往驱动气室的

压力空气被释放，气室膜片驱动切换阀关闭，废气不经涡轮室而直接排出，增压器停止工作，进气压力将下降，直至进气压力降到规定的压力时，ECU又将释压阀关闭，切换阀又将打开进入涡轮室的通道，增压器又开始工作。

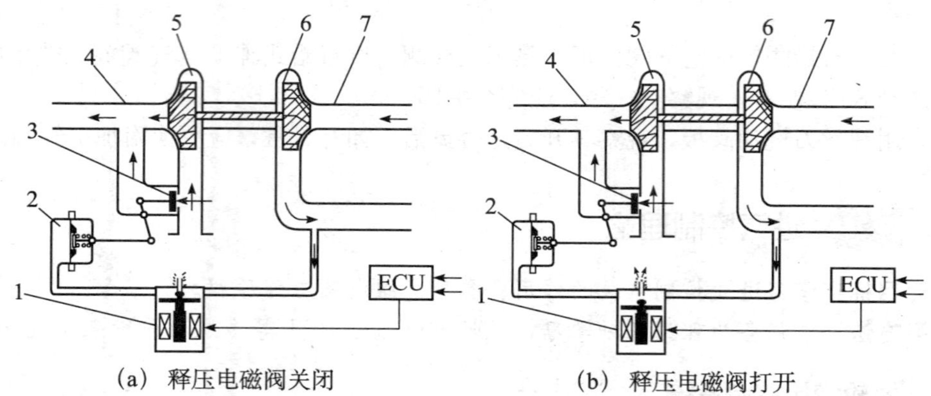

（a）释压电磁阀关闭　　（b）释压电磁阀打开

图5—15　释压电磁阀控制增压压力涡轮增压控制系统

1—释压电磁阀；2—驱动气室；3—切换阀；4—排气管；5—涡轮；6—泵轮；7—进气管

（2）真空电磁阀控制增压压力。

真空电磁阀控制增压压力涡轮增压控制系统，如图5—16所示。当ECU检测到冷却液温度在60～100℃，进气温度为10～65℃，爆震及转速等传感器输入的信号与预定值相符时，将使真空电磁阀通电，真空通道打开，如图5—16a所示，驱动气室膜片在增压压力和进气真空度的共同作用下，控制减压阀开度变小，废气直接作用于涡轮，增压压力提高；当ECU使真空电磁阀不通电时，真空通道关闭，如图5—16b所示，驱动气室膜片只在增压压力的作用下，控制减压阀开度变大，增压压力降低。

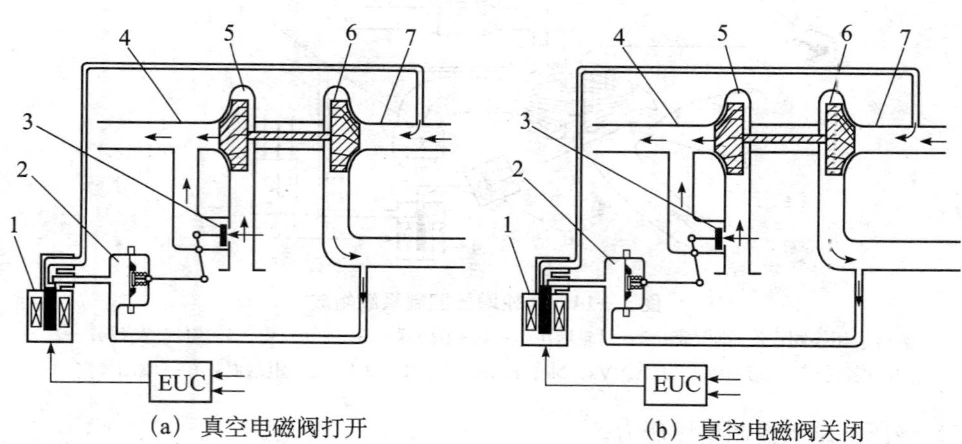

（a）真空电磁阀打开　　（b）真空电磁阀关闭

图5—16　真空电磁阀控制增压压力涡轮增压控制系统

1—真空电磁阀；2—驱动气室；3—切换阀；4—排气管；5—涡轮；6—泵轮；7—进气管

3. 涡轮增压器的结构及工作原理

涡轮增压器是由涡轮室和增压器组成的机器，涡轮室进气口与排气歧管相连，排气口接在排气管上；增压器进气口与空气滤清器管道相连，排气口接在进气歧管上。涡轮和叶轮分别装在涡轮室和增压器内，二者同轴刚性连接，其结构如图 5—17 所示。

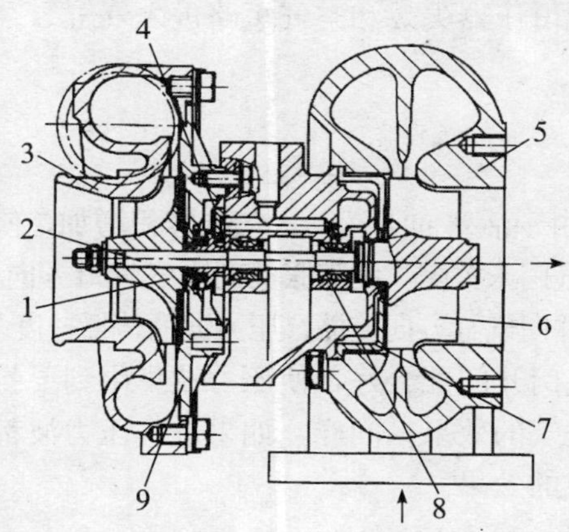

图 5—17　涡轮增压器结构

1—叶轮；2—转子轴；3—压气机壳；4—膜片弹簧；5—涡轮壳；
6—涡轮；7—隔热板；8—轴承；9—压气机后盖

涡轮增压器实际上是一种空气压缩机，通过压缩空气来增加进气量。它是利用发动机排出的废气惯性冲力来推动涡轮室内的涡轮，涡轮又带动同轴的叶轮，叶轮压送由空气滤清器管道送来的空气，使之增压进入气缸。当发动机转速增快，废气排出速度与涡轮转速也同步增快，叶轮就压缩更多的空气进入气缸，空气的压力和密度增大可以燃烧更多的燃料，相应增加燃料量和调整一下发动机的转速，就可以增加发动机的输出功率了。

4. 涡轮增压器合理使用

由于涡轮增压器经常处于高速、高温下工作，因此为了保证增压器的正常工作，使用中应注意以下几点：

(1) 不能着车就走。发动机发动后，特别是在冬季，应让其怠速运转一段时间，以便在增压器转子高速运转之前让润滑油充分润滑轴承。所以刚启动后千万不能猛轰油门，以防损坏增压器油封。

(2) 不能立即熄火。发动机长时间高速运转后，不能立即熄火。发动机工作时，有一部分机油供给涡轮增压器转子轴承润滑和用于冷却。正在运行的发动机突然停机后，机油压力迅速下降为零，增压器涡轮部分的高温传到中间，轴承支承壳内的热量不能被迅速带走，而同时增压器转子仍在惯性作用下高速旋转，因此，发动机热机状态下如果突然停机，会引起涡轮增压器内滞留的机油过热而损坏轴承和轴。所以发动机大负荷、长时间运行后，在熄火前应怠速运转 3～5min，让增压器转子的转速降下来以后再熄火，特别要防止猛轰几脚油门后突然熄火。

(3) 保持清洁。拆卸增压器时，要保持清洁，各管接头一定要用清洁的布堵塞好，防止杂物掉进增压器内，损坏转子。维修时应注意不要碰撞损坏叶轮，如果需要更换叶轮，应对其做动平衡试验。重新装复完毕后，要取出堵塞物。

(4) 由于增压器经常处于高温下运转，它的润滑油管线受高温作用，内部机油容易结焦，这样会造成增压器轴承的润滑不足而损坏。因此，润滑油管线在运行一段时间后要进行清洗。

（5）经常注意检查增压器的运转情况。在出车前、收车后，应检查气道各管的连接情况，防止松动、脱落而造成增压器失效和空气短路进入气缸。

二、谐波增压控制系统

1. 压力波的产生

当气体高速进入气缸，由于活塞向下运动，气缸容积增加，使进入气缸的气体开始膨胀，而形成的波称为膨胀波。若气门未关闭，则膨胀波向进气管口方向传播，在管口处受到外界气体压力作用而变成压力波，并向气缸方向传播。压力波的传播速度与进气管的长短有关。

如果进气压力波与进气门开闭配合好，使压力波集中到要打开的进气门旁时，再打开此进气门，就会形成增压进气的效果；同样，如果进气压力波都进入气缸后，再将缸进气门关闭，也会形成增压进气的效果。

2. 谐波增压控制系统的组成及工作原理

谐波增压控制系统（ACIS）主要由进气控制阀、真空驱动器、真空电磁阀、ECU 及传感器等组成，如图 5—18 所示。ECU 根据发动机转速信号控制真空电磁阀的开闭，高速时真空电磁阀开启，真空罐内的真空进入真空驱动器的膜片气室，真空驱动器驱动进气控制阀开启。反之，低速时电磁真空开关阀关闭，真空罐内的真空不能进入真空驱动器的膜片气室，进气控制阀处于关闭状态。

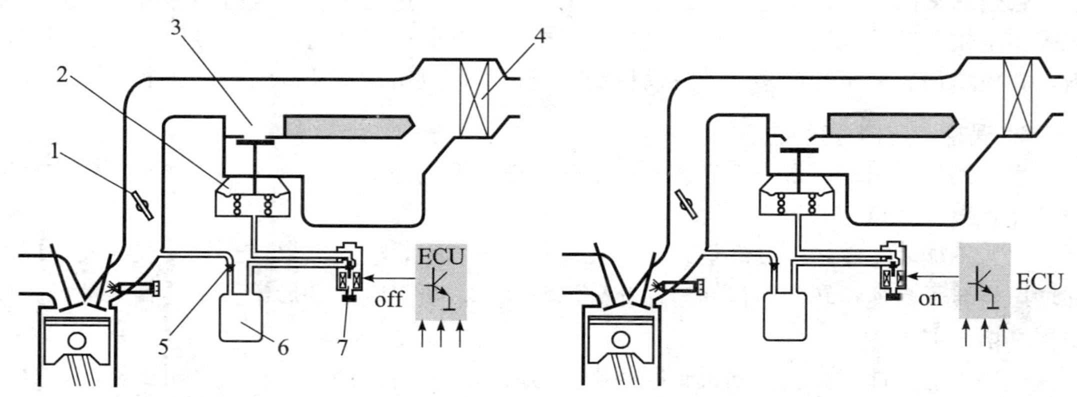

（a）真空电磁阀关闭、控制阀关闭　　（b）真空电磁阀打开、控制阀打开

图 5—18　谐波进气增压系统控制原理

1—节气门；2—真空驱动器；3—进气控制阀；4—空气滤清器；5—单向阀；6—真空罐；7—真空电磁阀

当发动机高速运转时，进气控制阀开启，由于大容量进气室的影响，使进气管内压力波传递距离缩短为进气门到进气室之间的距离，与该气缸的进气门打开、关闭间隔时间较短相适应，从而使发动机在高速时得到较好的进气增压效果。

当发动机转速较低时，进气控制阀关闭，压力波的传递距离为进气门到空气滤清的距离，与该缸进气门开、关时间间隔较长相适应，从而使发动机在低速时得到较好的进气增压效果。

三、动力阀控制系统

1. 动力阀控制的功能

动力阀控制是为了适应发动机不同转速和负荷时的进气量需求，控制发动机进气道的空气流通截面大小，从而改善发动机的动力性。

低速、小负荷工况下，进气量较少，使进气道空气流通截面减小，所以，通过提高进气流速来增加气缸内的涡流强度，有利于低速小负荷工况下的燃烧和热效率的提高，从而改善发动机的低速性能。在高速、大负荷工况下，进气量较多，所以，通过增大进气道截面来减小进气阻力，增加充气效率，有助于改善发动机的高速性能。

2. 动力阀控制系统的组成及工作原理

ECU控制的动力阀控制系统主要由动力阀、真空膜片室、传感器和ECU等组成，如图5—19所示。动力阀安装在进气管上，控制进气道空气流通截面大小。真空气室控制动力阀的开闭，ECU根据各传感器信号控制真空电磁阀（VSV阀）的通断。

发动机低转速、小负荷工况时，进气量较少，为了提高进气流速，增大进气流惯性以提高发动机的充气效率，ECU使真空电磁阀不通电，真空度不能进入真空气室，则动力阀处于关闭状态，进气通道变小。

当发动机处于高转速、大负荷工况时，为了提高进气量，适当增大进气道空气流通截面，提高充气效率，ECU使真空电磁阀通电，真空度进入真空气室，则动力阀开启，进气通道变大，有助于改善发动机的高速性能。

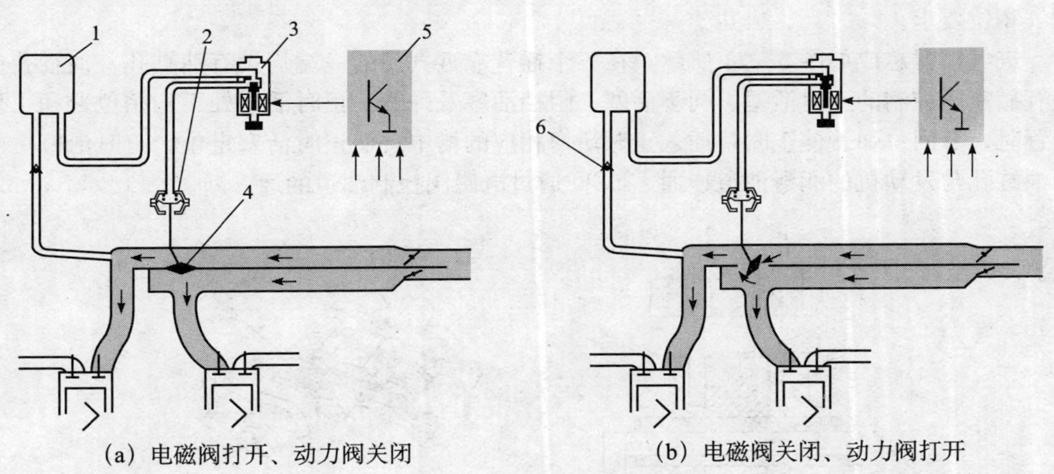

(a) 电磁阀打开、动力阀关闭　　(b) 电磁阀关闭、动力阀打开

图5—19　动力阀控制系统

1—真空罐；2—真空膜片室；3—真空电磁阀；4—动力阀；5—ECU；6—单向阀

四、可变配气相位控制系统

1. 可变配气相位控制的功能

根据发动机转速、负荷等变化来控制VTEC（可变配气相位控制）机构工作，改变驱动同一气缸两进气门工作的凸轮，以调整进气门的配气相位及升程，并实现单进气门工作和双

进气门工作的切换。

2. 可变配气相位控制系统的组成及工作原理

可变配气相位控制系统（VTEC）的全称是可变配气相位及气门升程电子控制系统（Variable Valve Life Timing & Valve Electronic Control），简称 VTEC。VTEC 机构主要由主次气门、摇臂总成、凸轮机构和电磁阀等组成，如图 5—20 所示。同一缸的两个进气门有主、次之分，即主进气门和次进气门。每个进气门通过单独的摇臂驱动，驱动主进气门的摇臂称为主摇臂，驱动次进气门的摇臂称为次摇臂，在主、次摇臂之间装有一个中间摇臂，中间摇臂不与任何气门直接接触，三个摇臂并列在一起组成进气摇臂总成。凸轮轴上相应有三个不同升程的凸轮分别驱动主摇臂、中间摇臂和次摇臂，凸轮轴上的凸轮也相应分为主凸轮、中间凸轮和次凸轮；中间凸轮的升程最大，次凸轮的升程最小，主凸轮的形状适合发动机低速时单气门工作的配气相位要求，中间凸轮的形状适合发动机高速时双进气门工作的配气相位要求。

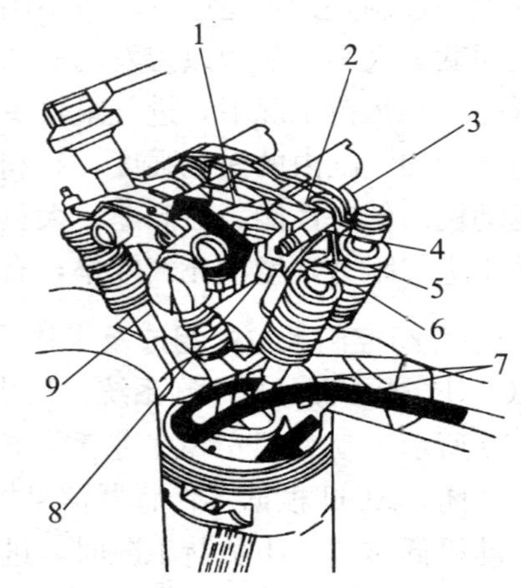

图 5—20　VTEC 机构的组成

1—正时板；2—中间摇臂；3—次摇臂；4—同步活塞 B；5—同步活塞 A；6—正时活塞；7—进气门；8—主摇臂；9—凸轮轴

进气摇臂总成如图 5—21 所示，在三个摇臂靠近气门的一端均设有油缸孔，油缸孔中装有靠液压控制的正时活塞、同步活塞、阻挡活塞及弹簧。正时活塞处于初始位置和工作位置时，靠回位弹簧使正时片插入正时活塞相应的槽中，使正时活塞定位。正时活塞一端的油缸孔与发动机的润滑油道连通，ECU 通过电磁阀控制油道的通、断。

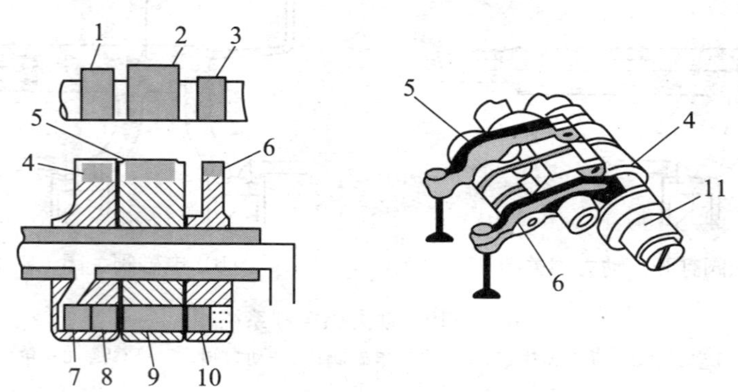

图 5—21　进气摇臂总成

1—主凸轮；2—中间凸轮；3—次凸轮；4—主摇臂；5—中间摇臂；6—次摇臂；7—正时活塞；8—同步活塞 A；9—同步活塞 B；10—阻挡活塞；11—凸轮轴

发动机低速运转时，电脑不向 VTEC 电磁阀供电，电磁阀断电使油道关闭，机油压力不能作用在正时活塞上，在次摇臂油缸孔内的弹簧和阻挡活塞作用下，正时活塞和同步活塞 A 回到主摇臂油缸孔内，与中间摇臂等宽的同步活塞 B 停留在中间摇臂的油缸孔内，三个摇臂彼此分离，如图 5—22a 所示。此时，主凸轮通过主摇臂驱动主进气门工作，中间凸轮驱动中间摇臂空摆（不起作用）；次凸轮的升程非常小，通过次摇臂驱动次进气门微量开闭，可防止次进气门附近积聚燃油。配气机构处于单进气门工作状态。

当发动机高速运转，电脑向 VTEC 电磁阀供电，使电磁阀开启，来自润滑油道的机油压力作用在正时活塞一侧，由正时活塞推动两同步活塞和阻挡活塞移动，两同步活塞分别将主摇臂与中间摇臂、次摇臂与中间摇臂插接成一体，成为一个同步工作的组合摇臂，如图 5—22b 所示。此时，由于中间凸轮升程最大，组合摇臂受中间凸轮驱动，两个进气门同步工作，进气门配气相位和升程与发动机低速时相比，气门的升程、提前开启和迟后关闭角度均增大。

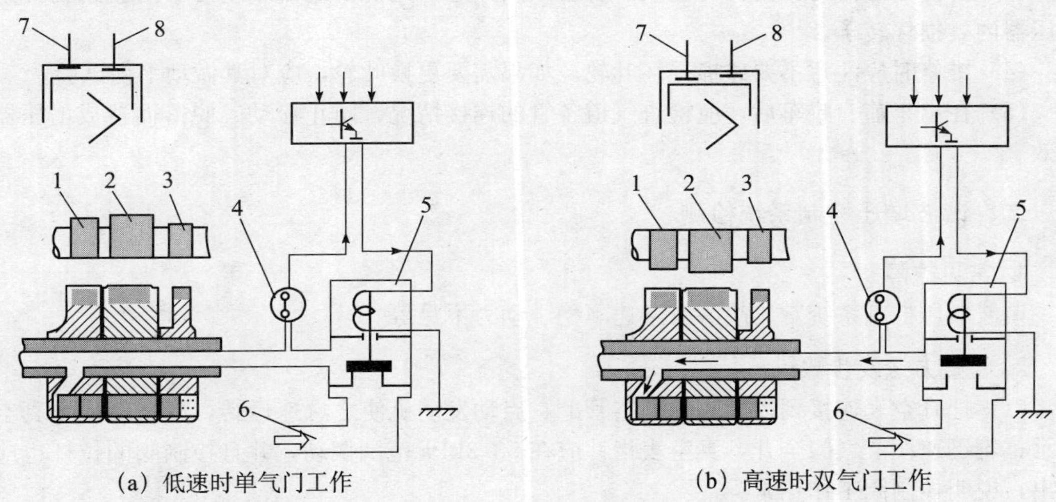

图 5—22　VTEC 机构低速工作状态

1—主凸轮；2—中间凸轮；3—次凸轮；4—压力开关；5—电磁阀；6—压力油；7—次气门；8—主气门

学习任务四　进气控制系统的检测

学习目标：使学生能运用万用表、诊断仪以及示波器等仪器来检测进气控制系统。

学习方法：本任务为实践技能学习，学生分组在实验室由实训指导教师指导完成。

一、涡轮增压控制系统检测

1. 常见故障

涡轮增压控制系统常见故障有工作异常、漏油、异响、油耗过多、冒黑烟及动力不足等。

2. 检查方法及步骤

（1）检查空气滤清器与涡轮增压器之间、涡轮增压器与气缸盖之间、涡轮增压器与排气管之间是否有泄漏或堵塞。

（2）检查驱动阀和真空电磁阀工作是否正常，检查各传感器及线路是否正常。

（3）连接压力表，启动并预热发动机，检查涡轮增压器增压压力，应符合规定的标准值。

（4）脱开空气滤清器软管，用手转动压缩机叶轮，转动应平顺、灵活，不应有卡滞现象。

（5）用百分表测量增压器轴的轴向和径向间隙，应符合规定要求，否则，应更换转子总成。

3. 使用注意事项

（1）发动机启动后应怠速运转一段时间再行驶。

（2）发动机长时间高速运转后，不能立即熄火，应怠速运转 3～5min，让增压器转子的转速降下来以后再熄火。

（3）拆卸增压器时，要保持清洁，各管接头一定要用清洁的布堵塞好，防止杂物掉进增压器内，损坏转子。

（4）维修时应注意不要碰撞损坏叶轮，如果需要更换叶轮，应对其做动平衡试验。

（5）在出车前、收车后，应检查气道各管的连接情况，防止松动、脱落而造成增压器失效。

二、谐波增压控制系统检测

1. 常见故障

谐波增压控制系统常见故障有怠速不稳、动力不足等。

2. 检查方法及步骤

（1）把真空表连接到控制阀的真空管上，启动发动机使之怠速运转，真空表应无真空指示；若迅速使节气门全开，真空表指针应在 53.3kPa 范围摆动，并且控制阀的拉杆也应伸出，说明控制阀工作正常。

（2）将真空驱动室抽 53.3kPa 的真空，检查其拉杆是否移动；真空泵抽 1min 真空后，检查拉杆是否回位，如果不动或不回位，可用调整螺钉进行调整。

（3）检查真空罐的空气进口和出口之间是否畅通；检查单向阀是否单向畅通。

（4）检查 VSV 阀的电阻，在 20℃时应为 30～50Ω；检查 VSV 阀的接线端和阀体之间的电阻，如果过小，则应更换 VSV 阀。

（5）VSV 阀通电时，空气进口和出口之间应畅通；断电时，空气进口和出口之间应不通，否则，应更换真空电磁阀。

三、动力阀控制系统检测

1. 常见故障

动力阀控制系统常见故障有怠速不稳、动力不足等。

2. 检查方法及步骤

（1）拔下真空泵与进气管之间的软管，启动发动机怠速运转后，再将软管插上，观察发动机转速应缓慢上升，否则，说明控制系统有故障。

（2）拆下真空驱动室，给其施加真空，观察其拉杆是否移动，或是否有卡滞现象。

（3）检查真空罐的空气进口和出口之间是否畅通；检查单向阀是否单向畅通。

（4）检查 VSV 阀的电阻，在 20℃时应为 30～50Ω；检查 VSV 阀的接线端和阀体之间的电阻如果过小，则应更换 VSV 阀。

（5）VSV 阀通电时，空气进口和出口之间应畅通；断电时，空气进口和出口之间应不通，否则，应更换真空电磁阀。

四、可变配气相位控制系统检测

1. 常见故障

可变配气相位控制系统常见故障有怠速不稳、动力不足等。

2. 检查方法及步骤

（1）用诊断仪先清除故障码，并重新启动发动机，再调取故障码，若有故障码，则按故障码的提示排除故障。

（2）关闭点火开关，拆开 VTEC 电磁阀线束连接器，测量电磁阀线圈电阻，本田车应为 14～30Ω，否则应更换电磁阀；检查 VTEC 电磁阀与电脑之间的连接线路是否有断路或断路故障。

（3）拆下气门室罩盖，转动曲轴分别使各缸处于压缩上止点位置，用手按压中间摇臂，应能与主摇臂和次摇臂分离单独运动，否则应更换摇臂总成。

拆下油压检查孔处的密封螺栓，通入压力为 400kPa 的压缩空气，用手推动正时片端部使其向上移动 2～3mm，观察同步活塞的结合情况，同步活塞应将三个摇臂连接为一体，用手按压中间摇臂应不能单独运动，否则应更换摇臂总成。

（4）将专用接头和压力表连接到电磁阀上，启动发动机，当达到正常工作温度后，观察发动机转速分别为 1 000r/min、2 000r/min 和 4 000r/min 时的机油压力，若机油压力均低于 49kPa，则说明电磁阀不能开启，必要时应更换电磁阀。

（5）用蓄电池直接给电磁阀通电，启动发动机，转速为 3 000r/min 时的机油压力应达到 250kPa 以上，否则说明机油泵工作不良或润滑系统有泄漏。

学习任务五　排放控制理论

学习目标：掌握发动机排放控制系统的作用、类型、组成及工作原理。

学习方法：本任务为理论基础学习，教师可以通过 PPT 等多媒体手段来讲解。

一、汽车排放对环境的影响

进入 21 世纪以来，汽车已经成为我们生活中不可缺少的一部分，而汽车排放出的有害物质也越来越危害人类健康。据统计，目前全世界有 10 亿多城市人口的健康受到汽车尾气污染的威胁。汽车排出的有害物质主要有一氧化碳（CO）、碳氢化合物（HC）、氮氧化合物（NO_x）和固体颗粒（PM）。

（1）一氧化碳（CO）：是在发动机内由于空气不足或空气中氧含量不足造成混合气过浓而产生的，若过量被吸入人体内，能使血液的输氧能力大大降低，使心脏、头脑等重要器官严重缺氧，引起头晕、恶心、头痛等症状，使中枢神经系统受损，产生慢性中毒，严重时会使心血管工作困难。

(2) 碳氢化合物（HC）：碳氢化合物包括未燃和未完全燃烧的燃油、润滑油和部分氧化物等，若过量被吸入人体内，会对眼、呼吸道和皮肤有强烈的刺激作用，甚至引起头晕、恶心、红血球减少、贫血等。

(3) 氮氧化物（NO_x）：是发动机产生的一种褐色的有刺鼻气味的气体，含有多种氮氧化物。氮氧化物进入人体肺泡后形成亚硝酸和硝酸，对肺组织产生剧烈的刺激作用，亚硝酸盐则能与人体内血红蛋白结合，形成变性血红蛋白，可在一定程度上造成人体缺氧。

(4) 光化学烟雾：是碳氢化合物和氮氧化合物在阳光中紫外线照射后发生化学反应，而形成有毒的光化学烟雾，呈浅蓝色，是一种有毒气体的二次污染物。它具有明显的刺激性，能刺激眼结膜，引起流泪并导致红眼病，同时对鼻、咽等器官均有刺激性，能引起急性喘息症，可以使人呼吸困难，眼红喉痛，头脑晕沉，造成中毒；同时，能使植物变黑直至枯死，使橡胶开裂。

(5) 固体颗粒（PM）：对人体健康的危害程度和颗粒的大小及组成有关。微粒越小，悬浮在空气中的时间越长，它们进入人体肺部后停滞在肺部及支气管中的比例越大，危害越大。

所以，随着电控技术的发展，在现代汽车上一般装用了多种排放控制系统，主要包括：曲轴箱强制通风（PCV）系统、汽油蒸气排放（EVAP）控制系统、废气再循环（EGR）系统、三元催化转换（TWC）系统、二次空气供给系统和热空气供给系统等。

二、汽油蒸气排放（EVAP）控制系统

1. EVAP 控制系统的功能

EVAP 控制系统是为防止汽油箱内的汽油蒸气排入大气产生污染而设的，其功能是收集汽油箱和浮子室（化油器式汽油机）内蒸发的汽油蒸气，并将汽油蒸气导入气缸参加燃烧，从而防止汽油蒸气直接排入大气而造成污染。同时，还必须根据发动机工况，控制导入气缸参加燃烧的汽油蒸气量。

2. EVAP 控制系统的组成与工作原理

在装有 EVAP 控制系统的汽车上，汽油箱盖上只有空气阀，而不设蒸气排放阀。EVAP 系统主要由单向阀、排气管、电磁阀、真空控制阀、定量排放孔、活性炭罐等组成，如图 5—23 所示。

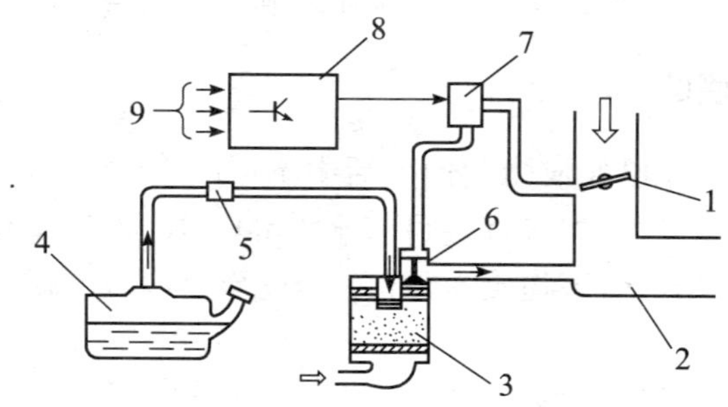

图 5—23　EVAP 系统组成

1—节气门；2—进气管；3—活性炭罐；4—油箱；5—单向阀；
6—真空控制阀；7—电磁阀；8—ECU；9—传感器信号

发动机工作时，活性炭罐内的汽油蒸气经定量排放孔、吸气管被吸入进气管。活性炭罐的上端设有一个真空控制阀，真空控制阀为一膜片阀，膜片上方为真空室，控制阀用来控制定量排放孔的开闭。ECU 控制电磁阀工作，用以调节真空控制阀的真空度，来改变真空控制阀的开度，从而控制吸入进气管的汽油蒸气量。

活性炭罐下方设有进气滤芯并与大气相通，使部分清洁空气与活性炭罐内的燃油蒸汽一起被吸入进气管，从而防止混合气变浓。

韩国大宇等轿车上的 EVAP 系统不采用 ECU 控制，真空控制阀的开度直接由真空度控制，如图 5—24 所示。发动机转速一定时，随发动机负荷（节气门开度）的增大，真空管口处的真空度增加，真空控制阀的开度增大；随发动机负荷减小，真空控制阀开度也减小。

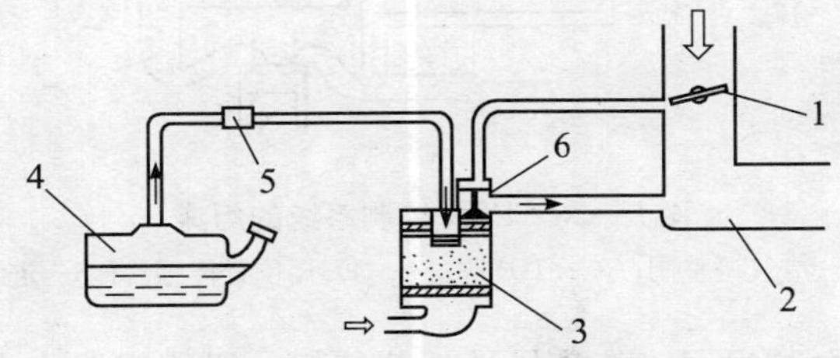

图 5—24　韩国大宇轿车 EVAP 系统

1—节气门；2—进气管；3—活性炭罐；4—油箱；5—单向阀；6—真空控制阀

韩国现代等轿车上安装的是电控 EVAP 系统，如图 5—25 所示。电磁阀直接装在活性炭罐与进气管之间的吸气管中，活性炭罐上不设真空控制阀，电脑根据节气门位置传感器、水温传感器和进气温度传感器信号控制电磁阀通电或断电，电磁阀控制活性炭罐与进气管之间的吸气通道。发动机怠速（进气量较少）或温度较低时，电脑使电磁阀断电，关闭吸气通道，活性炭罐内的燃油蒸汽不能被吸入进气管。

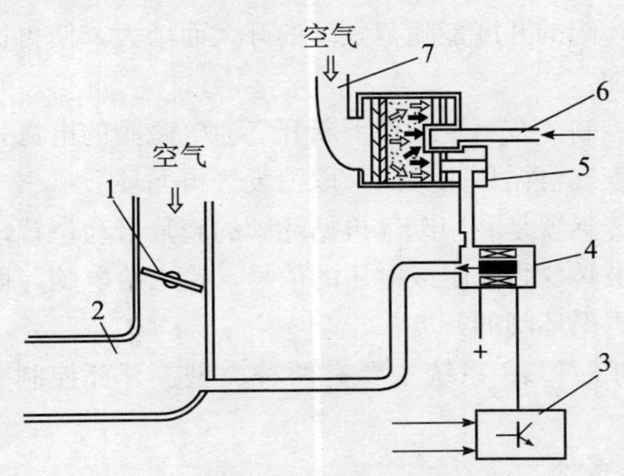

图 5—25　韩国现代轿车 EVAP 系统

1—节气门；2—进气管；3—ECU；4—电磁阀；5—活性炭罐；6—接油箱；7—通大气

三、废气再循环（EGR）控制系统

1. EGR 控制系统的功能

废气再循环（简称 EGR），是将 5％～15％的废气引入进气歧管，返回气缸吸收燃烧热量，以减少高温燃烧时 NO_x 生成量的系统。

2. EGR 控制系统的组成及工作原理

废气再循环控制系统一般由废气再循环阀（又称 EGR 阀）、废气调整阀、三通电磁阀、EGR 位置传感器、电控单元及相应管道等组成，如图 5—26 所示。

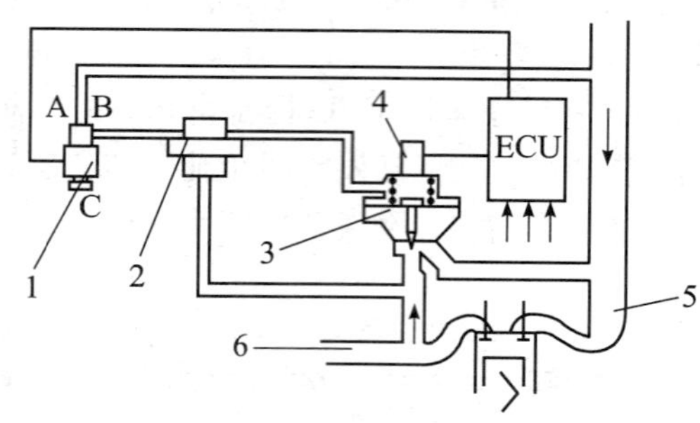

图 5—26 EGR 控制系统的组成

1—三通电磁阀；2—废气调整阀；3—EGR 阀；4— EGR 位置传感器；5—进气管；6—排气管

当发动机工作时，电脑根据空气流量计、节气门位置传感器、水温传感器、发动机转速传感器等测得的信号，控制三通电磁阀，该电磁阀控制废气调整阀，废气调整阀控制通往废气再循环阀的真空的大小，以控制 EGR 阀的开度，从而决定废气循环量。当发动机水温低于 50℃，处于怠速或小负荷、急减速或急加速、高速运转等工况时，电脑将切断电磁阀，停止废气再循环，以保证发动机的输出功率。

废气再循环阀用来控制再循环的废气量，废气再循环阀真空膜片室内的真空度愈大，阀的开度就愈大，再循环的废气量也愈大。

废气调整阀是利用进气管真空度的变化，按节气门开度的大小控制通往废气再循环阀的真空度，使废气再循环阀的开度能随节气门的开大而增大，使再循环的废气量能随发动机负荷的增大而相应增加。

三通电磁阀由电脑控制，在一定条件下断开三通电磁阀的电源，切断真空管路，让空气进入废气调整阀，使废气再循环阀关闭，取消废气再循环。

废气再循环阀位置传感器是利用废气再循环阀的膜片带动位置传感器可变电阻的滑动触点，再循环阀的开度被转变为电阻或电压的信号，输入给电脑，而电脑通过废气再循环控制电磁阀来调整废气再循环阀的开度。

目前采用 ECU 控制的 EGR 系统主要有两种类型：开环控制 EGR 系统和闭环控制 EGR 系统。

（1）开环控制 EGR 系统。

开环控制 EGR 系统主要由 EGR 阀和 EGR 电磁阀等组成，如图 5—27 所示。ECU 根据发动机水温、节气门开度、转速和启动等信号来控制电磁阀的通电或断电。ECU 不给 EGR 电磁阀通电时，控制 EGR 阀的真空通道接通，EGR 阀开启，进行废气再循环；ECU 给 EGR 电磁阀通电时，控制 EGR 阀的真空通道被切断，EGR 阀关闭，停止废气再循环。

发动机工作时，ECU 给 EGR 电磁阀通电，停止废气再循环的工况有：启动工况、怠速工况、暖机工况、转速低于 900r/min 或高于 3 200r/min 的工况。其他工况，ECU 均不给电磁阀通电，都进行废气再循环。随发动机转速和负荷（节气门开度）的增大，EGR 阀的开度增大；随发动机转速和负荷的减小，EGR 阀的开度减小。

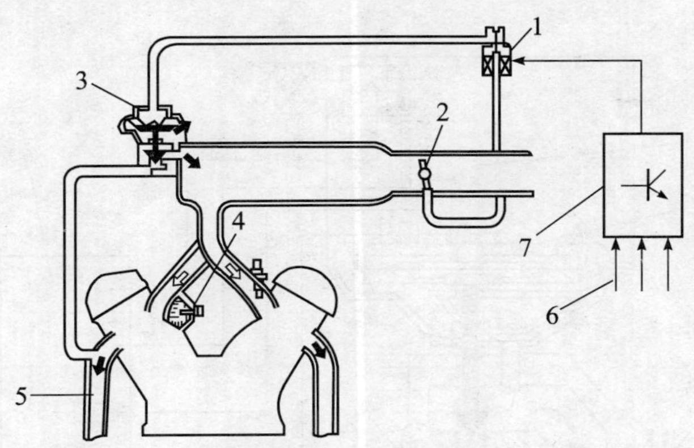

图 5—27　开环控制 EGR 系统

1—EGR 电磁阀；2—节气门；3—EGR 阀；4—水温传感器；
5—排气管；6—其他传感器信号；7—ECU

EGR 电磁阀多采用占空比控制，ECU 通过占空比控制电磁阀的开度，调节作用在 EGR 阀上的真空度，控制 EGR 阀的开度，以实现对废气再循环量的控制。

（2）闭环控制 EGR 系统。

闭环控制 EGR 系统，如图 5—28 所示，是在 EGR 阀上增设了一个 EGR 阀开度传感器，检测实际的 EGR 阀开度作为反馈控制信号，ECU 可根据 EGR 阀开度传感器的反馈信号修正电磁阀的开度，使其控制精度更高。

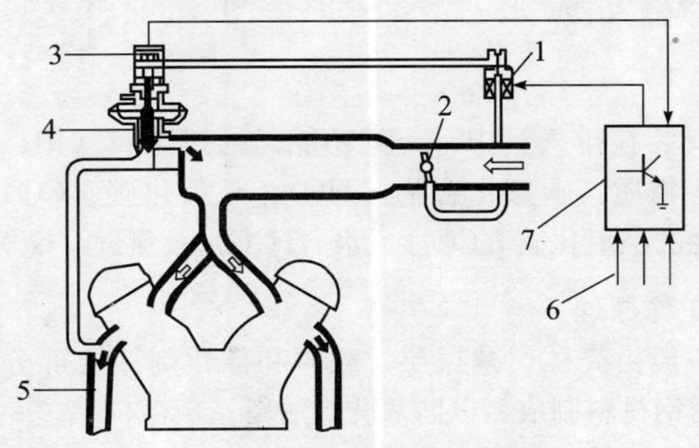

图 5—28　闭环控制 EGR 系统

1—EGR 电磁阀；2—节气门；3—EGR 阀传感器；4—EGR 阀；
5—排气管；6—其他传感器信号；7—ECU

有些发动机上采用整体式电控废气再循环装置，如图 5—29 所示。这种装置实际上是一个不可拆卸总成，即将电子调节器、废气再循环阀位置传感器及电磁阀等和废气再循环有关的控制装置组合在一个总成里。废气再循环阀位置传感器为电子控制器提供阀门开度的电压信号；电磁阀在废气再循环装置不工作时处于常开状态，把真空泄放掉，使废气再循环阀关闭，停止废气再循环；电子调节器根据电脑的控制信号，调节输送到电磁阀线圈的电流，以产生适当的脉冲宽度来控制该阀的真空度，使废气再循环阀保持在适当的开度。

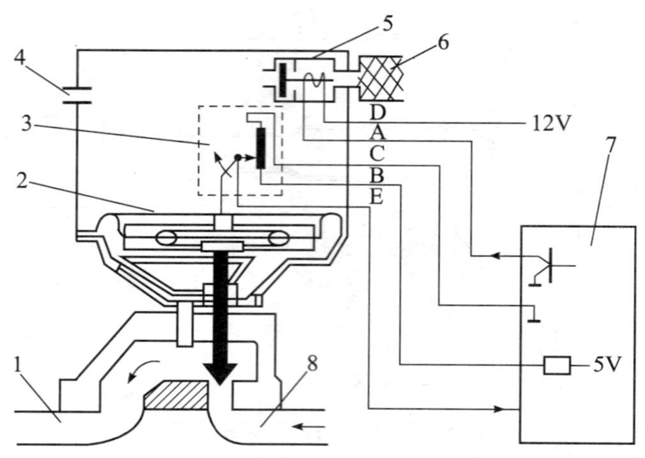

图 5—29　整体式电控废气再循环装置

1—进气管；2—膜片；3—废气再循环阀位置传感器；4—接真空软管；
5—电子调节器；6—通气滤网；7—ECU；8—接排气管

EGR 阀开度传感器为电位计式，其工作原理与电位计式节气门位置传感器类似。EGR 阀开度传感器与 ECU 之间有三条连接线路，分别为电源线、搭铁线和信号线，ECU 通过电源线给传感器提供 5V 的标准电压，传感器将 EGR 阀开启高度变化转换为电信号经信号线输送给 ECU。

四、三元催化转换器（TWC）

1. TWC 的功能

三元催化转换器安装在排气管中部，其功能是通过金属（铂、铑、钯）催化剂的作用，使汽车尾气中有害物质：碳氢化合物（HC）、一氧化碳（CO）、氮氧化物（NO_x），经化学反应转化为无害的二氧化碳（CO_2）、水（H_2O）及氮气（N_2）。

2. TWC 的构造及工作原理

三元催化转换器一般由壳体、减振层、载体和催化剂涂层部分组成，如图 5—30 所示。催化器壳体由不锈钢材料制成，以防氧化皮脱落造成载体堵塞。减振层一般采用膨胀垫片或钢丝网垫，起密封、保温和固定载体的作用，防止催化器壳体受热变形等对载体造成损害。

三元催化转换器一般为整体不可拆卸式，按催化剂载体的结构不同，TWC 可分为颗粒型和蜂巢型两种类型，前者将催化剂沉积在颗粒状氧化铝载体表面，后者将催化剂沉积在蜂巢状氧化铝载体表面，氧化铝表面有形状复杂的表层，可增大催化剂与废气的实际接触面积。

当废气经过净化器时，铂催化剂就会促使 HC 与 CO 氧化生成水蒸气和二氧化碳；铑催化剂会促使 NO_x 还原为氮气和氧气。

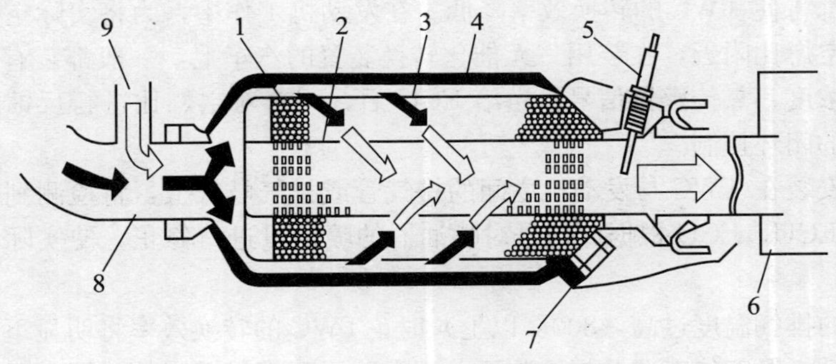

图 5—30　三元催化转换器

1—催化剂；2—内筒；3—外筒；4—壳体；5—排气温度传感器；
6—消声器；7—排泄口塞；8—排气管

$$CO+2NO \rightarrow 2CO_2+N_2$$
$$4HC+10NO \rightarrow 4CO_2+2H_2O+5N_2$$

3. TWC 转换效率及影响因素

TWC 转换效率是指废气经过净化器后，催化剂使 HC、CO 和 NO_x 氧化还原成水蒸气、二氧化碳和氮气的程度。

TWC 将有害气体转变成无害气体的效率受诸多因素的影响，其中影响最大的是混合气的浓度和排气温度。另外，铅和硫等元素对催化转换器会造成负面的影响，因为铅和硫等会与催化活性物质作用形成新的结晶体结构或沉积在催化物质上面，从而破坏催化物质的表面活性，这就是所谓的催化器中毒，是影响催化器寿命的最为严重的物理现象。因此，使用催化转换器的前提是汽油的无铅化。硫主要对稀土类催化器的寿命有较大影响。

TWC 的转换效率与混合气浓度的关系如图 5—31 所示，只有在标准的理论空燃比 14.7 附近时，对废气中三种有害气体（HC、CO、NO_x）的转换效率均比较高。混合气过

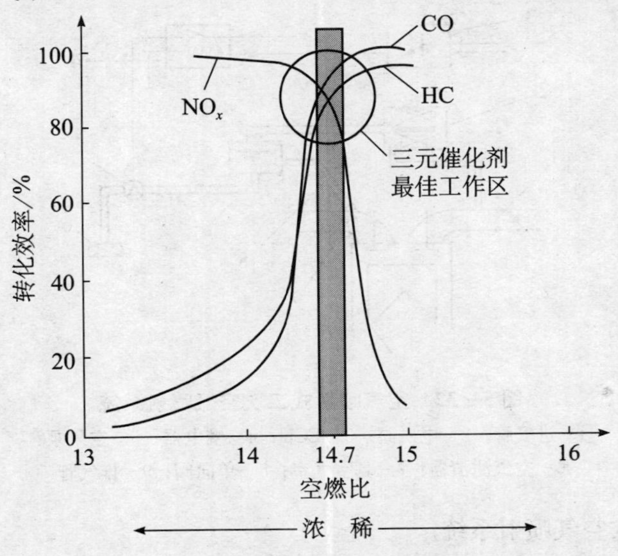

图 5—31　TWC 的转换效率与混合气浓度的关系

浓或过稀时，都将使 TWC 的转换效率降低。在发动机工作中，为将实际空燃比精确控制在标准的理论空燃比附近，在装用三元催化转换装置的汽车上，一般都装有氧传感器来检测废气中的氧浓度，氧传感器信号输送给 ECU 后，用来对空燃比进行反馈控制，即电控燃油喷射系统的闭环控制。

氧传感器安装在 TWC 与发动机之间的排气管或排气歧管上，将检测到的废气中氧浓度信号输送给 ECU，ECU 根据此信号对喷油器的喷油量进行修正，使实际的空燃比更接近理论空燃比。

当发动机的排气温度过高（800℃以上）时，TWC 的转换效率将明显下降。所以，有些发动机装有排气温度传感器及报警装置，当电脑受到排气温度传感器高温信号后，会使发动机熄火并发出报警信号。

五、二次空气喷射系统

1. 二次空气喷射系统的功能

（1）将新鲜空气送入排气管，促使废气中的 CO 和 HC 进一步氧化，从而降低 CO 和 HC 的排放量。

（2）给三元催化转换器加热。

2. 二次空气喷射系统的组成与工作原理

根据控制原理不同，二次空气喷射系统一般分为空气喷射式和吸气式两种。

（1）空气喷射式二次空气喷射系统。

空气喷射式二次空气喷射系统主要由真空阀、空气泵、空气喷射阀、电磁阀和 ECU 等组成，如图 5—32 所示。真空阀控制空气喷射阀的工作，空气泵为电动式，提供一定压力的空气，ECU 控制电磁阀工作。当 ECU 给电磁阀通电时，空气泵将新鲜空气强制送入排气管。

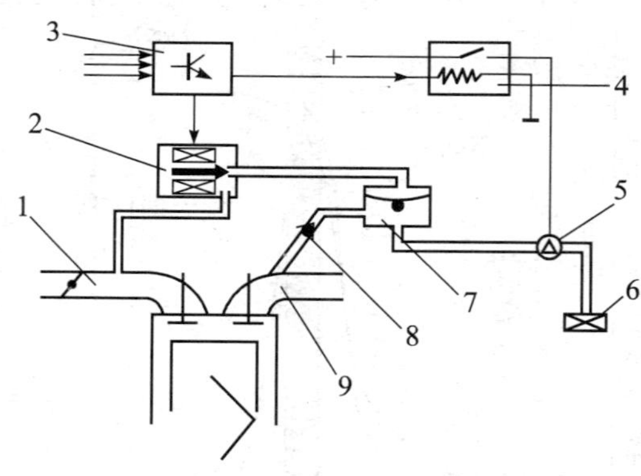

图 5—32　空气喷射式二次空气喷射系统

1—进气管；2—电磁阀；3—ECU；4—继电器；5—空气泵；6—空气滤清器；7—真空气室；8—单向阀；9—排气管

（2）吸气式二次空气喷射系统。

吸气式二次空气喷射系统主要由舌簧阀、单向阀、电磁阀和 ECU 等组成，如图 5—33 所示。ECU 给电磁阀通电，电磁阀开启真空通道，进气管真空度将空气阀吸起，排气管内的脉动真空即可吸开舌簧阀，使二次空气进入排气管。

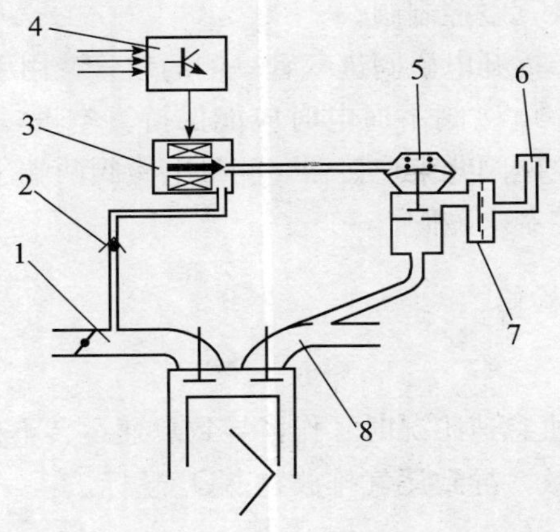

图 5—33　吸气式二次空气喷射系统

1—进气管；2—单向阀；3—电磁阀；4—ECU；5—真空气室；
6—空气滤清器；7—舌簧阀；8—排气管

不论哪种控制系统，二次空气喷射系统不工作的情况一般如下：电控燃油喷射系统进入闭环控制；冷却水温度超过规定范围；发动机转速和负荷超过规定值；ECU 发现有故障。

学习任务六　排放控制系统的检测

学习目标：使学生能运用万用表、诊断仪以及示波器等仪器来检测排放控制系统。

学习方法：本任务为实践技能学习，学生分组在实验室由实训指导教师指导完成。

一、EVAP 控制系统的检修

1. 故障现象

（1）炭罐吸附装置失效不工作，无法对油箱中的燃油蒸汽进行回收，导致车厢内有燃油气味。

（2）系统工作失常，导致混合气过浓或影响发动机怠速的稳定。

2. 检查方法及步骤

（1）检查各连接管路有无破损或漏气，必要时更换连接软管；检查活性炭罐壳体有无裂纹、底部进气滤芯是否脏污，必要时更换炭罐或滤芯。

（2）将发动机热车至正常工作温度，并使之怠速运转。

（3）拔下蒸汽回收罐上的真空软管，检查软管内有无真空吸力。若装置工作正常，在发动机怠速运转中电磁阀应不通，软管内应无真空吸力。如果此时软管内有吸力，应检查电磁阀线束插头内电源电压正常与否。

（4）踩下加速踏板，使发动机转速大于2 000r/min，同时检查上述软管内有无真空吸力。若有吸力，说明正常；若无吸力，应检查电磁阀线束插头内电源电压。若电压正常，说明电磁阀有故障；若电压异常或无电压，说明电脑或控制线路有故障。

（5）从活性炭罐上拆下真空控制阀，用手动真空泵由真空管接头给真空控制阀施加约

5kPa 真空度时，从活性炭罐侧孔吹入空气应畅通；不施加真空度时，吹入空气则不通。若不符合上述要求，应更换真空控制阀。

（6）发动机不工作时，拆开电磁阀进气管一侧的软管，用手动真空泵由软管接头给控制电磁阀施加一定真空度，电磁阀不通电时应能保持真空度，若给电磁阀接通蓄电池电压，真空度应释放；拆开电磁阀线束连接器，测量电磁阀两端子间电阻应为 36～44Ω。若不符合上述要求，应更换控制电磁阀。

二、EGR 控制系统的检修

1. 故障现象

（1）EGR 装置在发动机怠速工况时工作，导致怠速运转不稳，甚至熄火。

（2）EGR 装置工作失效，导致尾气排放物 NO_x 超标。

2. 检查方法及步骤

（1）在冷机启动后，拆下 EGR 阀上的真空软管，发动机转速应无变化，用手触试真空软管口应无真空吸力；当发动机工作温度正常后，将转速提高到 2 500r/min 左右，从 EGR 阀上拆下软管，发动机转速应有明显提高。若不符合上述要求，说明 EGR 系统工作不正常。

（2）发动机熄火，拔下 EGR 电磁阀插头，冷态下测量电磁阀电阻，一般应为 33～39Ω。

（3）电磁阀不通电时，从通进气管侧接头吹入空气应畅通，从通大气的滤网处吹入空气应不通。当电磁阀通电时，从通进气管侧接头吹入空气应不通，从通大气的滤网处吹入空气应畅通，否则应更换电磁阀。

（4）拆下 EGR 阀，用手动真空泵给 EGR 阀膜片上方施加约 15kPa 的真空度时，EGR 阀应能开启；不施加真空度时，EGR 阀应能完全关闭，否则应更换 EGR 阀。

三、TWC 及氧传感器的检修

1. 故障现象

三元催化转换器性能恶化；三元催化转换器芯子堵塞后排气不畅，产生过高的排气背压，使废气倒流到发动机内。

2. 检查方法及步骤

（1）检查 TWC 是否堵塞，方法有两种。第一种方法是真空度法，如图 5—34 所示。方法是：将废气再循环（EGR）阀上的真空管取下，将管口塞住，将真空管接到进气歧管上，让发动机缓慢加速到 2 500r/min。若真空表读数瞬间又回到原有水平（47.5～74.5kPa）并能维持 15s，则说明 TWC 没有堵塞。否则应该怀疑是 TWC 或排气管堵塞。第二种方法是排气背压法，方法是：从二次空气喷射管路上拔下空气泵止回阀的接头，接一个压力表，使发动机转速为 2 500r/min 时，观察压力表的读数，应小于 17.24kPa，否则表明排气系统堵塞。

（2）让发动机怠速运转，使用尾气分析仪测量此时的 CO 值。当发动机正常工作时（空燃比为 14.7∶1），CO 典型值为 0.5%～1%，当使用二次空气喷射和 TWC 技术可以使怠速时的 CO 值接近于 0，最大不应超过 0.3%，否则说明 TWC 损坏。

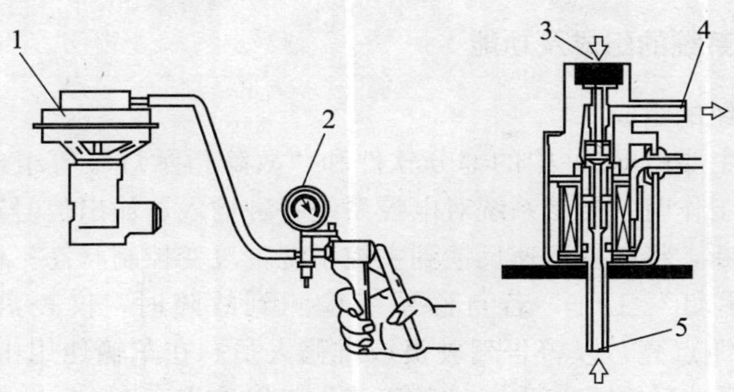

图 5—34　EGR 阀的检查

1—EGR 阀；2—真空表；3—通大气；4—EGR 阀侧软管接头；5—进气管侧软管接头

(3) 测量 TWC 出口管道温度应比进口管道温度至少高出 38℃，在怠速时，其温度也相差 10%。若不符合要求，且检查二次空气喷射泵也完好时，说明 TWC 已经损坏。

(4) 对安装两个氧传感器的电喷发动机，可测量两个氧传感器的电压波形，后氧传感器电压波动要比前氧传感器电压波动少得多，如果前、后氧传感器电压波形和波动范围均趋于一致，说明 TWC 损坏。

四、二次空气供给系统的检修

1. 故障现象

(1) 系统不工作，导致尾气排放超标。

(2) 系统工作失常，导致排气管温度过高。

2. 检查方法及步骤

(1) 检查各连接管路有无破损或漏气，必要时更换连接软管。

(2) 发动机低温启动后，拆下空气滤清器盖，应能听到舌簧阀发出的“嗡、嗡”声。

(3) 拆下二次空气供给软管，用手指盖住软管口检查，使发动机怠速运转，手指应感到有真空吸力；70s 后，且发动机温度在 63℃以上时，应无真空吸力；发动机转速从4 000r/min 急减速时，应有真空吸力。

(4) 拆下二次空气控制阀，从空气滤清器侧吹入空气应不通；用手动真空泵从空气滤清器侧施加 20kPa 真空度，吹入空气应通畅；若不符合上述要求，说明膜片阀工作不良，应检修或更换。

(5) 测量二次空气电磁阀的电阻，一般应为 36～44Ω。

(6) 给电磁阀接通蓄电池电源时，从进气管侧软管接头吹入空气应畅通，从通大气的滤网处吹入空气应不通；当电磁阀不通电时，从进气管侧软管接头吹入空气应不通，从通大气的滤网处吹入空气应畅通。

学习任务七　故障自诊断原理及应用

学习目标： 掌握发动机故障自诊断原理及应用。

学习方法： 本任务为理论基础学习，教师可以通过 PPT 等多媒体手段来完成。

一、故障自诊系统的组成及功能

1. 故障自诊系统的组成

故障自诊系统主要由 ECU 中的部分软件和“故障指示灯”等组成，不需要专门的传感器。电控系统工作时，自诊系统对电控系统各种输入、输出信号进行监测，并运用程序进行推理、判断，将结果迅速反馈到主控系统，改变控制状态；同时，根据自诊结果控制“故障指示灯”工作，若自诊系统检测到故障时，仪表盘上的故障指示灯“CHECK ENGINE”点亮，以警告驾驶员或维修人员。在车辆使用中，点火开关接通，发动机没有启动或启动后的短时间内，“故障指示灯”应点亮 3～5s，然后“故障指示灯”应熄灭。

2. 故障自诊系统功能

（1）发动机工作过程中，当自诊系统检测到故障时，则接通故障指示灯控制电路，点亮故障灯，发出报警信号，并将诊断结果以代码（故障码）的形式进行存储。

（2）通过诊断仪能准确读取故障码，以便维修人员迅速、准确地判定故障的性质和部位；故障排除后，还能将存储的故障码清除掉。

（3）当某传感器或执行器发生故障时，ECU 将无法得到准确信号而不能输出控制指令时，会自动启动保护系统，以预先设定的参数取代故障传感器或执行器工作，以保证发动机能继续运转，或强制中断燃油喷射使发动机停止运转。

（4）在发动机工作过程中，若某些重要传感器或 ECU 内部的微处理器，发生故障导致车辆无法继续行驶时，自诊系统会自动启动 ECU 内部备用 IC 电路系统，以保证汽车能继续行驶，以便把汽车行驶到维修站或安全地方，所以此系统又称回家系统。

二、故障自诊系统工作原理

电控系统工作时，自诊系统随时监测各个传感器、执行器的工作情况，一旦监测系统发现某个传感器输入信号或执行器反馈信号异常时，自诊系统立即采取相应措施，以保证发动机继续工作或停止工作。

1. 传感器自诊断

当传感器或其电路接触不良、断路或短路，会导致故障信号的产生。当自诊系统监测某传感器输入 ECU 的信号超出正常范围，或在一定时间内 ECU 收不到该传感器信号，或该传感器输入 ECU 的信号在一定时间内不发生变化，自诊断系统均判定为“故障信号”。若故障信号持续出现超过一定时间或多次出现，自诊系统即判定有故障，并将此故障以故障码的形式输入 ECU 的存储器中，同时点亮指示灯警告驾驶员。

（1）冷却水温度信号。

当冷却水温度传感器或其电路发生故障时，ECU 可能会收到低于 0.3V 或高于 4.7V 的信号，此时自诊系统就会判定为故障信号，并按冷却水温度 80℃的状态控制喷油。同时自诊系统点亮故障指示灯，并将该故障信息以代码形式存储在 RAM 中。

（2）进气温度传感器信号。

当进气温度传感器或其电路发生故障时，ECU 可能会收到超过正常范围的温度信号，此时自诊系统就会判定为故障信号，并按进气温度为20℃状态控制喷油。同时自诊系统点亮故障指示灯，并将该故障信息以代码形式存储在RAM中。

（3）节气门位置传感器信号。

当节气门位置传感器或其电路出现故障时，ECU若始终收到节气门处于全开或全关状态信号时，自诊系统就会判定为故障信号，并按节气门开度为0°或25°状态控制喷油。同时自诊系统点亮故障指示灯，并将该故障信息以代码形式存储在RAM中。

（4）爆震传感器信号。

爆震传感器或其电路发生故障时，ECU不能收到爆震传感器信号，无法对点火提前角进行闭环控制，此时自诊系统就会判定为故障信号，并将点火提前角固定在一个适当值。同时自诊系统点亮故障指示灯，并将该故障信息以代码形式存储在RAM中。

（5）氧传感器信号。

氧传感器或其电路发生故障时，ECU不能收到氧传感器电压信号或收到一个电压不变的信号，或变化频率每10s小于8次时，自诊系统就会判定为故障信号，则ECU取消反馈控制，并以开环方式控制喷油。

（6）曲轴/凸轮轴位置传感器信号。

当ECU不能收到曲轴位置传感器信号时，自诊系统就会判定为故障信号，使发动机立即熄火且无法再次启动。同时自诊系统点亮故障指示灯，并将该故障信息以代码形式存储在RAM中。

当ECU不能收到霍尔式凸轮轴位置传感器信号时，自诊系统就会判定为故障信号，使发动机能继续行驶，也能再次启动，但喷油时间增长。同时自诊系统点亮故障指示灯，并将该故障信息以代码形式存储在RAM中。

（7）空气流量计信号。

空气流量计或其电路发生故障时，ECU不能收到空气流量计信号或收到一个电压不变的信号，引起发动机失速或不能启动，自诊系统就会判定为故障信号。此时，根据启动信号和节气门位置传感器信号按固定的喷射时间控制发动机工作；当启动开关断开、怠速触点闭合时，则以怠速喷油量喷油；当启动开关断开、节气门开度较小时，则以小负荷喷油量喷油；当启动开关断开、节气门接近全开或全开时，则以大负荷喷油量喷油。同时将该故障信息以代码形式存储在RAM中。

（8）进气管绝对压力传感器信号。

进气管绝对压力传感器或其电路发生故障（D型）时，ECU不能收到进气管绝对压力传感器信号或收到一个电压不变的信号，将引起发动机失速或不能启动，自诊系统就会判定为故障信号。此时ECU按设定的固定值控制喷油量，来启动发动机或维持运转，并将该故障信息以代码形式存储在RAM中。

2. 执行器自诊断

执行器由ECU输出指令信号控制工作，当执行器电路接触不良、断路或短路，也会导致故障信号的产生。在没有反馈信号的系统中，执行器或其电路是否有故障，自诊系统只能根据ECU输出的指令信号来判断。在有反馈信号的系统中，执行器或其电路是否有故障，自诊系统根据反馈信号来判断。当自诊系统判定有故障时，将此故障以故障码的形式输入ECU的存储器中，同时点亮指示灯警告驾驶员。

（1）点火确认信号。

当 ECU 连续发出 3～5 个点火脉冲信号后，而接收不到点火反馈信号时，自诊系统就会判定点火系统有故障，为避免燃油浪费和造成排放污染，会立即发出控制指令停止喷油器喷油。同时自诊系统点亮故障指示灯，并将该故障信息以代码形式存储在 RAM 中。

（2）喷油器电路确认信号。

喷油器控制电路没有反馈信号，该电路是否出现断路和短路故障，自诊系统对输出的信号电压进行监测，当判断该喷油器控制电路出现故障时，并将此故障以故障码的形式输入 ECU 的存储器中。

三、随车诊断系统（OBD）

OBD—I 型称为第一代随车诊断装置，主要特点是不同汽车的诊断插座的规格及故障码的含义不相同，对于综合性维修厂来说，用通用仪器来读取故障码是不可能的。

OBD—Ⅱ称为第二代随车电脑自诊断系统，是由美国汽车工程师协会 SAE 和加州环保组织提出的，统一了汽车故障自诊断的各项技术指标。该规范有三种形式：SAE J—1850 PWM；SAE J—1850 VPW；ISO 9141—2。目前，OBD—Ⅱ故障自诊断规范已被全世界上的大多数国家接受。其主要特点是：能大范围的监测发动机电控系统工作情况，尤其对可能造成环境污染的故障监测很有作用。当 OBD—Ⅱ系统监测到发动机的排放污染超过该车允许值时，就会点亮故障指示灯。OBD—Ⅱ系统的具体要求如下：

（1）汽车按标准装用统一的 16 端子诊断座，如图 5—35 所示。并将诊断座统一安装在驾驶室仪表盘下方，方便驾驶座上的人使用。

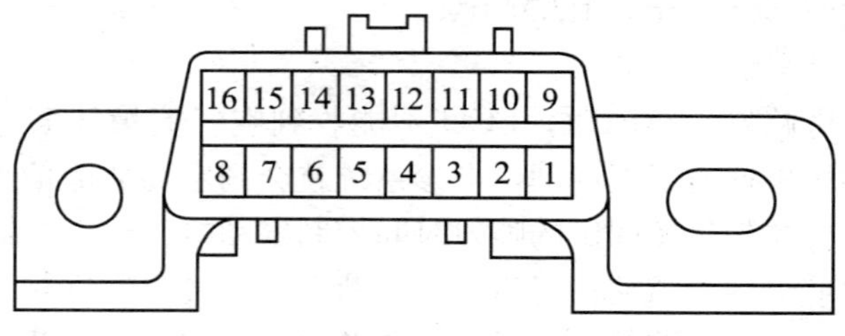

图 5—35　OBD—Ⅱ诊断座

（2）OBD—Ⅱ具有数据传输功能，并规定了两个传输线标准：欧洲标准和美国标准。

（3）OBD—Ⅱ具有行车记录功能，能记录车辆行驶过程的有关数据资料；能记忆和重新显示故障码的功能，可利用仪器方便、快速地调取或清除故障码。

（4）所有汽车 OBD—Ⅱ检测引脚的选用各不相同，但电源、搭铁等重要引脚的选用是相同的。

四、汽车网络信息技术

1. CAN（控制器局域网）总线技术

汽车电子技术的不断发展，也为网络技术在汽车上的应用提供了条件，像汽车上 ECU、传感器等，都通过网络实现控制，它的应用使现代汽车更完善，更完美，操作也更方便了。目前在一些中高级轿车上，不但在发动机上应用 ECU，在其他许多地方都可发现 ECU 的踪影。例如电控自动变速器、主动悬架系统、空调系统、安全气囊系统、防抱死制动系统等都配置有各自的 ECU，这样，汽车上 ECU 在日益增多，线路也日益复杂。为了简化电路和降低成本，将汽车上多个 ECU 之间形成一个网络系统，完成信息传递，这就是 CAN 数据总线。

CAN（Controller Area Network 控制器局域网）总线是一种多组总线，特别适合汽车上多节点控制单元交换数据，故障自诊断模块充分利用了这一技术。今后，CAN 总线技术将朝着提高通信速率、编码效率以及容错处理能力的方向发展。它主要有以下特点：

（1）实现了汽车数据高速通道，使各电子设备无障碍连接。

（2）能提供很高的通信速率。

（3）简化了电气线路结构，降低了维修程度。

（4）降低生产的直接成本。

（5）减少了因电器短路而导致的大量故障，提高了汽车整体安全性和可靠性。

2. 蓝牙技术

自 20 世纪 90 年代末诞生以来，蓝牙技术为语音和数据包的传输提供了可靠的无线连接，从而彻底改变了移动电话、电脑、汽车和消费电子产品等领域。蓝牙技术是一种无线电设备互相高效交互数据的新规范，它是由包括爱立信、诺基亚、IBM、英特尔和东芝等近1 200家企业联合签署的一项协议。蓝牙技术在汽车上的应用，使汽车故障无线诊断和远程诊断成为现实，使得故障诊断效率更高和资源更易于共享，这将极大提升汽车维修水平。

随着蓝牙技术在信息娱乐、互联网诊断以及其他有关领域中的应用和扩展，汽车也将越来越广泛地配备各种蓝牙装置。

学习测试

测试 1：怠速控制有何必要性？控制方法有几种？各有何特点？

测试 2：分析步进电动机型怠速控制阀的结构组成及工作原理。

测试 3：分析旋转电磁阀型怠速控制阀的结构组成及工作原理。

测试 4：分析说明释压电磁阀控制的废气涡轮增压系统的组成和工作原理。

测试 5：分析说明真空电磁阀控制的废气涡轮增压系统的组成和工作原理。

测试 6：分析说明吸气式二次空气喷射系统的组成和工作原理。

测试 7：分析说明空气喷射式二次空气喷射系统的组成和工作原理。

测试 8：分析说明日产丰田 PREVIA 车用怠速控制电路及检修内容。

测试 9：分析说明 EVAP 控制系统的组成和工作原理。

测试 10：分析废气再循环闭环控制系统的组成及工作原理。

测试 11：分析废气再循环开环控制系统的组成及工作原理。

测试 12：分析说明动力阀控制系统的组成和工作原理。

测试 13：分析说明谐波增压控制系统的组成和工作原理。

测试 14：失效保护系统设定的标准信号有哪些？

测试 15：OBD—Ⅱ自诊断系统有何作用？

工作单 1

姓名____________ 日期________________

怠速控制阀的检测

完成此工作单后，你将能够正确使用检测工具检测怠速控制阀工作情况。

工具和材料：万用表 、示波器、诊断仪、试验车。

所检测汽车的描述

汽车型号：________________________发动机型号：________________________

步骤

1. 指出怠速控制阀的安装位置，观察并说出其结构特点：________________________
____；
描述其作用：____
____。

2. 拔下线束插头，确定各端子的含义：____。

3. 启动发动机，并怠速运转，若为脉冲电磁阀式，则拔下怠速控制阀的线束插头，观察并描述发动机转速变化情况：____
____。

根据观察到的转速变化，分析说明：____
____。

4. 启动发动机，并怠速运转，若为步进电机式，则在发动机运转稳定后，将发动机熄火，同时在怠速阀附近听声音，描述并分析听到的声音：________________________
____。

5. 连接示波器，启动发动机并怠速运转，将空调开关打开和关闭，观察输出信号波形的变化：____
____
____。

6. 根据波形的变化情况分析说明：____
____。

7. 用万用表测量控制阀线圈阻值为：________，线圈标准阻值为：________，根据线圈阻值测量得出结论：____。

8. 检查控制阀运动情况，写出检查的步骤：________________________________
____
____
____。

指导老师评语：

____
____
____。

老师签名：　　　　　　　　年　　月　　日

工作单 2

姓名____________　日期________________

涡轮增压系统的检测

完成此工作单后，你将能够正确使用检测工具检测涡轮增压系统工作情况。

工具和材料：万用表 、示波器、真空泵、试验车。

所检测汽车的描述

汽车型号：________________________发动机型号：________________________

步骤

1. 描述涡轮增压器安装位置：____。

2. 涡轮增压器的作用：____。

3. 启动发动机加速至 2500 转，关闭点火开关描述涡轮增压器运转声音：____。

4. 检查增压器润滑油管（包括增压器进、回油管）是否漏油：__________；如果漏油，请写出漏油部位和原因：____。

5. 检查增压器废气排出口是否有机油：__________；如有机油，分析并写出其原因：____。

6. 打开压气机的出气口或发动机进气软管（橡胶软管），看管口、管壁等处是否粘附机油：__________；如有，请检查增压器回油管是否畅通。如不畅通，其原因是：________________________；________________________；如畅通，其原因是：____。

根据检查情况分析：____。

7. 启动发动机，转速保持在 2 500r/min 下运行 2～3min，直至发动机完全暖机，系统进入闭环控制。连接示波器和真空电磁阀，加速发动机，ECU 输出脉冲信号，使真空电磁阀打开废气阀；然后，减速使信号停止，废气阀关闭。描述输出波形：____；

对波形进行分析：____。

指导老师评语：

____。

老师签名：　　　　年　　月　　日

工作单 3

姓名____________ 日期________________

废气再循环系统的检测

完成此工作单后，你将能够正确使用检测工具检测废气再循环系统工作情况。

工具和材料：万用表 、示波器、真空泵、试验车。

所检测汽车的描述

汽车型号：________________________发动机型号：________________________

步骤

1. 描述 EGR 安装位置：____
____。

2. EGR 装置的作用：____
____。

3. 检查真空软管与 EGR 延迟电磁线圈的连接方式是否正确：________________；如果不正确，请恢复正确连接方式。

4. 启动发动机，观察怠速运转是否正常：________________________；如果不正常，其原因是：____。

5. 把一只转速表接到发动机上，启动发动机并运转至正常工作温度；取下通往 EGR 阀的真空软管，在其接头处插入手动真空泵软管，向 EGR 阀施加 4KPa 左右的真空信号，观察发动机转速表读数：____。

6. 当真空度增加时，观察发动机转速表读数：________________________________。根据读数得出结论：____。

7. 检查提升阀及安置部位处是否有沉积物：________________，如果有，请处理掉。

8. 启动发动机，转速保持在 2500r/min 下运行 2～3min，直至发动机完全暖机，系统进入闭环控制。连接示波器和真空电磁阀，踩下油门踏板，ECU 输出脉冲信号，使真空电磁阀控制 EGR 阀的开和关。观察并描述输出波形：______________________________
____
____。

对波形进行分析：____
____。

指导老师评语：

____
____
____。

老师签名：　　　　年　　月　　日

工作单 4

姓名____________ 日期________________

三元催化装置的检测

完成此工作单后，你将能够正确使用检测工具检测三元催化装置工作情况。

工具和材料：红外线测温仪、万用表 、示波器、试验车。

所检测汽车的描述

汽车型号：________________发动机型号：________________

步骤

1. 描述三元催化装置安装位置：____。

2. 三元催化装置的作用：____。

3. 检查三元催化装置外观：

(1) 有无裂纹现象：________________；

(2) 有无损坏现象：________________；

(3) 连接是否牢固：________________；

(4) 用手晃动催化装置，是否能听到内部有脱落声音：________________。

当确认三元催化装置没有故障时，进行下一步的测试。

4. 启动发动机，怠速运转到正常工作温度，测量三元催化装置两端的温度情况，根据测得的温度进行分析：________________；标准温度应为：________________。

5. 若在三元催化装置的两端各有一个氧传感器时，分别测量两个氧传感器的输出信号情况：

(1) 前氧传感器：________________________________；

(2) 后氧传感器：________________________________；

(3) 根据输出信号进行分析三元催化装置：________________________________。

6. 结论：________________________________。

指导老师评语：

____。

老师签名：　　　　　　　　年　　月　　日

工作单 5

姓名____________　日期________________

燃油蒸汽吸附装置的检测

完成此工作单后，你将能够正确使用检测工具检测燃油蒸汽吸附装置工作情况。

工具和材料：万用表 、示波器、真空泵、试验车。

所检测汽车的描述

汽车型号：________________ 发动机型号：________________

步骤

1. 描述燃油蒸汽吸附安装位置：________________
________________。

2. 燃油蒸汽吸附装置的作用：________________
________________。

3. 启动发动机，怠速运转到正常工作温度，拔下吸附碳罐上的软管，检查软管内有无真空吸力：________________
若有吸力，分析其原因：________________
________________。
若无吸力，分析其原因：________________
________________。

4. 踩下加速踏板，使发动机转速达到 2 000r/min，检查吸附炭罐上的软管有无吸力：
________________。
若有吸力，分析其原因：________________
________________。
若无吸力，分析其原因：________________
________________。

5. 拔下碳罐电磁阀线束插头，向电磁阀内吹气，电磁阀是否通气：________。
分析说明：________________
________________。
将线束插头接上，给电磁阀通电，并向电磁阀内吹气，电磁阀是否通气：________。
分析说明：________________
________________。

6. 结论：________________
____
________________。

指导老师评语：

____
____
________________。

老师签名：　　　　　年　　月　　日

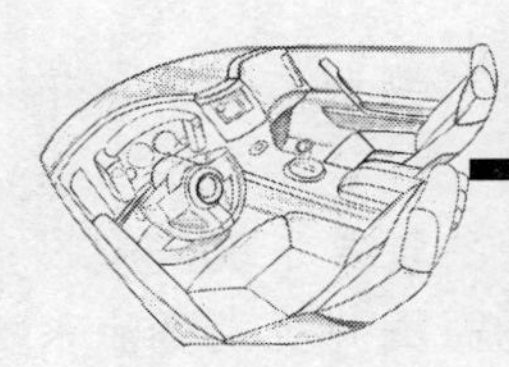

第六章

柴油机电控燃油喷射系统

引言

20世纪80年代以来，随着电子控制技术在柴油机上的应用，使柴油机的动力性、经济性、排放性及噪声等各个方面的指标进一步得到改善，同时也提高了柴油机与汽油机竞争汽车动力的优势，柴油机技术进入一个新的发展阶段。

电控技术在柴油机供给系统中的应用，即在供（喷）油量、供（喷）油正时、供（喷）油速率和喷油压力等控制方式上，经历了“位置控制”、“时间控制”、“时间—压力控制”或“压力控制”三个阶段。

“位置控制”方式称为第一代柴油机电控燃油喷射系统，特点是不仅保留了传统的喷油泵—高压油管—喷油器系统，而且还保留了喷油泵中齿条、齿圈、滑套、柱塞上控油螺旋槽等控制油量的传动机构，只是对齿条或滑套的运动位置控制，由原来的机械调速器控制改为电子控制，使控制精度和响应速度得以提高。但是控制自由度小，喷油率和喷射压力难于控制。典型系统有直列泵和分配泵，直列泵通过控制喷油泵齿杆位移来控制喷油量，通过控制液压提前器来实现喷油正时控制；分配泵是通过控制滑套位移来控制喷油量，控制VE泵上的提前器或改变凸轮相位来进行喷油正时控制。捷达SDI采用的就是博世轴向压缩式分配泵。

“时间控制”方式称为第二代柴油机电控燃油喷射系统，就是用高速电磁阀直接控制高压燃油的喷射。其特点是可以保留原来的喷油泵—高压油管—喷油器系统，也可以用新型的燃油系统。喷油泵的设计自由度提高，高压喷油能力大大加强。但是喷油系统喷油压力对转速的依赖性很大。在低速、低负荷时，其喷油压力不高，而且难以实现多次喷射，极不利于降低柴油机的噪声和振动。宝来、奥迪A6TDI发动机采用的就是Bosch公司生产的泵喷嘴系统。

“时间—压力控制”或“压力控制”方式称为第三代柴油机电控燃油喷射系统，这是一种新型柴油机电控喷油系统。它使用一个高压油泵在柴油机的驱动下，以一定的速比连续将高压燃油输送到公共容器内，称为共轨，高压燃油再由共轨送入各缸喷油器。

这种系统喷射压力高（最高已达200MPa），且不依赖发动机转速，可以改善发动机低速、低负荷性能；可以实现预喷射，调节喷油速率形状，实现理想喷油规律；使发动机油耗、烟度、噪声及排放等性能指标得到明显改善，并有利于改进发动机转矩特性；结构简单，可靠性好，适应性强。

目前比较典型的共轨喷油系统有：美国 BKM 公司的 Servoje 中压共轨式系统；美国 Caterpillar 公司的 HEUI 中压共轨式系统；日本电装公司的 ECD－U2 高压共轨式喷油系统；德国 Bosch 公司的高压共轨式喷油系统。

学习任务一 柴油机电控燃油喷射系统概述

学习目标：掌握柴油机电控燃油喷射系统的功能、组成及控制原理。

学习方法：本任务为理论基础学习，教师可以通过 PPT 等多媒体手段来完成。

一、柴油机电控燃油喷射系统的优点

1. 改善低温启动性

启动时，电子控制系统能够以最佳的程序进行控制，使柴油机低温启动更容易。

2. 尾气中 NO_x 和烟的排放少

采用柴油机电控技术，可精确地将喷油量控制在不超过冒烟界限的适当范围内，同时根据发动机工况调节喷油时刻，从而有效地抑制排烟。

3. 发动机运转稳定性高

采用柴油机电控系统，电子式反馈控制电路的响应特性很好，故不会产生游车。无论负荷怎样增减，都能保证发动机怠速工况下以最低的转速稳定运转，有利于提高其经济性。

4. 功率输出高

柴油机电控系统中，ECU 根据传感器信号精确计算喷油量和喷油正时，从而提高了发动机的输出功率。采用电子控制技术，可以实现对增压装置进行精确的控制，也增大了柴油机的转矩，提高了其输出功率。

5. 噪声低

采用电子控制技术，可以对柴油机的燃烧等噪声进行控制。

二、柴油机电控燃油喷射系统的功能

随着柴油机电控技术的发展，柴油机电控系统从最基本的燃油喷射控制，即供（喷）油量控制和供（喷）油正时控制，已发展到对供（喷）油速率控制和喷油压力控制在内的多项控制功能；即从单一的燃油喷射控制发展到怠速控制、进气控制、增压控制、排放控制、启动控制、巡航控制、故障自诊断和失效保护等控制。

1. 燃油喷射控制

燃油喷射控制主要包括：供（喷）油量控制、供（喷）油正时控制、供（喷）油速率控制和喷油压力控制等。

（1）供（喷）油量控制。

供（喷）油量控制是指在柴油机启动、怠速、正常运行等各种工况下，ECU 根据发动机转速信号、负荷信号（加速踏板位置信号）和内存控制模型来确定基本供（喷）油

量，再根据冷却水温度信号、进气温度信号、启动开关信号、空调开关信号、反馈信号等对供（喷）油量进行修正，是柴油机电控燃油喷射系统最主要的控制功能之一。

（2）供（喷）油正时控制。

供（喷）油正时控制是指在柴油机电控燃油喷射系统中，ECU 根据发动机转速信号、负荷信号和内存的控制模型来确定基本的供（喷）油提前角，再根据反馈信号进行修正，是柴油机电控燃油喷射系统最主要的控制功能之一。

（3）供（喷）油速率和供（喷）油规律的控制。

供（喷）油速率和供（喷）油规律的控制是指在柴油机电控燃油喷射系统中，ECU 以柴油机转速信号和负荷信号作为主控制信号，按预设的程序确定最佳的供（喷）油速率和供（喷）油规律。

（4）喷油压力的控制。

喷油压力的控制是指在柴油机电控燃油喷射系统中，ECU 以柴油机转速信号和负荷信号作为主控制信号，按预设的程序确定最佳的喷油压力，并对喷油压力进行闭环控制。

2. 怠速控制

柴油机的怠速控制主要包括怠速转速的控制和怠速时各缸均匀性的控制。

（1）怠速转速的控制。

怠速转速的控制是指怠速工况时，ECU 以柴油机转速信号和负荷信号作为主控制信号，按内存程序确定怠速时的供（喷）油量，并根据冷却水温度信号、进气温度信号、空调开关信号、转速（反馈）信号等，对怠速供（喷）油量进行修正控制，使怠速转速保持稳定。

（2）各缸均匀性的控制。

各缸均匀性的控制是指在共轨式第二代柴油机电控燃油喷射系统中，由 ECU 分别对各缸的喷油器进行控制（顺序喷射控制），ECU 可以通过精确测定曲轴转速，根据各缸做功行程中曲轴转速的变化确定各缸供（喷）油量的偏差，然后进行补偿调节。

3. 进气控制

柴油机的进气控制主要包括进气节流控制、可变进气涡流控制和可变配气正时控制。

（1）进气节流控制。

进气节流控制是指 ECU 主要根据柴油机转速信号和负荷信号，控制设在进气管中的节气门开度，以满足不同工况对进气流量的不同要求。

（2）可变进气涡流控制。

可变进气涡流控制是指 ECU 以柴油机转速和负荷作为主控制信号，按内存的程序对进气涡流强度进行控制，以满足不同工况对进气涡流强度的不同要求。

（3）可变配气正时控制。

可变配气正时控制是指 ECU 根据柴油机转速信号和负荷信号，按内存程序对配气正时进行控制，以满足不同工况对配气正时的不同要求。

4. 增压控制

柴油机工作时，ECU 根据转速信号、负荷信号、增压压力信号等，通过控制废气旁通阀的开度或废气喷射器的喷射角度、增压器涡轮废气进口截面大小等措施，实现对废气涡轮增压器工作状态和增压压力的控制，以改善柴油机的扭矩特性，提高加速性能，降低排放和噪声。

5. 排放控制

柴油机工作时，ECU 主要根据柴油机转速和负荷信号，按内存程序控制 EGR 阀开度，以调节 EGR 率。

6. 启动控制

柴油机冷启动时，ECU 根据启动时的冷却水温度决定电加热装置是否通电以及通电持续时间，并在柴油机启动后或启动温度较高时，自动切断电加热装置电源。

7. 巡航控制

当巡航控制开关工作时，ECU 可根据车速信号等自动维持汽车以一定车速行驶。

8. 故障自诊和失效保护

当柴油机电控系统出现故障时，自诊系统将点亮仪表盘上的“故障指示灯”，提醒驾驶员注意，并储存故障码，检修时可通过一定的操作程序调取故障码等信息；同时失效保护系统启动相应保护程序，使柴油能够继续保持运转或强制熄火。

三、柴油机电控燃油喷射系统的控制原理

柴油机电控燃油喷射系统由传感器、电控单元和执行器组成，如图 6—1 所示。传感器包括柴油发动机转速、加速踏板位置、控制套筒位置、针阀运动、车速及空气流量传感器等。电控单元（ECU）根据各种传感器实时检测到的信号参数，与电脑中预先存储的参数值或参数图谱相比较，经过计算和分析后，再把指令输送到执行器。执行器根据 ECU 指令，控制喷油量（齿条位置或电磁阀关闭持续时间）和喷油定时（定时控制阀开闭或电磁阀关阀始点）。

图 6—1　柴油机电控燃油喷射系统的组成

在汽油机电控燃油喷射系统中，喷油量完全是由喷油时间来决定的，即控制了喷油时间就控制了喷油量，而且汽油机对喷油正时的要求也不高。柴油机电控燃油喷射系统除了控制喷油量外，对喷油正时和喷油的压力都有很高的要求。柴油机的喷油压力，采用分隔式燃烧室柴油机的为 9.8～12.7MPa，采用统一式燃烧室柴油机的喷油压力高达 19.6MPa。

1. 传感器

传感器用来检测柴油机与汽车的运行状态，并将检测结果转换成电信号输送给 ECU，主要有加速踏板位置传感器、供油齿条位置传感器、滑套位置传感器、喷油压力传感器、分配泵正时活塞位置传感器、着火正时传感器、燃油温度传感器、发动机转速传感器、车速传感器、冷却水温度传感器等，柴油机电控燃油喷射系统所用的传感器结构原理，常采用电位计式、差动电感式或电磁感应式。

柴油机电控燃油喷射系统所用的很多传感器和信号开关，它们的结构和工作原理与汽油机电控系统的基本相同。

（1）加速踏板位置传感器。

加速踏板位置传感器用来检测加速踏板的位置并转变成电信号输入给 ECU，作为控制柴油机喷油量和喷油正时的主控制信号，按结构原理不同分为电位计式和差动电感式两种。

电位计式加速踏板位置传感器的控制电路，如图 6—2a 所示，其结构和工作原理与汽油机的节气门位置传感器基本相同。

差动电感式加速踏板位置传感器主要由铁心、感应线圈和线束连接器等组成，如图 6—2b 所示。推杆与加速踏板联动，铁心与推杆做成一体。当加速踏板的位置发生变化时，铁心在两个线圈中移动，使两个线圈内的自感电动势发生一增一减的变化，根据输出端线圈的电压信号即可确定加速踏板的位置。

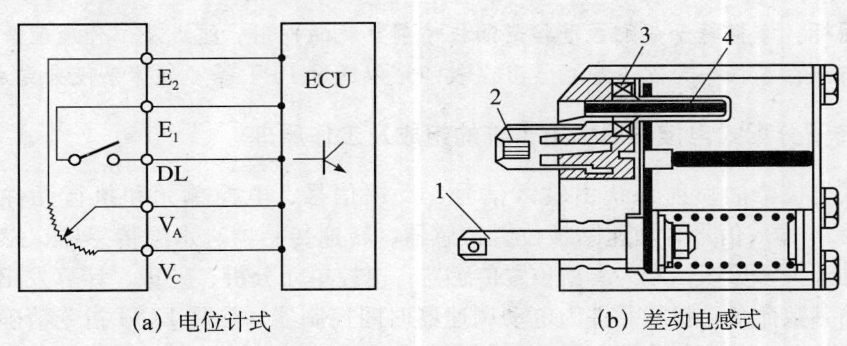

(a) 电位计式　　(b) 差动电感式

图 6—2　加速踏板位置传感器

1—推杆（受加速踏板作用力）；2—线束连接器；3—感应线圈；4—铁心

（2）着火正时传感器。

着火正时传感器用来检测气缸内混合气燃烧的开始时刻，一般为光电式。着火正时传感器主要由壳体、石英晶体棒、光敏晶体管、线束连接器等组成，如图 6—3 所示。当气缸内的混合气燃烧时，传感器内的光敏晶体管产生电压信号输出，ECU 根据此信号判断实际着火开始时刻，并对喷油正时进行修正。

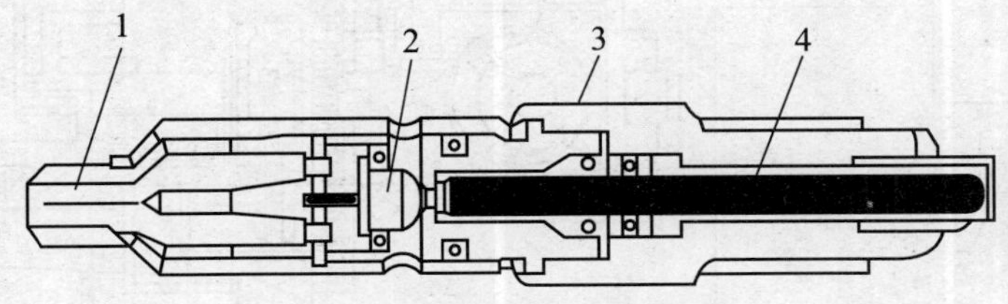

图 6—3　光电式着火正时传感器

1—线束连接器；2—光敏晶体管；3—壳体；4—石英晶体棒

（3）燃油温度传感器。

燃油温度传感器用来检测柴油的温度变化，ECU 根据此传感器信号对喷油量进行修正；一般采用热敏电阻式，其结构原理与进气温度传感器的结构原理基本相同。

2. 控制单元 ECU

控制单元 ECU 的功用是根据各传感器输入信号和内存程序，计算出供（喷）油量和供（喷）油开始时刻，并向执行元件发出指令信号。

3. 执行元件

执行元件主要是执行 ECU 的指令，调节柴油机的供（喷）油量和供（喷）油正时。常用的执行元件有：电子调速器、溢流控制电磁铁、电子控制正时控制阀、电子控制正时器、电磁溢流阀、高速电磁阀、电子液力控制喷油器等。

目前常见的轿车用柴油喷射装置可以分为轴向压缩式转子分配泵、泵喷嘴系统和共轨高压喷射系统三种类型。

学习任务二 转子分配电控柴油喷射系统

学习目标：掌握转子分配式电控柴油机喷射系统的作用、组成及工作原理。

学习方法：本任务为理论基础学习，教师可以通过 PPT 等多媒体手段来完成。

一、转子分配式电控柴油喷射系统的组成及工作原理

分配式电控柴油喷射系统由输入信号、反馈信号、电控单元和执行元件组成，如图 6—4所示。输入信号有加速踏板位置传感器、转速传感器、水温传感器、燃油温度传感器、启动开关；反馈信号为套筒位置传感器；电控单元分析、处理、计算发出喷油量及喷油提前角参数命令；执行元件为电动调速器时间控制器，接受 ECU 指令精确控制喷油量和喷油提前角。其控制功能有燃油喷射控制、进气节流控制、预热塞控制、自诊断和安全保护功能等。

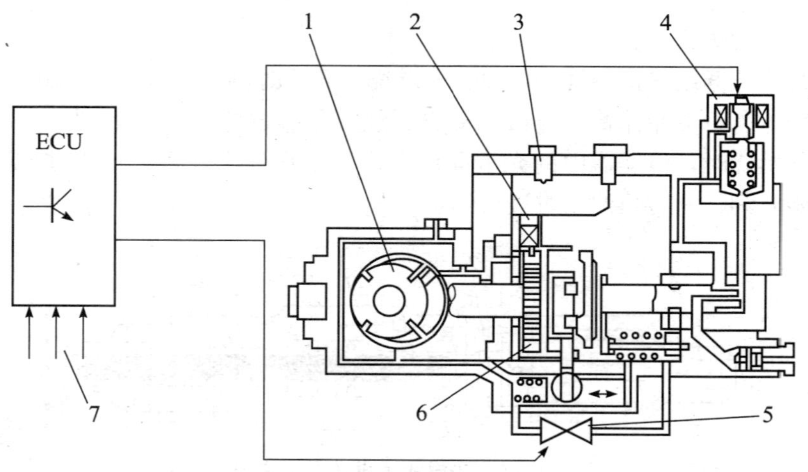

图 6—4 分配式电控柴油喷射系统组成

1—喷油泵；2—转速传感器；3—燃油温度传感器；4—溢流电磁阀；5—正时控制阀；6—脉冲发生器；7—其他传感器信号

1. 喷油量控制

喷油量控制是由 ECU 控制电子调速器中控制套筒的位置来实现增减喷油量，由转子式电磁执行器和油量控制机构组成。

工作原理：非对称磁极芯上绕有线圈，ECU 根据有关输入信号可通过改变占空比的方法控制流入线圈电流大小，使转子在 0～60％范围内旋转，通过转子轴端偏心安装的滚珠改变控制套筒的位置来实现喷油量的增减控制，转子上端有控制套筒位置传感器用于向 ECU 反馈喷油量的变化情况。

电子调速器结构如图 6—5 所示，主要由定子、线圈、转子轴和滑套位置传感器等组成，转子轴下端的偏心钢球伸入油量控制滑套的凹槽中。由于定子是不对称的，当给线圈通入的直流电电流变化时，就会产生使转子轴转动的电磁力矩；当电磁力矩与转子轴复位弹簧力矩平衡时，转子轴就会固定在某一位置；转子轴转动时，通过伸入滑套凹槽内的偏心钢球使滑套轴向移动，从而改变喷油泵的供油量。ECU 可以通过控制流经线圈的电流方向来控制转子轴的转动方向，通过控制通电占空比来控制转子轴转动的角度。滑套位置传感器安装在转子轴上，ECU 通过该传感器检测的转子轴位置信号确定油量，控制滑套的实际位置，并对滑套位置（即供油量）进行闭环控制。

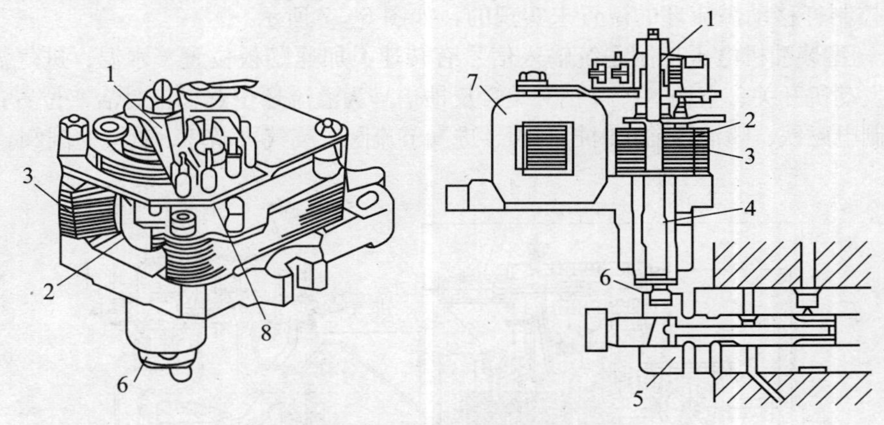

图 6—5　电子调速器结构

1—滑套位置传感器；2—转子；3—定子；4—转子轴；5—滑套；6—偏心钢球；7—线圈；8—复位弹簧

2. 喷油提前角的控制

电控分配泵喷油提前角的控制由时间控制器（定时器）控制。控制阀受 ECU 控制正时活塞高压室和低压室的中间通路，控制通往正时活塞高压室的油压来实现对喷油提前角的控制，如图 6—6 所示。ECU 主要根据柴油机转速和负荷传感器信号确定基本供油提前角，再根据冷却水温度等传感器信号进行修正，并通过电磁阀控制正时活塞左右两侧油腔内的燃油压力差，以改变正时活塞的位置；正时活塞左右移动时，通过传动销带动转子分配泵内的滚轮架转动，从而改变喷油泵的供油正时。

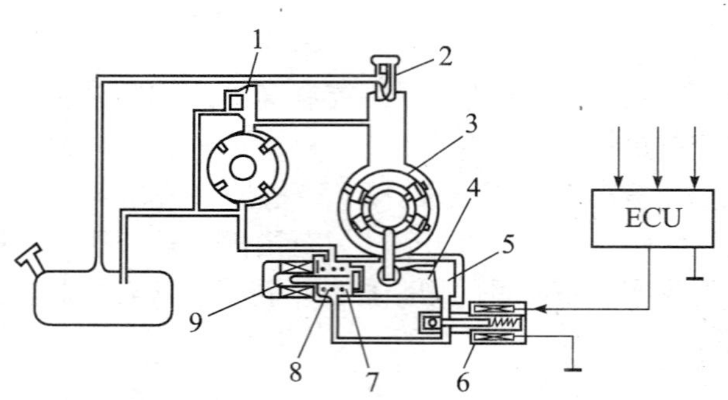

图 6—6　喷油提前角的控制

1—控制阀；2—溢流阀；3—滚轮架；4—正时活塞；5—高压腔；6—正时控制电磁阀；7—弹簧；8—低压腔；9—正时活塞位置传感器

二、典型系统介绍

1. 日本 ECD—Ⅰ型系统

ECD—Ⅰ型柴油机电子控制系统喷油量及喷油提前角采用电子控制方式，喷油量是采用电磁铁控制杆移动溢流环的位置来实现的，如图 6—7 所示。

ECD—Ⅰ型柴油机电子控制系统输入信号有转速、加速踏板位置、水温、进气温度、进气压力、发动机开关、空调、P/N 挡开关；反馈信号为溢流环位置、正时活塞位置；执行器有溢流控制电磁铁、喷油提前正时控制阀、进气节流阀、废气再循环、真空控制阀。

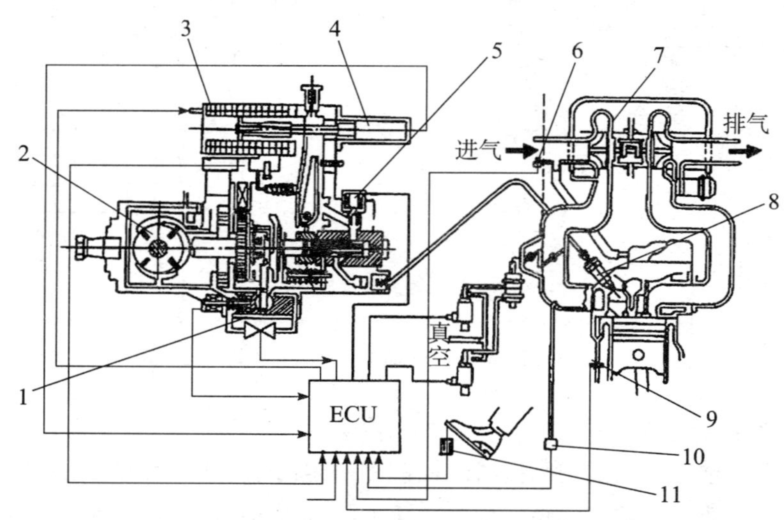

图 6—7　ECD—Ⅰ型柴油机电子控制系统

1—正时控制电磁阀；2—喷油泵；3—套筒控制电磁阀；4—滑套位置传感器；5—断油电磁阀；6—进气温度传感器；7—涡轮增压器；8—喷油器；9—冷却液温度传感器；10—进气压力传感器；11—加速踏板位置传感器

（1）喷油量控制。

喷油量控制原理如图 6—8 所示，ECU 通过滑套控制电磁阀来改变油量控制滑套的位置，实现对喷油量的控制。

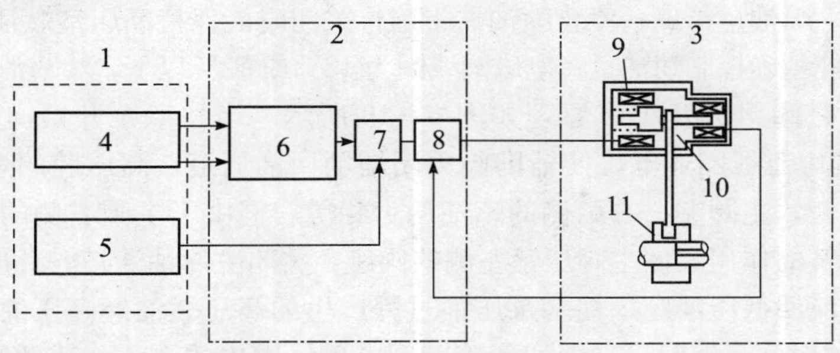

图 6—8　喷油量控制原理

1—传感器；2—发动机电脑；3—喷油泵；4—加速踏板传感器和转速传感器；
5—修正信号用的传感器；6—基本喷油量控制电路；7—补充控制电路；
8—修正控制电路；9—滑套控制电磁阀；10—活动铁芯；11—滑套

（2）喷油提前角。

由正时控制阀控制正时活塞位置，来控制高低压室的柴油压力差，从而实现喷油提前角的控制，如图 6—4 所示。

2. 日本 ECD—Ⅱ型系统

ECD—Ⅱ型柴油机电子控制系统如图 6—9 所示，通过 ECU 控制电磁溢流阀、定时开关溢流通路，实现控制喷油量的同时采用了着火正时传感器检测柴油混合气开始燃烧时刻，更精确的控制喷油提前角。

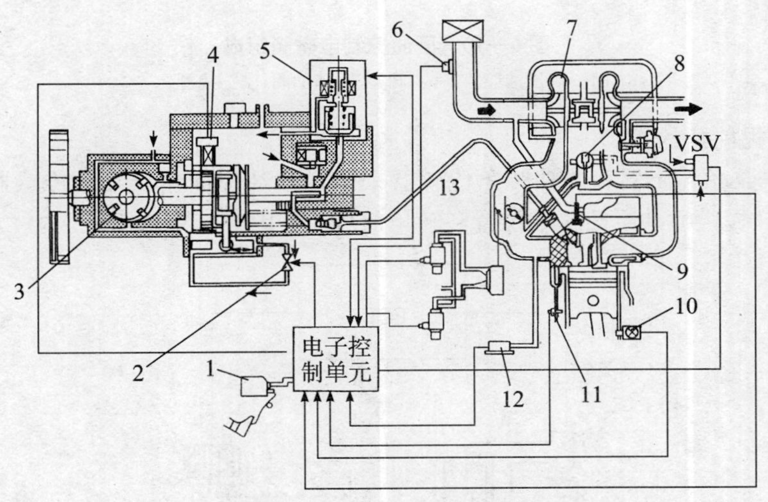

图 6—9　ECD—Ⅱ型柴油机电子控制系统

1—加速踏板位置传感器；2—正时控制器；3—喷油泵；4—泵角传感器；5—回油电磁阀；
6—进气温度传感器；7—增压器；8—废气再循环；9—着火正时传感器；
10—曲轴位置传感器；11—冷却液温度传感器；12—进气压力传感器；13—真空电磁阀

（1）喷油量控制。

通过回油控制电磁阀来控制柱塞泵回油时刻，以此控制喷油量。这种通过控制柱塞泵高压室与低压室的通路回油电磁阀的开启时刻，来改变柱塞的泵油行程的 ECD—Ⅱ型系统，具有通路简单迅速、喷油量精确；停止喷油器干脆；关闭时能保持高压室燃油玉力；响应快，发动机高速时也能精确控制喷油量；电磁阀线圈为 12V 或 12V 以下，功率消耗小等特点。

回油控制电磁阀组成及工作原理如图 6—10 所示。当柱塞泵开始向喷油器供油时，ECU 给辅助阀的电磁线圈通电，使辅助阀关闭辅助回油通道；高压腔的燃油经主阀上的小孔进入主阀右侧，主阀左、右两侧的燃油压力相等，但由于主阀右侧的承压面积较大，加之主阀回位弹簧的作用，使主阀压紧左侧的阀座，关闭主回油通道；此时柱塞泵的高压油腔的燃油不能流回低压油腔，柱塞泵压油过程产生的高压燃油经高压油管送往喷油器。当 ECU 确定喷油时间足够时，立即切断辅助阀电磁线圈中的电流，辅助阀在其回位弹簧作用下打开辅助回油通道，主阀右侧的高压燃油经辅助回油通道流回低压油腔，由于主阀上小孔的节流作用，使主阀右侧的油压迅速降低；一旦主阀右侧的油压泄掉，主阀左侧的高压油将主阀推开，柱塞泵高压油腔的燃油经主回油道迅速流回低压油腔，从而使高压油腔压力迅速降低，喷油器立即停止喷油。

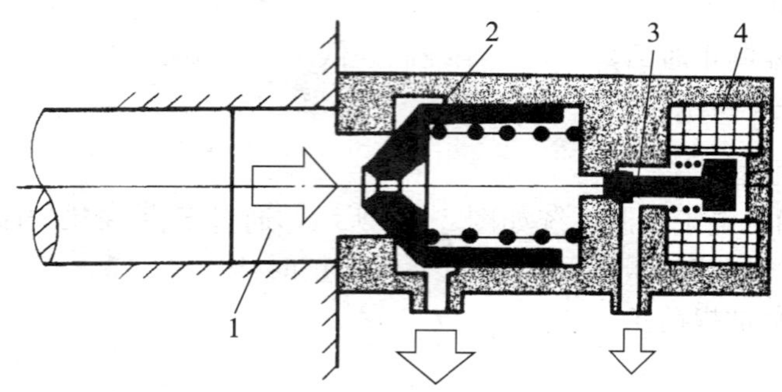

图 6—10　回油控制电磁阀组成

1—高压油腔；2—主阀；3—辅助阀；4—线圈

（2）喷油提前角的控制。

ECU 根据泵角传感器和曲轴转角传感器来确定喷油提前角，泵角传感器采用电磁感应式，向 ECU 提供喷油泵凸轮轴位置和转角信号，如图 6—11 所示。

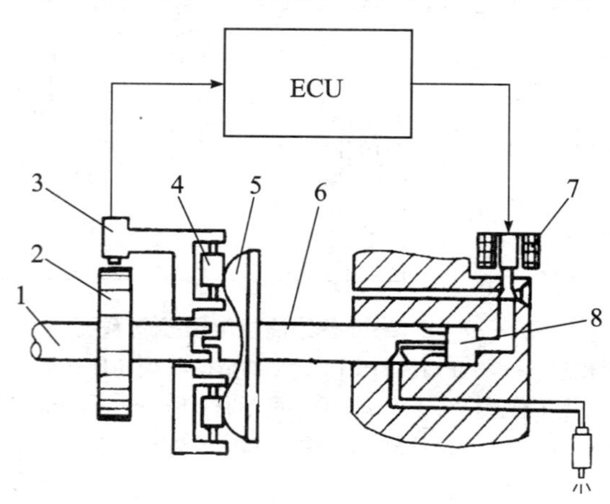

图 6—11　泵角传感器

1—驱动轴；2—转子；3—泵角传感器；4—滚轮；5—凸轮；6—柱塞；7—回油电磁阀；8—高压油腔

回油控制电磁阀采用双重阀的结构形式，设有辅助阀和主阀；辅助阀是受 ECU 控制的电磁阀，用来控制辅助回油通道；主阀的开闭是由液压控制的，用来控制主回油通道。

着火正时传感器将燃烧的光通过石英棒导入光敏三极管转为电信号，ECU 根据实际着火时刻修正喷油提前角。

3. 日本 I—TEC 系统

五十铃公司的 I—TEC（全电子控制式）是在转子分配式喷油泵基础上，增加电子控制装置形成的全电子控制式柴油机电控燃油喷射系统，其组成如图 6—12 所示。该系统的主要特点是：具有巡航控制功能，设有燃油温度传感器，不对喷油正时进行反馈控制。此外，加速踏板位置传感器采用差动电感式；进气节流（节气门）不受 ECU 控制，而是由进气节流调节阀控制。

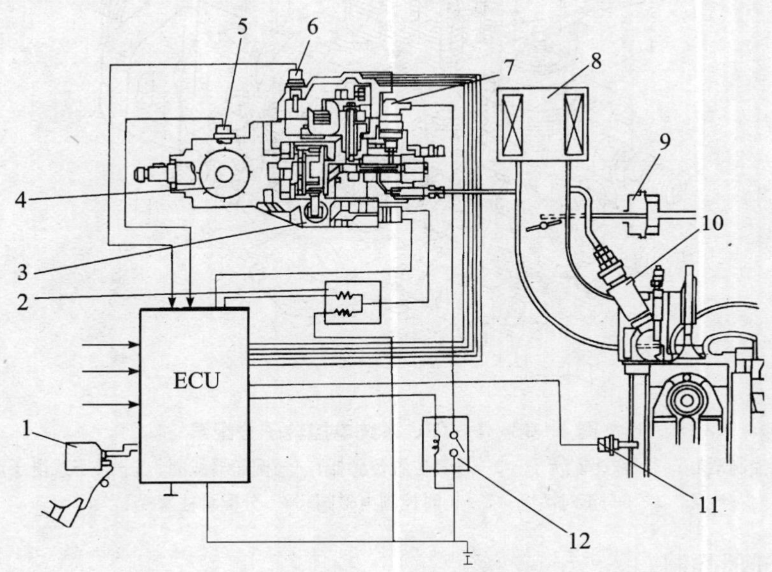

图 6—12　五十铃公司的 I—TEC 柴油机电控系统

1—加速踏板位置传感器；2—电阻器；3—正时控制器；4—喷油泵；5—转速传感器；6—燃油温度传感器；7—停油阀；8—空气滤清器；9—进气节流调节阀；10—喷油器；11—冷却液温度传感器；12—主继电器

（1）喷油量控制。

五十铃 I—TEC 系统利用转子式电子调速器直接控制喷油泵中的油量控制滑套，以实现对喷油量的控制。

五十铃 I—TEC 系统装用的电子控制转子分配式喷油泵如图 6—13 所示。分配泵中装用的转子式电子调速器主要由转子、定子和线圈等组成，由 ECU 控制调速器线圈的通电电流方向和占空比，以改变转子的旋转方向和角度，转子下端的轴插入油量控制滑套，由于转子轴下端是偏心的，所以当调速器转子转动时，油量控制滑套轴向移动，以调节供油量。滑套位置传感器安装在调速器转子上端，用于检测油量控制滑套的位置，向 ECU 提供喷油量闭环控制所需的反馈信号。

ECU 通过对喷油量的控制实现怠速转速控制和巡航控制功能。发动机怠速运转时，若冷却水温度低于正常温度，或空调开关开启，或蓄电池电压低于 11V，ECU 将控制电子调速器适当增加喷油量，使发动机以 800r/min 的转速运转；正常怠速时，ECU 通过控制电子调速器使发动机以 620r/min 的转速运转。汽车以巡航模式自动行驶时，ECU 根据各相关传感器信号，通过控制电子调速器调节喷油量，使汽车维持设定的巡航行驶车速。

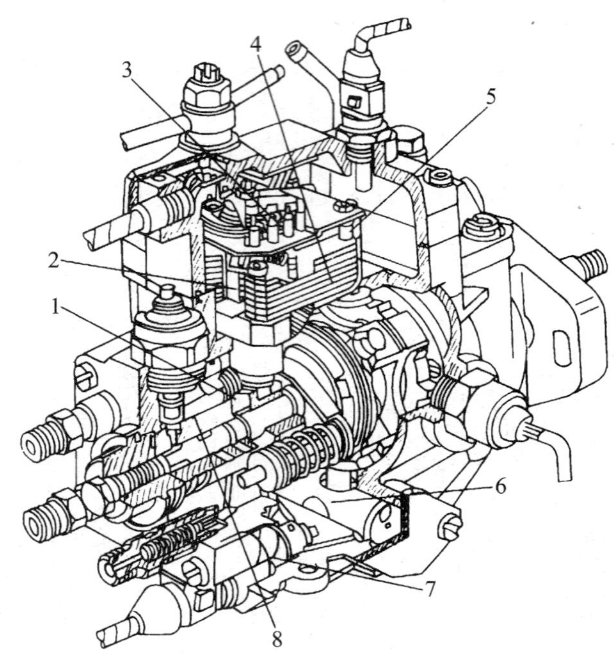

图 6—13　I—TEC 系统电控转子分配泵

1—油量控制滑套；2—调速器转子；3—滑套位置传感器；4—调速器线圈；5—转子式电子调速器
6—正时活塞；7—正时控制电磁阀；8—分配泵柱塞

（2）喷油正时控制。

五十铃 I—TEC 系统的喷油正时控制方法与丰田 ECD 系统的基本相同，只是没有反馈信号传感器，对喷油正时不采用反馈控制方式。

学习任务三　电控泵喷嘴/单体泵柴油喷射系统

学习目标： 掌握电控泵喷嘴/单体泵柴油机喷射系统的作用、组成及工作原理。
学习方法： 本任务为理论基础学习，教师可以通过 PPT 等多媒体手段来完成。

一、电控泵喷嘴/单体泵柴油喷射系统组成和工作原理

电控泵喷嘴/单体泵柴油喷射系统的最高喷油压力是由泵喷嘴系统（UIS）和电控单体泵（UPS）提供的。它具有较高的喷油压力（高达 205MPa），可以采用预喷和可变的喷油起点，常用于直喷式柴油机中。

电控泵喷嘴/单体泵柴油喷射系统由传感器、电控单元和执行器组成，如图 6—14 所示。电控单元通过控制电磁阀的触发时刻和触发时间的长短来控制喷油，即电磁阀的触发

时刻就是关闭时刻，亦为供油始点；触发时间的长短决定喷油量的多少。

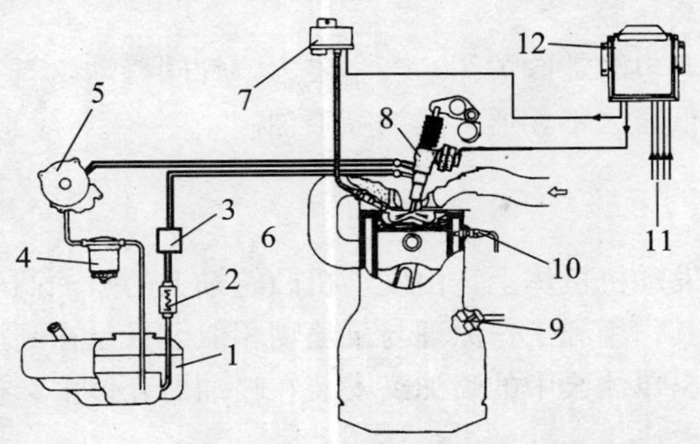

图 6—14　电控泵喷嘴/单体泵柴油喷射系统

1—油箱；2—燃油冷却器；3—压力调节器；4—燃油滤清器；5—燃油泵；6—电热塞；7—电热塞控制器；8—泵喷嘴；9—转速传感器；10—冷却液传感器；11—其他传感器；12—电控单元

二、泵喷嘴

泵喷嘴根据电控单元的指令，以精确的压力将燃油喷射到气缸中。泵喷嘴主要由泵体组件、泵柱塞、高速电磁阀和喷油嘴等组成，如图 6—15 所示。泵体组件和泵柱塞的作用是产生高压；高速电磁阀的作用是控制喷油起始时刻和喷油持续时间；喷油嘴的作用是将燃油雾化并精确定量分布到燃烧室中。

高速电磁阀由线圈、电磁阀、针阀、衔铁等组成，如图 6—16 所示。其作用是在正确的时刻引入喷油并通过精确的喷油持续时间保证精确的定量。

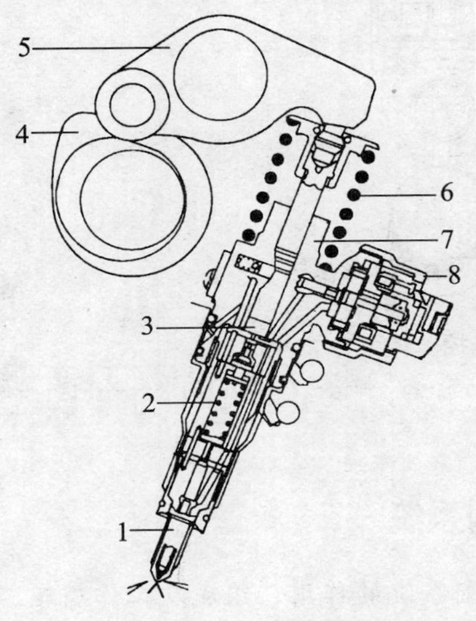

图 6—15　泵喷嘴

1—喷油嘴；2—压力弹簧；3—高压腔；4—凸轮轴；5—摇臂；6—回位弹簧；7—泵体；8—高速电磁阀

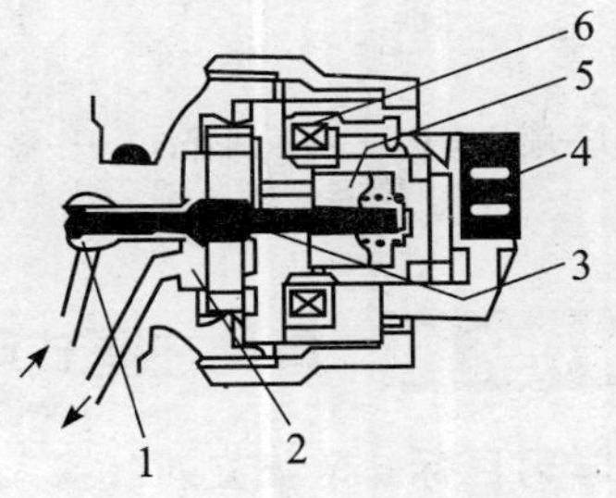

图 6—16　高速电磁阀

1—高压区；2—低压区；3—电磁阀；4—线束插头；5—衔铁；6—线圈

当磁铁线圈没有电流流过时，阀开启，泵的高压区和低压区相互连通。燃油可以从高压腔流出，也可以流进高压腔。

当电控单元给线圈通电时，阀关闭，产生磁力，针阀移动，直到和阀体在密封座上接触为止，泵的高压区和低压区不相通，喷油嘴喷油。

三、电控单体泵

电控单体泵安装在发动机机体上，由发动机凸轮轴上的喷油凸轮驱动。电控单体泵的结构如图 6—17 所示，其作用和工作原理与泵喷嘴相似，只是在高压电磁阀和喷油嘴之间有一个很短的高压油管。单体泵中的喷油嘴安装在喷油器壳体中，拆装维修方便。

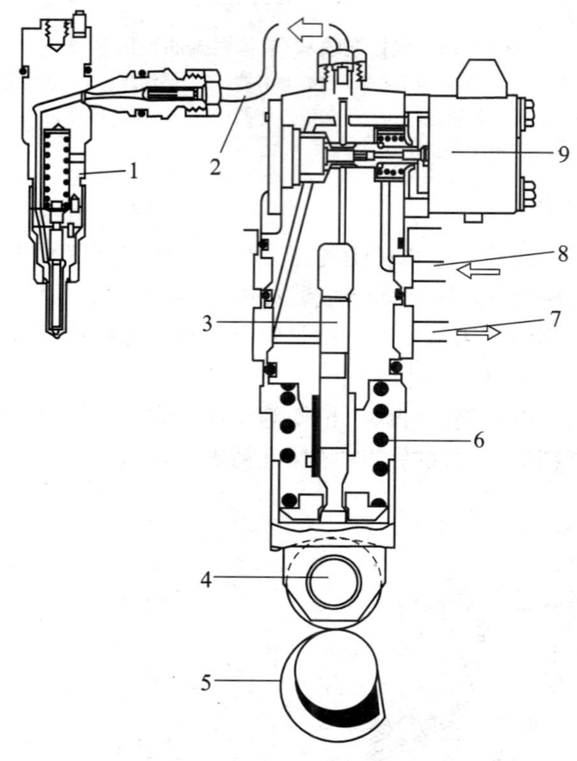

图 6—17　电控单体泵

1—喷油嘴；2—高压油管；3—柱塞；4—滚子销；5—凸轮；6—弹簧；7—低压区；8—高压区；9—电磁阀

学习任务四　直列柱塞式电控柴油喷射系统

学习目标： 掌握直列柱塞式电控柴油机喷射系统的作用、组成及工作原理。

学习方法： 本任务为理论基础学习，教师可以通过 PPT 等多媒体手段来完成。

一、直列柱塞式柴油机电控燃油喷射系统的组成及分类

直列柱塞式柴油机电控燃油喷射系统，分为占空比电磁阀式电子调速器和直流电机式电子调速器两种类型。装用直流电机式电子调速器的直列柱塞泵电控燃油喷射系统如图

6—18 所示，用电子调速器对喷油量进行控制；用正时控制器对喷油正时进行控制；并设有油量调节拉杆（或齿条）位置传感器和正时传感器，对喷油量和喷油正时的控制均采用闭环控制方式。

传感器有加速踏板位置传感器、水温传感器、转速/凸轮轴位置传感器、启动开关、空调开关等；实际动作反馈信号是指时间传感器和控制杆位置传感器（电动调速器内）；执行元件有电动调速器、电磁阀。其作用是执行精确喷油量和喷油提前角。

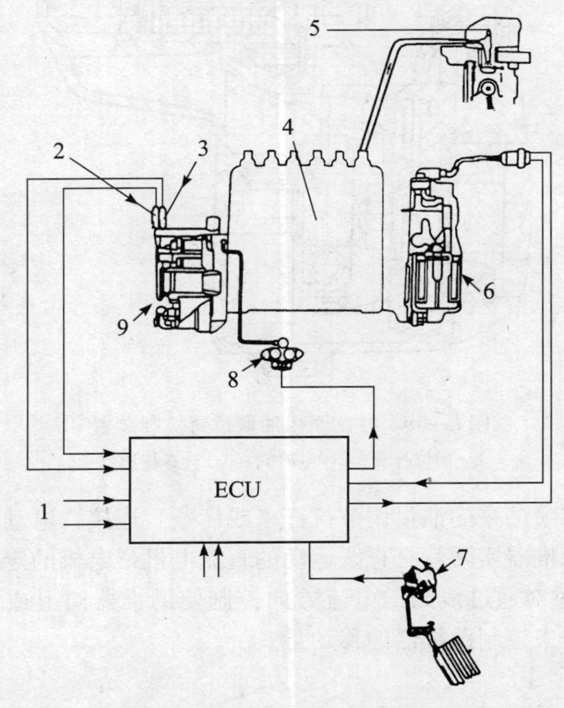

图 6—18　直列柱塞式柴油机电控燃油喷射系统

1—水温传感器；2—转速/凸轮轴位置传感器；3—时间传感器；4—喷油泵；5—喷油器；6—电动调速器；7—加速踏板位置传感器；8—电磁阀；9—正时控制器

二、直列柱塞式柴油机电控燃油喷射系统的工作原理

1. 喷油量控制

ECU 对输入控制信号和反馈进行分析处理计算发出相应的喷油量及喷油提前角命令。

占空比电磁阀式电子调速器结构如图 6—19 所示，主要由回位弹簧、电磁阀和转速传感器组成。电磁阀中的铁心与喷油泵的供油齿条连成一体，当控制电流通过电磁线圈时，产生一个作用在铁心上的、与通电占空比（平均电流）成正比的电磁力，铁心推动供油齿条移动，当电磁力与供油齿条回位弹簧力平衡时，供油齿条就停止在某一位置上，改变电磁阀通电占空比，即可调节供油齿条的位置。同时，设置一个供油齿条位置传感器，向 ECU 输送供油齿条实际位置的反馈信号，即可实现供油量的闭环控制。供油齿条位置传感器和发动机转速传感器一般安装在电子调速器内。

直流电机式电子调速器结构如图 6—20 所示，主要由电动助推器、杠杆机构和控制杆

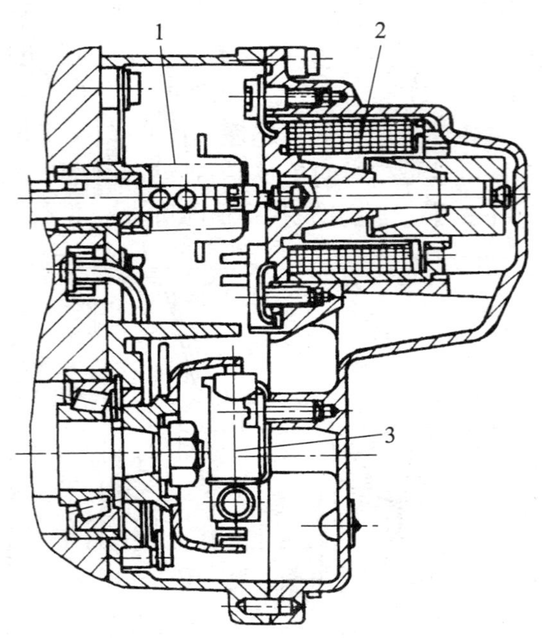

图 6—19　柱塞泵供油量位置控制装置

1—回位弹簧；2—电磁阀；3—转速传感器

等组成，控制杆直接与喷油泵的油量调节拉杆（或齿条）连接，电动助推器通过杠杆机构与控制杆连接。电动助推器实际就是直线运动的直流电机，电机的定子线圈位于圆柱形的径向磁场中，ECU 通过对通过线圈的电流方向控制使助推器向上或向下移动，通过输送不同占空比的控制信号来控制助推器的移动量。

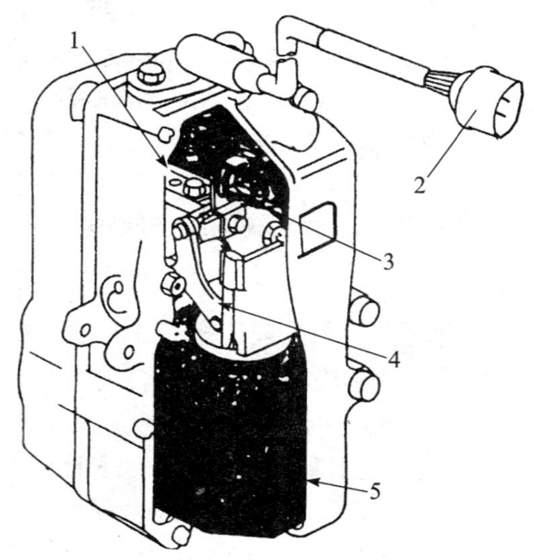

图 6—20　柱塞泵直流电机式电子调速器

1—控制杆；2—线束连接器；3—控制杆位置传感器；4—杠杆机构；5—电动助推器

2. 喷油提前角控制

ECU 控制电磁阀来控制发动机机油泵进入时间控制器的油压，使时间控制器动作改变喷油泵凸轮轴与油泵驱动轴曲轴相对位置来实现的。电磁阀结构双组式，其结构如图 6—21 所示，电磁阀上设有三个液压通道，进油孔与发动机润滑系的主油道相通，回油孔与发动机油底壳连通，供油孔则通向正时控制器；正时控制电磁阀由两个电磁阀组成，两个电磁阀接收相同的控制信号，分别控制进油通道和回油通道的开度。ECU 根据各传感器信号确定喷油正时，并向正时控制电磁阀发送相应的控制信号，控制电磁阀的开度，以调节作用在正时控制器活塞上的液压力，从而实现对喷油正时的控制。

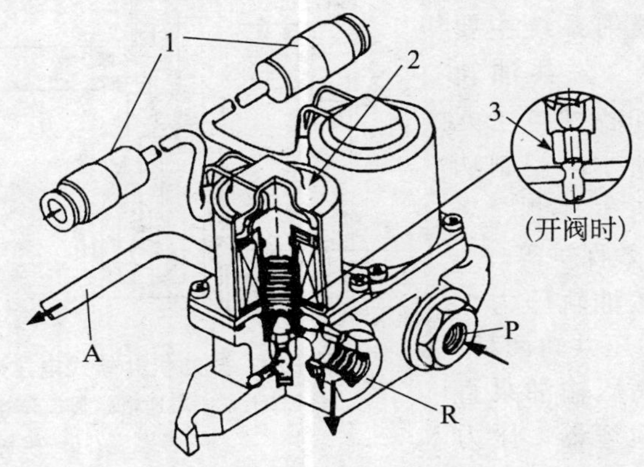

图 6—21　正时控制电磁阀

1—线束连接器；2—电磁阀；3—柱塞阀；P—进油孔（发动机主油道进入电磁阀）；
R—回油孔（回流通道，一部分机油流回发动机油底壳）；A—供油孔（控制油压流入时间控制器）

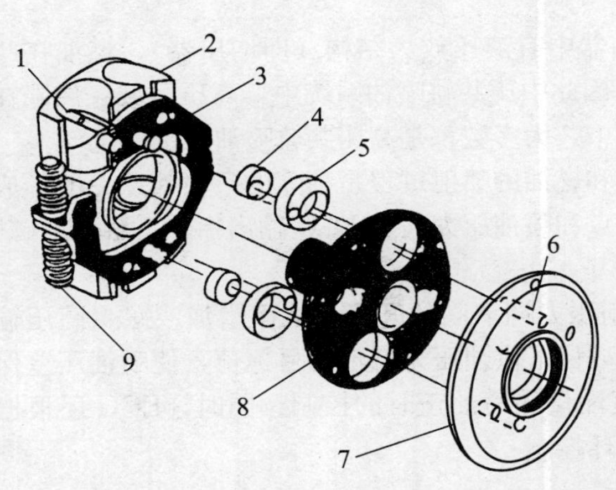

图 6—22　柱塞泵正时控制器的组成

1—活塞；2—缸体；3—销轴；4—小偏心轮；5—大偏心轮；
6—驱动盘销；7—驱动盘；8—凸轮轴法兰；9—调整弹簧

ECU 控制电磁阀调节 R 孔的回流量，从而控制从供油孔 A 通往时间控制器的油压，控制调节活塞位置来实现喷油提前时间调节。

正时控制器安装在喷油泵驱动轴和凸轮轴之间，为电控液压式，ECU 通过电磁阀控制正时控制器的液压通道，以实现对喷油正时的控制，其组成如图 6—22 所示，主要由缸体、活塞、偏心轮、凸轮轴法兰、驱动盘、调整弹簧等组成。驱动盘与喷油泵驱动轴相连，凸轮轴法兰则与喷油泵凸轮轴连接，偏心轮松套在活塞轴销上，改变作用在活塞上的液压力，即可使活塞的位置发生变化，活塞上的销轴通过偏心轮带动凸轮轴法兰相对驱动盘偏转，即喷油泵凸轮轴相对发动机曲轴偏转一定角度，从而改变喷油正时。

学习任务五 共轨式电控柴油喷射系统

学习目标： 掌握共轨式电控柴油机喷射系统的作用、组成及工作原理。

学习方法： 本任务为理论基础学习，教师可以通过 PPT 等多媒体手段来完成。

一、共轨式电控柴油喷射系统的组成及控制原理

共轨是指系统中有公共的油轨。如果该系统只有一个油轨，即各缸喷油器共用一个高压油轨，这种类型为单油轨；如果该系统有两个油轨，即机油共轨和柴油共轨。柴油机共轨燃油喷射系统主要由油箱、高压输油泵、公共油轨（简称共轨）、喷油器和各种电子元件组成，如图 6—23 所示。控制功能有燃油喷射控制、进气控制、启动控制、故障自诊、失效保护等。

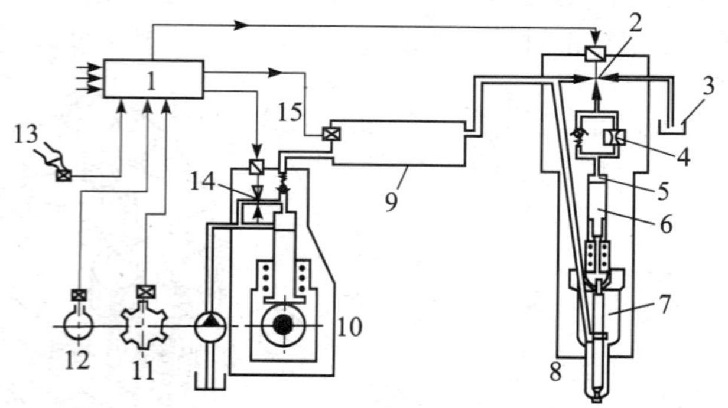

图 6—23 柴油机共轨式电控燃油喷射系统组成

1—ECU；2—三通电磁阀；3—油箱；4—节流孔；5—控制室；6—控制活塞；7—喷油器针阀偶件；8—喷油器；9—公共油轨；10—高压输油泵；11—柴油机转速传感器；12—曲轴位置传感器；13—加速踏板位置传感器；14—供油压力调节阀；15—燃油压力传感器

共轨柴油机系统按油轨压力大小可分为高压共轨和中压共轨两种。高压共轨的特点是：高压输油泵直接输出高压燃油到共轨容器，压力可达 120MPa。因此整个系统从高压输油泵到喷油器均处于高压状态。中压共轨中，输油泵输出的燃油是中、低压油，压力为 10～30MPa，由此压力燃油进入共轨，然后进入喷油器。喷油器中有液压放大结构（即增压器），燃油在此被加压到 120MPa 以上，然后再喷入气缸。因此中压共轨喷油系统中，高压区域仅局限在喷油器中。目前已投入使用的共轨喷油系统中，大多数都是高压共轨喷油系统。

柴油机共轨喷射系统中，压力的形成和燃油的喷射过程是独立的，喷油压力的形成取决于发动机的转速和喷油的数量。喷油始点和喷油压力通过 ECU 输出指令，触发电磁阀，再将燃油喷入气缸。

ECU 根据柴油机的转速、负荷等控制压力调节阀的开度，从而增加或减少高压输油泵的供油量，实现对共轨中油压的控制，以保证供油压力稳定在目标值，使喷油压差保持不变，再通过控制三通电磁阀工作实现喷油量和喷油正时的控制。同时，ECU 还根据燃油压力传感器信号对共轨中的油压进行闭环控制。

二、油轨

高压油轨为一个，油液为高压柴油，喷油器为电/液控制式，喷油器的顶部装有一个三通电磁阀。由 ECU 根据各传感器信号控制电磁阀工作，如图 6—24 所示。

美国 Caterpillar 公司开发的 HEUI（Hydraulic Electronic Unit Injector）电控喷油系统为双油轨系统，即机油共轨和柴油共轨，两条共轨均是在气缸盖内部加工的通道，如图 6—25 所示。

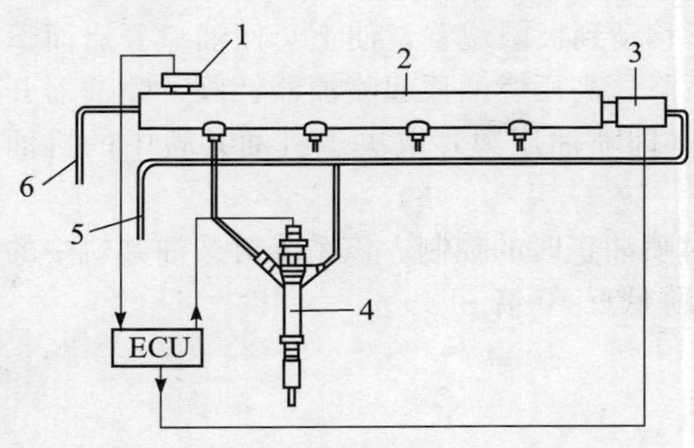

图 6—24　单轨系统组成

1—燃油压力调节器；2—高压油轨；3—限压阀；4—喷油器；5—回油管；6—高压油管

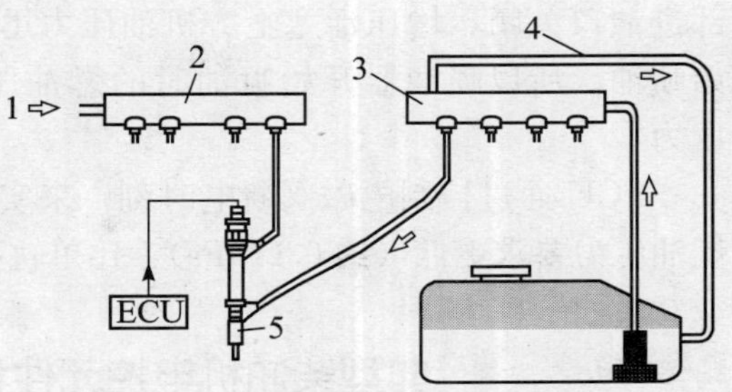

图 6—25　双轨系统组成

1—高压机油；2—机油共轨；3—燃油共轨；4—回油管；5—喷油器

在双轨系统中，ECU 根据各传感器信号通过机油压力控制阀来调节机油共轨中的机油压力，从而实现对喷油器喷油量的控制。在机油共轨上装有机油压力传感器，ECU 按此传感器信号对机油压力进行闭环控制。

三、喷油器

共轨式电控柴油喷射系统采用的喷油器为电/液喷油器，如图 6—26 所示。电磁阀安装在喷油器的上部，用来控制喷油器内控制室的进、回油通道。ECU 根据各传感器信号控制三通电磁阀工作情况。电磁阀不通电时，控制室进油通道开启、回油通道关闭，共轨中的高压油经电磁阀进入控制室；尽管喷油器下部的油腔始终与共轨中保持相等的高压（油腔与油轨经油道连通），但喷油器针阀的承压锥面比控制活塞上部承压面小，加之针阀上作用着回位弹簧弹力，所以电磁阀断电使高压油进入控制室时，喷油器不喷油。当 ECU 接通电磁阀电路时，电磁阀使控制室进油通道关闭、回油通道开启，从而使控制室油压迅速下降，喷油器油腔内的高压油将针阀顶起开始喷油，直到电磁阀再次断电使高压油进入控制室时，喷油器喷油结束。

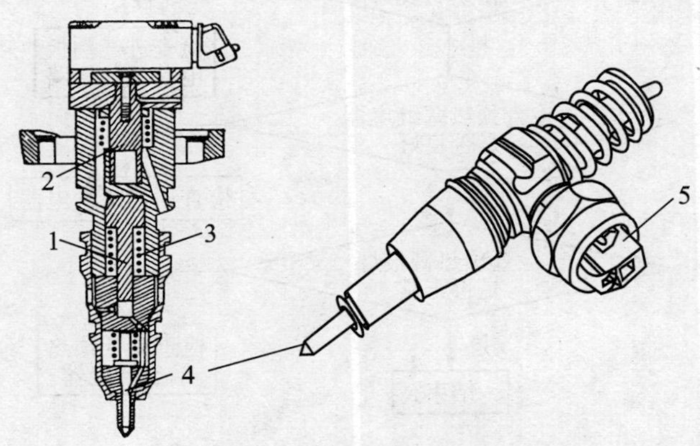

图 6—26　共轨系统喷油器

1—增压活塞；2—控制阀；3—弹簧；4—喷油器针阀；5—线束插头

电磁阀断电时，控制阀在弹簧作用下向下移动到极限位置，使上总回油口开启而下部进油口关闭，增压活塞上方机油压力迅速下降，高压燃油顶起喷油器针阀，喷油器开始喷油。所以喷油器开始喷油时的燃油压力（即喷油压力）取决于机油共轨中的机油压力。

ECU 通过控制电磁阀断电时刻，来实现对喷油正时的控制。该系统对柴油共轨中的燃油压力要求更低（约 0.2MPa），比单轨系统降低近 10 倍。

学习任务六 典型柴油机电控元件检测

学习目标： 掌握喷油正时控制的作用、类型及控制原理。

学习方法： 本任务为理论基础学习，教师可以通过 PPT 等多媒体手段来讲解。

一、捷达电控柴油机主要元件检测

1. 执行元件诊断流程

执行元件诊断流程如图 6—27 所示。

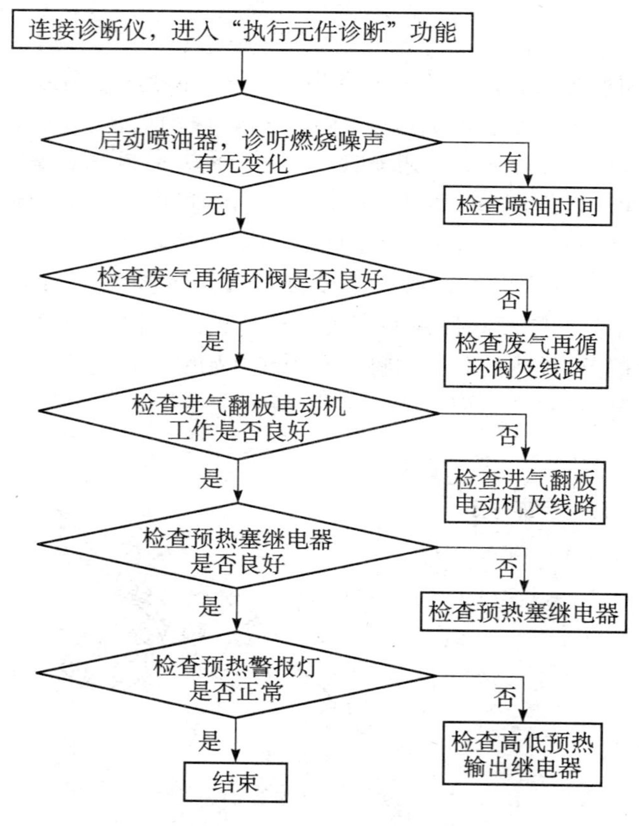

图 6—27　执行元件诊断流程

2. 数据块的读取和分析

（1）显示组 000 数据分析（发动机怠速，冷却液温度不低于 80℃）。

显示屏	含义	标准值
10	非相关显示	
9	燃油温度	91～201
8	进气歧管温度	138～190
7	冷却液温度	35～80
6	大气压力	181～222
5	非相关显示	
4	喷油量	15～45
3	加速踏板位置	0
2	喷油始点	37～75
1	发动机转速	41～45

（2）显示组 001 数据分析（发动机怠速，冷却液温度不低于 80℃）。

显示屏	含义	标准值	分析说明
4	冷却液温度	80～110℃	
3	调节活塞位置传感器电压	1.5～2.1V	低于 1.5V 时，说明喷油过浓；高于 2.1V 时，说明发动机过冷或喷油过稀
2	喷油量	3～9mg/H	高于 9mg/H 时，可能发动机过冷、燃油不足等
1	发动机转速	861～945r/min	

（3）显示组 002 数据分析（发动机怠速，冷却液温度不低于 80℃）。

显示屏	含义	标准值	分析说明
4	冷却液温度	80～110℃	
3	运行条件	010	010 第 3 位→空调压缩机打开 第 2 位→怠速开关关闭 第 1 位→空调打开，怠速转速升高
2	加速踏板位置	0.0%	若在 1%～100%之间，说明加速踏板位置传感器失效或线路断路
1	发动机转速	861～945r/min	

（4）显示组 003 数据分析（发动机怠速，冷却液温度不低于 80℃）。

显示屏 1　2　3　4	含义	标准值	分析说明
4	EGR 阀占空比	40%～75%	
3	实际进气量	230～370 mg/H	低于 230 mg/H 时，说明废气再循环过度或进气系统漏气 高于 370 mg/H 时，说明发动机过冷；废气再循环不足；空气流量计失效
2	标准进气量	230～370 mg/H	
1	发动机转速	861～945r/min	

（5）显示组 004 数据分析（发动机怠速，冷却液温度不低于 80℃）。

显示屏 1　2　3　4	含义	标准值	分析说明
4	喷油嘴占空比	AGR/AHF/ALH/ASV 发动机为 3%～80%；AGP/AQM 发动机为 2%～80%	超出标准值时，说明传感器不正确或未安装；电路断路或与车身之间短路；凸轮轴位置（霍尔传感器）失效或安装不正确
3	实际喷油始点	AGR/AHF/ALH/ASV 发动机为 2 °ATDC～3 °ATDC；AGP/AQM 发动机为 0 °ATDC～3°ATDC	若高于标准值时，说明发动机过冷或喷油泵设置太提前或喷油始点信号失效；低于标准值时，说明喷油泵设置滞后或喷油嘴失效
2	标准喷油始点		
1	发动机转速	861～945r/min	

（6）显示组 005 数据分析（发动机启动状态）。

显示屏 1　2　3　4	含义	标准值	分析说明
4	冷却液温度	80～110℃	
3	实际喷油始点信号	0～3°ATDC	
2	启动时喷油量	15～24mg/H	超出规定值，转速过低或过高
1	发动机转速	861～945r/min	

（7）显示组 007 数据分析（发动机不工作，点火开关处于 ON 位置）。

显示屏 1 2 3 4	含义	标准值	分析说明
4	冷却液温度	80～110℃	
3	进气歧管温度	5～40℃	若显示 136.8℃时，说明进气歧管温度传感器失效
2			
1	燃油温度	20～80℃	若显示－5.4℃时，说明燃油温度传感器损坏或线路短路

（8）显示组 013 数据分析（发动机怠速，冷却液温度不低于 80℃）。

显示屏 1 2 3 4	含义	标准值	分析说明
4	稳定怠速时 4 缸喷油量	－1.90～＋1.90mg/H	当各气缸间有差异时，可通过选择喷油量使之平衡
3	稳定怠速时 3 缸喷油量	－1.90～＋1.90mg/H	
2	稳定怠速时 2 缸喷油量	－1.90～＋1.90mg/H	
1	稳定怠速时 1 缸喷油量	－1.90～＋1.90mg/H	

（9）显示组 015 数据分析。

显示屏 1 2 3 4	含义	标准值	分析说明
4	喷油量	0	通过加速踏板传递信息
3	燃油消耗	0.35～1.2L/H	
2	实际喷油量	3～9mg/H	
1	发动机转速	861～945r/min	

3. 主要元件性能检测

（1）冷却液温度传感器检测。

1）连接诊断仪 VAG1552，启动发动机并怠速运转，观察冷却液温度变化情况，应均匀上升，否则应检查传感器本身及线路。

2）关闭点火开关，拔下线束插头，如图 6—28 所示。测量 3、4 之间阻值，参照表 6—1。若不符合要求，应更换传感器。

3）检查线路是否断路，线路间是否有短路。要求导线阻值应小于 1.5Ω。

（2）进气温度传感器检测。

1）连接诊断仪 VAG1552，启动发动机并怠速运转，观察进气歧管温度变化情况，应均匀上升，否则应检查传感器本身及线路。

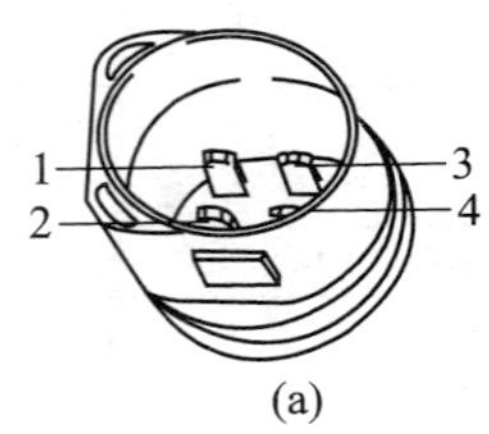

(a)

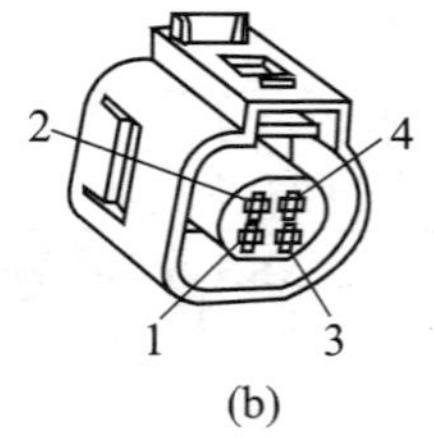

(b)

图 6—28　冷却液温度传感器检测

表 6—1　冷却液温度传感器阻值与温度之间的对应关系

0℃	4 500～6 500Ω	50℃	950～1 000Ω
10℃	3 500～4 500Ω	60℃	600～700Ω
20℃	2 500～3 000Ω	70℃	400～500Ω
30℃	1 500～2 000Ω	80℃	275～375Ω
40℃	800～1 400Ω	100℃	150～220Ω

2）关闭点火开关，拔下线束插头，如图 6—29 所示。测量 1、2 之间阻值，参照表 6—2。若不符合要求，应更换传感器。

3）检查线路是否断路，线路间是否有短路。要求导线阻值应小于 1.5Ω。

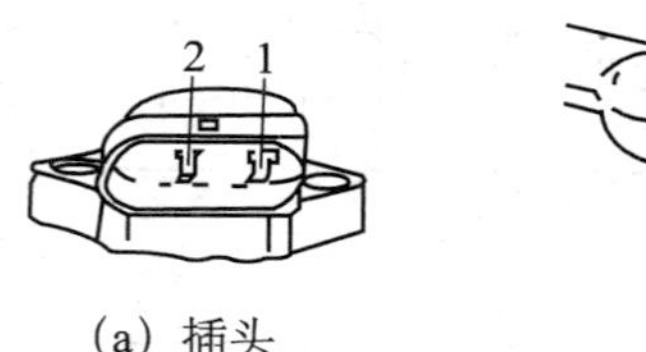

(a) 插头　　(b) 插座

图 6—29　进气温度传感器线束插头

表 6—2　进气歧管温度传感器阻值与温度之间的对应关系

0℃	4 500～6 500Ω	50℃	950～1 000Ω
10℃	3 500～4 500Ω	60℃	600～700Ω
20℃	2 500～3 000Ω	70℃	400～500Ω
30℃	1 500～2 000Ω	80℃	275～375Ω
40℃	800～1 400Ω	100℃	150～220Ω

（3）发动机转速传感器检测。

1）关闭点火开关，拔下传感器插头，如图 6—30 所示，测量端子 1 与 2 之间阻值，应为 1.1～1.6kΩ，否则应更换转速传感器。

2）参照电路图，检查线路是否有短路或断路。

（4）喷油泵检测。

喷油泵线束连接器如图 6—31 所示，控制电路如图 6—32 所示，1、2、3 分别为油量

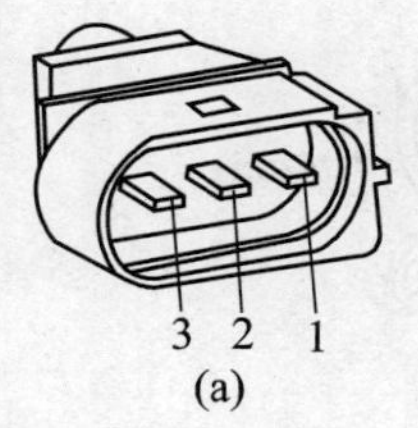

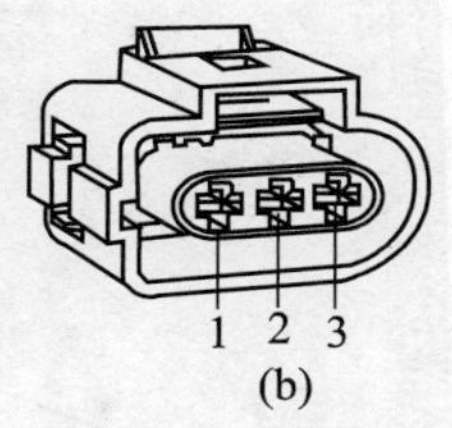

图 6—30　发动机转速传感器检测

控制滑套位置传感器的电源端子、信号端子和搭铁端子，4、7 分别为燃油温度传感器的信号端子和搭铁端子，5、6 分别为电源端子和控制端子，8 为断油电磁阀的控制端子，9、10 分别为正时控制电磁阀控制端子和电源端子。

1）测量端子 4 与 7 之间阻值，若不符合要求，说明燃油温度传感器损坏，应更换喷油泵。

2）测量端子 1 与 2、端子 2 与 3 之间的阻值，应在 4.9～7.5Ω 之间。若不符合要求，说明调节活塞位移传感器损坏，应更换喷油泵。

3）测量端子 5 与 6 之间的阻值，应在 0.5～2.5Ω 之间。若不符合要求，说明油量调节器损坏，应更换喷油泵。

4）测量端子 9 与 10 之间的阻值，应在 12～20Ω 之间。若不符合要求，说明油量调节器损坏，应更换喷油泵。

5）测量各导线是否有短路和断路情况。

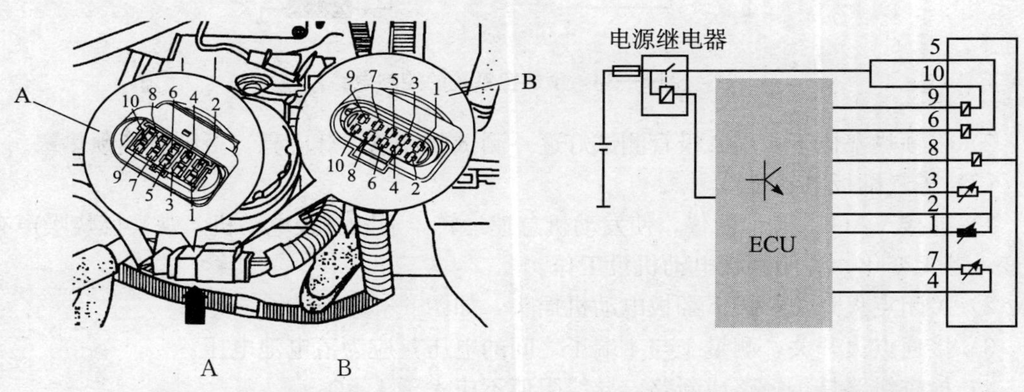

图 6—31　喷油泵检测　　**图 6—32　喷油泵检测电路**

（5）喷油嘴检测。

1）压力检查。连接喷油压力测试仪，连接方法如图 6—33 所示，然后，缓慢压下泵杆，观察开始喷油时的压力值，应在 190～200bar 之间，若低于 170bar 时，应更换。

2）渗漏检查。缓慢压下泵杆，当燃油压力达到 150bar 时，保持 10s，观察喷嘴处不应有油渗出，否则，应更换喷油嘴。

（6）预热塞检测。

1）预热塞系统的控制电路如图 6—34 所示，首先检查蓄电池电压应不低于 11.5V。

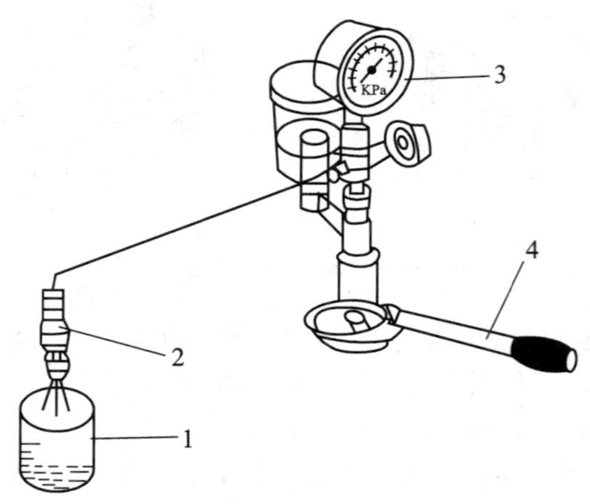

图 6—33　喷油压力测试仪连接方法

1—量杯；2—喷油器；3—压力测试仪；4—泵杆

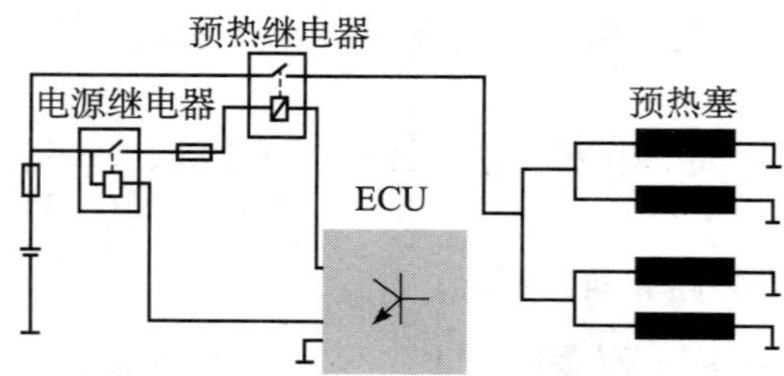

图 6—34　预热塞系统的控制电路

2）将预热塞拔下，用二极管测试灯逐一测试预热塞，灯应亮，否则更换预热塞。

（7）进气翻板电动机检测。

1）连接 VAG1551 诊断仪，使发动机怠速运转，通断翻板电动机，观察燃烧噪声有无改变，若无变化，说明翻板电动机没工作。

2）关闭点火开关，拔下翻板电动机插头，如图 6—35 所示。

3）接通点火开关，测量 1 与 4 端子之间的电压，应为蓄电池电压。

4）检查线路是否短路或断路，导线阻值不应大于 1.5Ω。

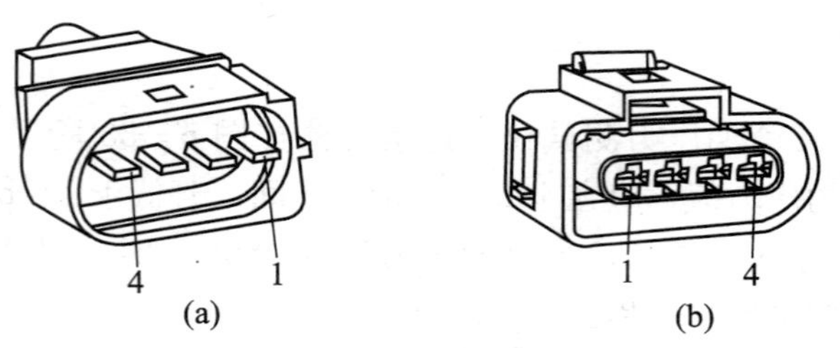

图 6—35　进气翻板电动机线束插头

二、宝来电控柴油车主要元件检测

1. 执行元件诊断流程

执行元件诊断流程如图 6—36 所示。

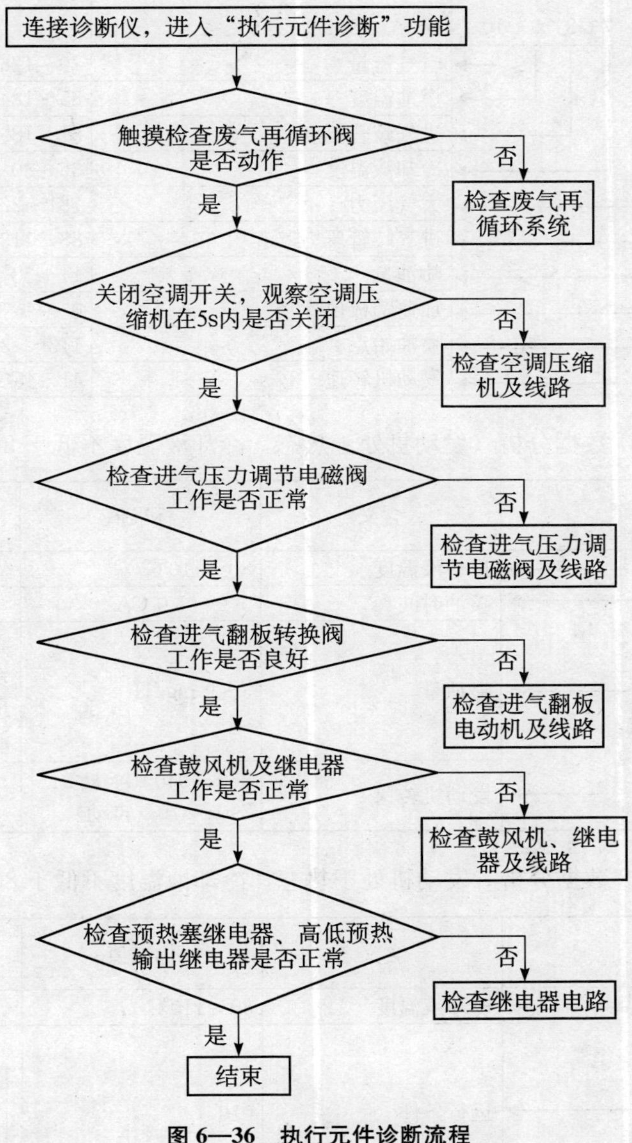

图 6—36　执行元件诊断流程

2. 数据块的读取和分析

（1）显示组 000 数据分析（发动机处于热态，冷却液温度不低于 80℃）。

显示屏	含义	标准值
10	空气流量	70～126
9	燃油温度	85～184
8	进气歧管温度	51～189
7	冷却液温度	36～80
6	大气压力	181～222
5	进气歧管压力	88～113
4	喷油量	11～33
3	加速踏板位置	0
2	喷油始点	113～133
1	发动机转速	41～45(手动)　38～42(自动)

（2）显示组 001 数据分析（发动机处于热态，冷却液温度不低于 80℃）。

显示屏	含义	标准值	分析说明
4	冷却液温度	80～110℃	
3	喷油时间	5.0～8.0°CA	
2	喷油量	3～9 mg/H	高于 9mg/H 时，可能发动机过冷；燃油不足；泵喷嘴失效；燃油系统内有空气等
1	发动机转速	860～940（手动） 790～870（自动）	

（3）显示组 002 数据分析（发动机处于热态，冷却液温度不低于 80℃）。

显示屏	含义	标准值	分析说明
4	冷却液温度	80～110℃	
3	运行条件	010	010 →空调压缩机打开 →怠速开关关闭 →空调打开，怠速转速升高
2	加速踏板位置	0.0%	若在 1%～100%之间，说明加速踏板位置传感器失效或线路断路
1	发动机转速	860～940（手动） 790～870（自动）	

（4）显示组 003 数据分析（发动机处于热态，冷却液温度不低于 80℃）。

显示屏	含义	标准值	分析说明
4	EGR 阀占空比	50%～70%	
3	实际进气量	230～420mg/H	低于 230 mg/H 时，说明废气再循环过渡或进气系统漏气 高于 420 mg/H 时，说明发动机过冷；废气再循环不足；空气流量计失效
2	标准进气量	230～420mg/H	
1	发动机转速	860～940（手动） 790～870（自动）	

（5）显示组 004 数据分析（发动机处于热态，冷却液温度不低于 80℃）。

显示屏	含义	标准值	分析说明
4	同步角	−3.0～3.0 °CA	超出标准值时，说明传感器不正确或未安装；电路断路或与车身之间短路；凸轮轴位置（霍尔传感器）失效或安装不正确
3	喷油时间	3.0～8.0 °CA	
2	喷油始点	2 °BTDC～4°BTDC	若高于 4°BTDC 时，说明发动机过冷
1	发动机转速	860～940（手动） 790～870（自动）	

（6）显示组 007 数据分析（发动机处于冷态，并不运转）。

显示屏	含义	标准值	分析说明
4	冷却液温度	为环境温度	与环境温度偏差较大时，则传感器失效或短路
3	进气歧管温度	为环境温度	若显示 135.9℃时，说明传感器失效
2	燃油冷却状态	断开时 0.0% 接通时 100%	
1	燃油温度	为环境温度	若显示 40.5℃时，说明传感器失效或短路

（7）显示组 013 数据分析（发动机处于热态，冷却液温度不低于 80℃）。

显示屏 1 2 3 4	含义	标准值	分析说明
4	稳定怠速时 4 缸喷油量	−2.80～+2.80 mg/H	当各气缸间有差异时，可通过选择喷油量使之平衡
3	稳定怠速时 3 缸喷油量	−2.80～+2.80 mg/H	
2	稳定怠速时 2 缸喷油量	−2.80～+2.80 mg/H	
1	稳定怠速时 1 缸喷油量	−2.80～+2.80 mg/H	

（8）显示组 018 数据分析（发动机处于热态，冷却液温度不低于 80℃）。

显示屏 1 2 3 4	含义	标准值	分析说明
4	4 缸泵喷嘴状态	0	若显示大于 0 的值时，说明泵喷嘴失效或断路；系统内有空气或缺油。
3	3 缸泵喷嘴状态	0	
2	2 缸泵喷嘴状态	0	
1	1 缸泵喷嘴状态	0	

3. 主要元件性能检测

（1）冷却液温度传感器检测（略，同上）。

（2）进气歧管压力/温度传感器检测（略，同上）。

（3）燃油温度传感器检测（略，同上）。

（4）空气流量计检测（略，同汽油机）。

（5）发动机转速传感器检测（略，同上）。

（6）进气歧管翻板转换阀检测。

1）检查翻板转换机构是否活动自如。

2）拔下翻板转换阀插头，如图 6—37 所示，测量触点之间的阻值，应为 25～45Ω。

3）启动发动机，测量插座端子 1 与 2 之间的电压，应为蓄电池电压；关闭点火开关，3s 后，电压应降至 0V。

4）测量线路阻值，应不大于 1.5Ω。

（7）泵喷嘴检测。

1）连接 VAG1551/2 检测仪，检查泵喷嘴工作状态，状态值应为 0。

2）泵喷嘴的插头插座如图 6—38 所示，测量 7 与 5、7 与 3、7 与 2、7 与 6 之间的阻值，应符合规定值 0.5Ω 左右。

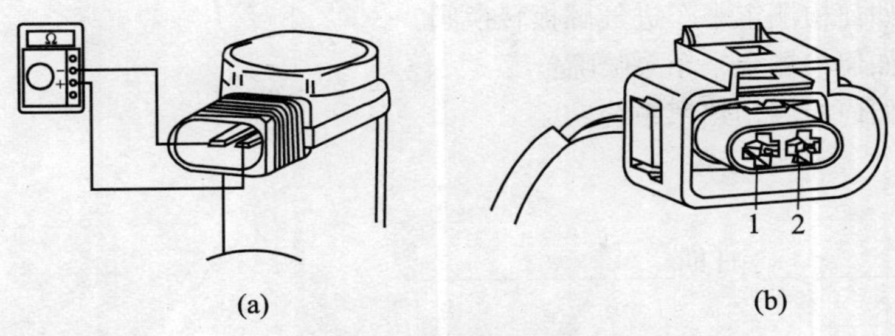

图 6—37　翻板转换阀插头

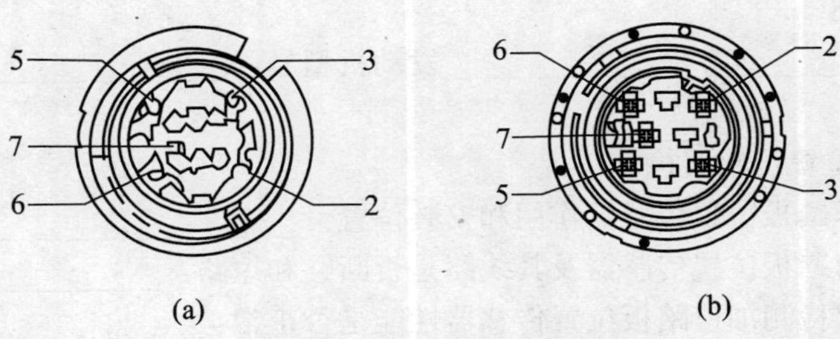

图 6—38　泵喷嘴插头插座

3）按电路图 6—39 所示，检查所有线路阻值，应不大于 1.5Ω。

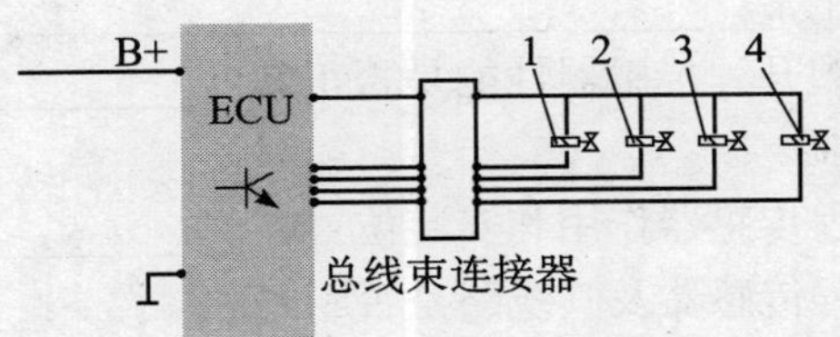

图 6—39　泵喷嘴检测电路

学习测试

测试 1：叙述柴油机电控燃油喷油喷射系统的几个发展阶段。

测试 2：叙述柴油机电控系统有哪些？

测试 3：转子分配泵电控系统是如何控制供油量和供油正时的？

测试 4：泵喷嘴电控系统是如何控制供油量和供油正时的？

测试 5：共轨系统分为几种类型？各有何特点？

测试 6：叙述共轨系统中电控喷油器的结构和工作原理。

测试 7：叙述故障诊断的基本程序。

测试 8：如何检测捷达车喷油泵？

测试 9：如何检测捷达车喷油器？

测试 10：如何检测捷达车进气翻板电机？

测试 11：如何检测宝来车进气翻板转换阀？

测试 12：如何检测宝来车泵喷嘴？

测试 13：如何检测预热塞系统？

工作单 1

姓名____________ 日期________________

传感器的检测

完成此工作单后，你将应该能够正确检测柴油机电控系统的各种传感器性能情况。

工具和材料：万用表、常用工具。

所检测汽车的描述

汽车型号：________________________发动机型号：________________________

步骤

1. 加速踏板位置传感器检查：

（1）描述加速踏板位置传感器作用和安装位置：______________________________。

（2）检查加速踏板位置传感器及其线路是否断路和短路：________________________。

（3）用诊断仪检测加速踏板位置传感器性能是否正常：__________________________。

2. 针阀升程传感器：

（1）描述针阀升程传感器作用和安装位置：____________________________________。

（2）检查针阀升程传感器及其线路是否断路和短路：____________________________。

（3）检查屏蔽线是否正常：____。

（4）用诊断仪检测针阀升程传感器性能是否正常：______________________________。

3. 调节滑块行程传感器：

（1）描述调节滑块行程传感器作用和安装位置：_______________________________。

（2）检查调节滑块行程传感器及其线路是否断路和短路：________________________。

（3）用诊断仪检测调节滑块行程传感器性能是否正常：__________________________。

4. 燃油温度传感器：

（1）描述燃油温度传感器的作用和安装位置：__________________________________。

（2）熟悉燃油温度传感器的电路图，端子为：__________________________________。

（3）检查线路间、端子间是否断路或短路：____________________________________。

5. 空气流量计：

（1）描述空气流量计的作用：____。

（2）描述空气流量计安装位置：____。

（3）连接诊断仪，启动发动机并怠速，读取数据块，显示的进气量为：________，标准值为：__________，说明：____。

（4）路试测量，全负荷从 1 500rpm 开始加速（2 档位置），当达到 3 000rpm 时，读取进气量为：__________，标准值为：__________，说明：____________________________。

测量触点间电压为：__________，标准值为：________________。

6. 结论：____。

指导老师评语：

____

____

____。

老师签名：　　　　年　　月　　日

工作单 2

姓名__________　日期______________

进气翻板转换机构的检测

完成此工作单后，你将应该能够正确检测柴油机进气翻板转换机构性能情况。

工具和材料：万用表、常用工具。

所检测汽车的描述

汽车型号：____________________发动机型号：____________________

步骤

1. 检查保险丝、电瓶电压是否正常：____________________________________。

2. 启动发动机，怠速运行，然后关闭发动机，观察并描述进气翻板动作：__________________________________。标准动作为关闭点火开关后，进气翻板随之关闭，约 3 秒钟后再次打开。如翻板动作不是标准状态，进行下面检查。

3. 检查进气翻板转换机构运动是否自如：______________________________。

4. 检查转换阀接柱间的阻值和电压，测量阻值为：__________，标准应为：__________；启动发动机并怠速，测量电压为：__________，标准为：__________。关闭点火开关 3 秒钟后，电压为：__________，标准为：__________。

5. 检查测试盒与插头间电路是否断路：______________________________。

6. 检查线路间、对地及对电瓶正极是否短路：__________________________。

7. 结论：____

____。

指导老师评语：

____

____

____。

老师签名：　　　　年　　月　　日

工作单 3

姓名__________　日期______________

喷油器的检测

完成此工作单后，你将应该能够正确检测柴油机喷油器性能情况。

工具和材料：油盆、柴油、常用工具、喷油器试验台。

所检测汽车的描述

汽车型号：____________________发动机型号：____________________

步骤

1. 描述喷油器的安装位置：______；描述喷油器的作用：______。

2. 正确拆下喷油器，写出其注意事项：______。

3. 将喷油器清洗干净，写出其注意事项：______。

4. 分解喷油器，写出其注意事项：______。

5. 喷油器检查：

（1）抽动针阀偶件，检查滑动情况是否正常：______。

（2）检查喷孔是否堵塞：______。

（3）检查喷油器壳体、推杆、调压弹簧、定位销螺母螺纹是否正常：______。

6. 装复喷油器：

（1）检查是否漏油，写出检漏方法：______。

（2）连接压力表，检查喷油器喷油压力为：______，标准为：______。

（3）检查喷油器的喷油量为：______，标准为：______。

（4）观察喷雾质量是否正常：______。

7. 结论：______。

指导老师评语：

______。

老师签名：　　　　　　年　　月　　日

工作单 4

姓名______　日期______

喷油泵的检测

完成此工作单后，你将应该能够正确检测柴油机喷油泵性能情况。

工具和材料：常用工具、SDI 发动机油泵。

所检测汽车的描述

汽车型号：______发动机型号：______

步骤

1. 描述喷油泵的安装位置：______；

描述喷油泵的作用：____。

2. 正确拆下喷油泵，写出其注意事项：____。

3. 分解喷油泵：写出其注意事项：____。

4. 检查喷油泵：

(1) 将柱塞从柱塞套筒中拉出，观察表面是否光亮：________，且呈________光泽，根据光泽分析柱塞磨损情况：____。

(2) 将柱塞偶件保持与水平线 60 度左右，拉出柱塞长度的 1/3 后放松柱塞，观察并描述其运动情况：____；根据运动情况分析说明：____。

(3) 密封性检查。方法是：用手指堵住进回油孔，另一只手将柱塞拉出 5～7mm，当感到有真空吸力时松开，描述柱塞运动情况：____________________________。根据运动情况分析说明：____。

(4) 检查出油阀。表面是否正常：________；滑动是否正常：________；密封性是否正常：________。

(5) 检查凸轮升程磨损量为：______________，标准为：____________。

(6) 检查滚轮滑动部件是否滑动自如：__________________________。

(7) 检查油量调节机构工作是否正常：__________________________。

(8) 检查柱塞弹簧和出油阀弹簧是否正常：______________________。

5. 结论：____。

指导老师评语：

____

____

____。

老师签名：　　　　　　　年　　月　　日

工作单 5

姓名____________　日期______________

泵喷嘴的检测

完成此工作单后，你将应该能够正确检测柴油机泵喷嘴性能情况。

工具和材料：VAG1551/1552 诊断仪、万用表、常用工具。

所检测汽车的描述

汽车型号：________________________发动机型号：________________________

步骤

1. 描述泵喷嘴的安装位置：________________________；描述泵喷嘴的作用：________________________
________________________。

2. 正确拆下泵喷嘴，写出其注意事项：________________________
________________________。

3. 画出泵喷嘴的控制电路：

4. 检查泵喷嘴：

（1）连接 VAG1551/1552 诊断仪，启动发动机，读取泵喷嘴状态值：____________。

（2）检测各缸泵喷嘴阻值：

1 缸泵喷嘴电阻值：____________，标准为：____________。

2 缸泵喷嘴电阻值：____________，标准为：____________。

3 缸泵喷嘴电阻值：____________，标准为：____________。

4 缸泵喷嘴电阻值：____________，标准为：____________。

（3）检查电路及对地是否短路：____________，规定值为：____________。

5. 结论：________________________
________________________。

指导老师评语：

____
____
________________________。

老师签名：　　　　　　年　　月　　日

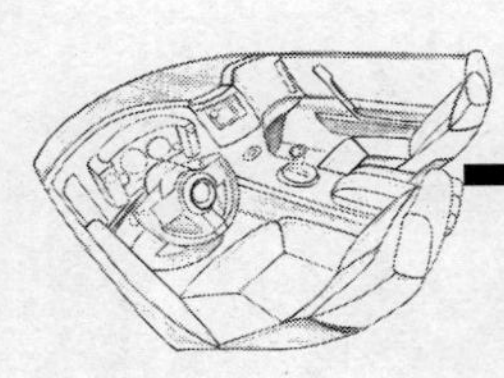

第七章

发动机常见故障诊断分析

引言

电控燃油喷射发动机发生故障后，应及时进行诊断维修。维修人员对故障车进行维修时，首先向车主了解故障发生的时间、现象、故障发生前后的情况、近期检修情况等，对车主提供的信息要认真分析。然后对车外部进行检查，例如检查各真空软管是否损坏、是否连接错误、是否堵塞，检查发动机有无明显的漏油、漏气或外部损伤现象，检查各线束连接器是否连接可靠等。当确定非一般性故障时，可借助仪器进行诊断。

学习任务一　发动机不能启动故障诊断

学习目标：使学生能运用万用表、诊断仪以及示波器等仪器来诊断和排除发动机不能启动的故障。

学习方法：本任务为实践技能学习，学生分组在实验室由实训指导教师指导完成。

一、故障现象和原因

1. 故障现象

（1）发动机有着火征兆，但不能启动。

（2）启动发动机时，发动机无着火征兆。

2. 故障原因

（1）燃油箱油量不足。

（2）管路、滤网或燃油滤清器堵塞、渗漏等。

（3）电动燃油泵或油泵继电器故障。

（4）燃油压力调节器故障。

（5）喷油器故障。

（6）空气流量计或进气压力传感器故障。

（7）冷却液温度传感器故障。

（8）节气门、节气门位置传感器故障。

（9）发动机转速、凸轮轴位置传感器故障。

（10）怠速控制装置故障。

（11）电控单元故障。

（12）点火系统故障。

（13）启动系统故障。

（14）其他机械故障。

二、故障诊断流程

（1）发动机有着火征兆但不启动故障诊断流程。

发动机有着火征兆但不启动故障的诊断流程如图 7—1 所示。

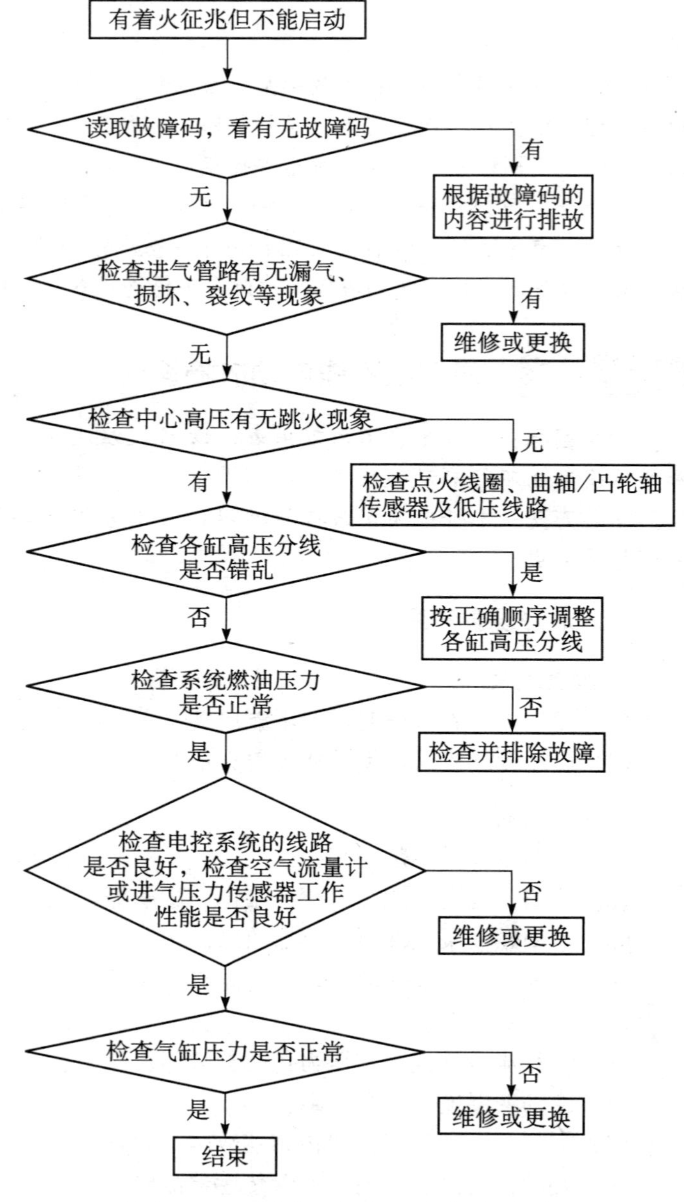

图 7—1　有着火征兆但不启动故障诊断流程

(2) 发动机不转或转动很慢故障诊断流程。

发动机无着火征兆故障的诊断流程如图 7—2 所示。

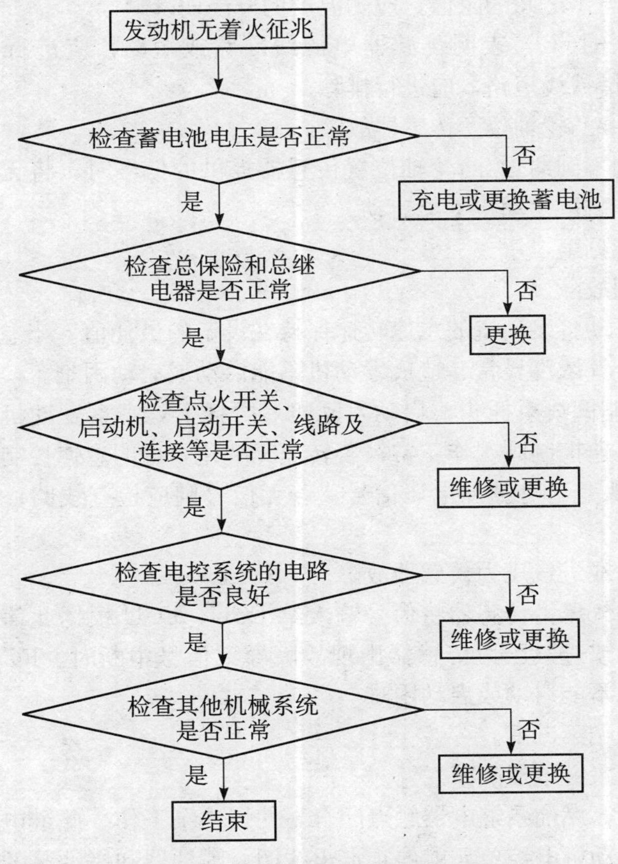

图 7—2　无着火征兆故障诊断流程

三、故障诊断与排除

(1) 冷却液温度传感器故障。

若冷却液温度传感器提供给 ECU 的信号失准，则会造成发动机冷车或热车不能启动。

检查冷却液温度传感器本身或线路是否有故障。以 AJR 发动机为例，其电路如图 7—3所示。

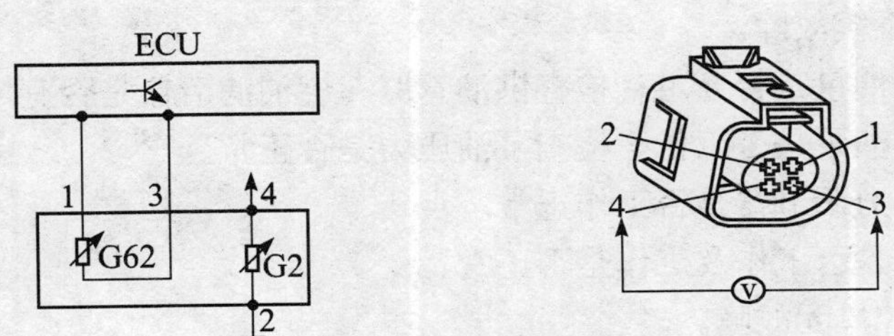

图 7—3　冷却液温度传感器电路

1—接水温表；2，3—搭铁；4—电源线

1）使用诊断仪 VAG1551/2 读取冷却液温度，发动机热机时应为 80～105℃；冷态时应为环境温度。

2）测量端子 3 与 1 之间的阻值，应随温度的升高而降低。

3）如数据显示－46℃，表明传感器电源线断路或短路，应进行排除；如数据显示 141℃，表明传感器搭铁线短路，应进行排除。

（2）发动机曲轴/凸轮轴位置传感器故障。

若电控单元检测不到曲轴/凸轮轴位置传感器提供的信号时，将无法控制发动机的喷油正时和点火正时，所以发动机不能启动。

检查方法和步骤见第二章。

（3）怠速控制阀故障。

怠速控制阀能自动将发动机的怠速转速保持在设定的最佳值。当怠速控制阀出现故障时，会使发动机混合气浓度异常，造成发动机不能启动或启动困难。

1）拔下怠速控制阀线束插头，启动发动机后再插上，观察发动机转速有无变化，若转速有变化，说明怠速控制阀工作正常；若转速无变化，说明怠速控制阀不工作。

2）检查线束插头是否有脉冲电压信号，若无信号则应检查线路；若有信号则表明控制阀损坏。

（4）空气流量计或进气压力传感器故障。

空气流量计或进气压力传感器将信号输入给 ECU，ECU 根据此信号控制燃油喷射和点火。当空气流量计或进气压力传感器出现故障导致信号中断时，ECU 使发动机进入应急状态，造成发动机不能启动或启动困难。

检查方法和步骤见第二章。

（5）燃油泵及油泵继电器故障。

接通点火开关时，燃油泵继电器触点闭合，使燃油泵工作。此继电器短路、断路或连接线路发生故障，发动机电控单元就停止点火线圈、喷油器和燃油泵的工作，发动机不能启动。

检查方法和步骤见第二章。

（6）点火系统与启动系统故障。

点火系统故障可能会使发动机点火能量低或点火正时不准，导致发动机不能启动。点火系统常见的故障有火花塞损坏、点火线圈损坏、分电器损坏及连接导线损坏等。

启动系统可能出现启动继电器、启动开关、线路及启动机本身等故障，而导致发动机不能工作或启动无力等。

（7）燃油供给系统故障。

1）检查油箱中油量是否充足；检查供油管路、燃油滤清器是否有堵塞或渗漏等现象。

2）检查电动燃油泵是否工作；检查泵油压力是否正常。

3）检查燃油压力调节器是否工作正常。

4）检查喷油器是否工作及工作是否正常。

（8）发动机电控单元故障。

1）电控单元自身或线路出现故障后，将不能有效接收信号和输出执行信号。

2）检查钥匙是否是非法钥匙；检查通信线路、电控单元编码、防盗系统等是否正常。

另外，电控单元更换后若没有和电子防盗系统进行匹配，也会引起发动机电控单元锁死，此时发动机只能短暂启动，随后立即停止转动。

（9）空气供给系统故障。

1）检查空气滤清器是否堵塞，若有堵塞现象时，进气量减小，混合气过浓，使发动机不能启动。

2）检查进气管路是否漏气，若有漏气，则这些空气将不经空气流量计检测直接进入气缸，使气缸的混合气过稀，发动机不能启动。

3）检查节气门运动是否灵活，若有卡滞，将使气缸内的混合气浓度异常，导致发动机不能启动。

（10）机械系统故障。

发动机机械方面，如气门关闭不严、缸垫密封不严、活塞环与缸壁间隙过大、火花塞座孔漏气等现象，将导致气缸压力过低，使发动机不能启动或启动困难。

学习任务二　发动机启动困难故障诊断

学习目标：使学生能运用万用表、诊断仪以及示波器等仪器来诊断和排除发动机启动困难故障。

学习方法：本任务为实践技能学习，学生分组在实验室由实训指导教师指导完成。

一、故障现象和原因

1. 故障现象

（1）冷车启动困难，是指启动机能带动发动机转动，但启动困难，甚至不能启动。

（2）热车启动困难，是指冷车启动正常，而热车时启动困难，甚至不能启动。

2. 故障原因

（1）燃油箱油量不足。

（2）管路、滤网或燃油滤清器堵塞、渗漏等。

（3）电动燃油泵或油泵继电器故障。

（4）燃油压力调节器故障。

（5）喷油器故障。

（6）空气流量计或进气压力传感器故障。

（7）冷却液温度传感器故障。

（8）节气门、节气门位置传感器故障。

（9）发动机转速、凸轮轴位置传感器故障。

（10）怠速控制装置故障。

（11）电控单元故障。

（12）点火系统故障。

（13）启动系统故障。

（14）其他机械故障。

二、故障诊断流程

（1）发动机冷车不能启动故障诊断流程。

发动机冷车不能启动故障的诊断流程如图 7—4 所示。

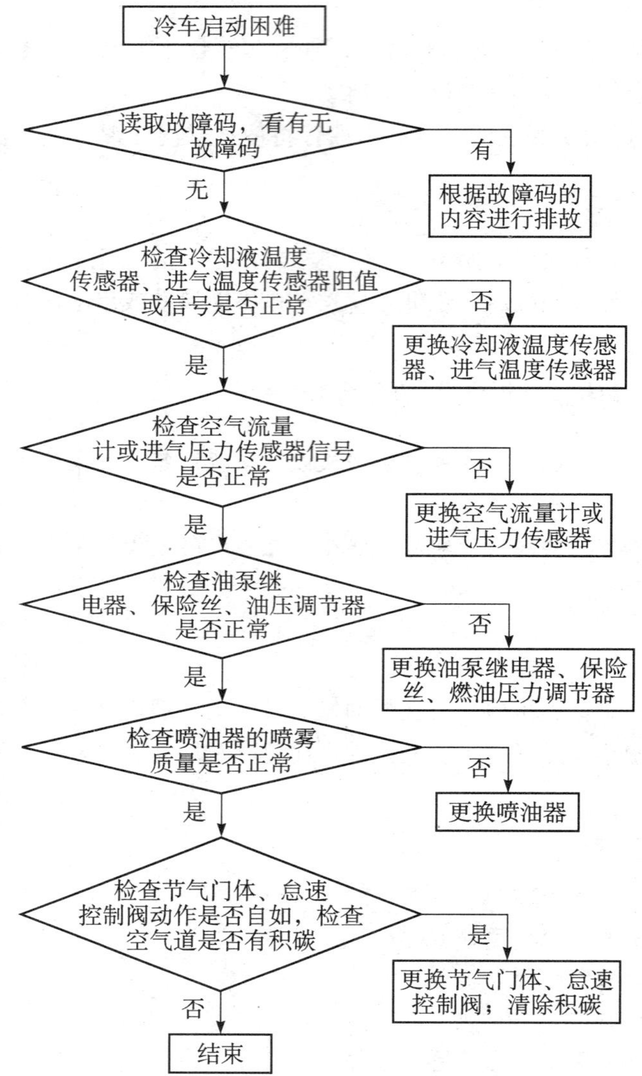

图 7—4　发动机冷车不能启动故障诊断流程

（2）发动机热车不能启动故障诊断流程。

发动机热车不能启动故障的诊断流程如图 7—5 所示。

三、故障诊断与排除

（1）检查冷却液温度传感器。

（2）检查发动机曲轴/凸轮轴位置传感器。

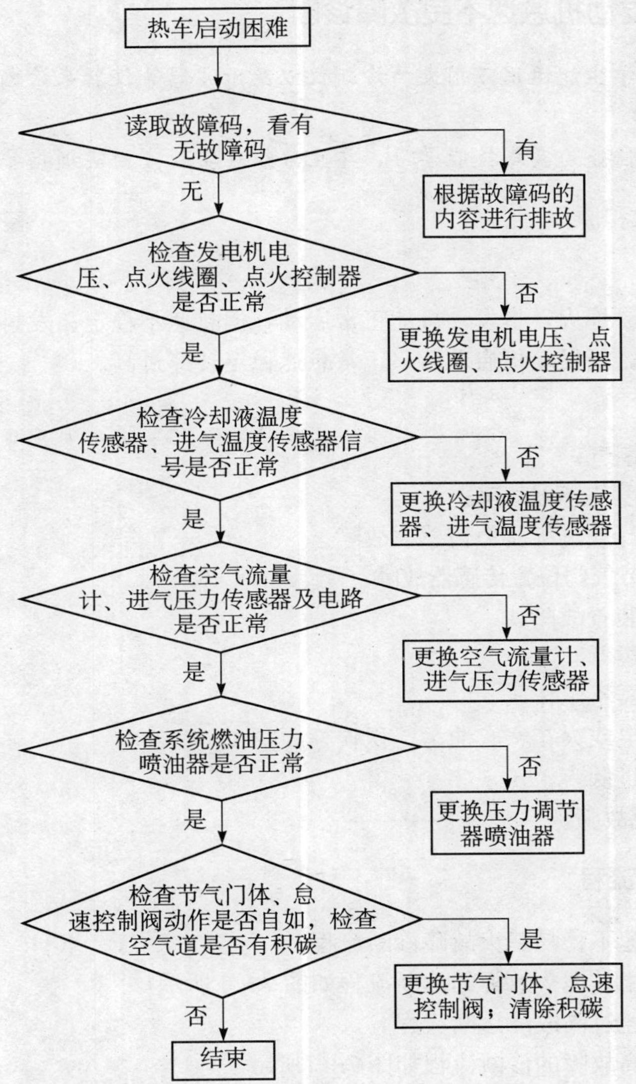

图 7—5　发动机热车不能启动故障诊断流程

(3) 检查怠速控制阀。

(4) 检查空气流量计或进气压力传感器。

(5) 检查点火系。

(6) 检查空气供给系统。

(7) 检查节气门体、怠速控制装置。

(8) 检查燃油系统压力。

(9) 检查压力调节器。

(10) 检查电控单元。

学习任务三 发动机怠速不良故障诊断

学习目标： 使学生能运用万用表、诊断仪以及示波器等仪器来诊断和排除发动机怠速不良故障。

学习方法： 本任务为实践技能学习，学生分组在实验室由实训指导教师指导完成。

一、故障现象和原因

1. 故障现象

（1）怠速不稳易熄火，指发动机能正常启动，但怠速不稳定、发抖甚至熄火。

（2）怠速过高，指发动机启动后，正常怠速稳定转速过高。

2. 故障原因

（1）进气系统漏气。

（2）冷却液温度传感器故障。

（3）空气流量计或进气压力传感器故障。

（4）节气门、节气门位置传感器故障。

（5）怠速控制装置故障。

（6）燃油压力过低。

（7）个别喷油器不工作。

（8）高压线漏电或火花塞有油污、积碳等。

（9）气缸压力过低。

（10）电控单元故障。

二、故障诊断流程

（1）发动机怠速不稳易熄火故障诊断流程。

发动机怠速不稳易熄火故障的诊断流程如图 7—6 所示。

（2）发动机怠速过高故障诊断流程。

发动机怠速过高故障的诊断流程如图 7—7所示。

三、故障诊断与排除

（1）检查节气门位置传感器。

（2）检查空气流量计或进气压力传感器。

（3）检查怠速控制阀。

（4）检查点火正时。

（5）检查空调、动力转向器压力开关。

（6）检查燃油系统压力。

（7）检查喷油器。

（8）检查电控单元。

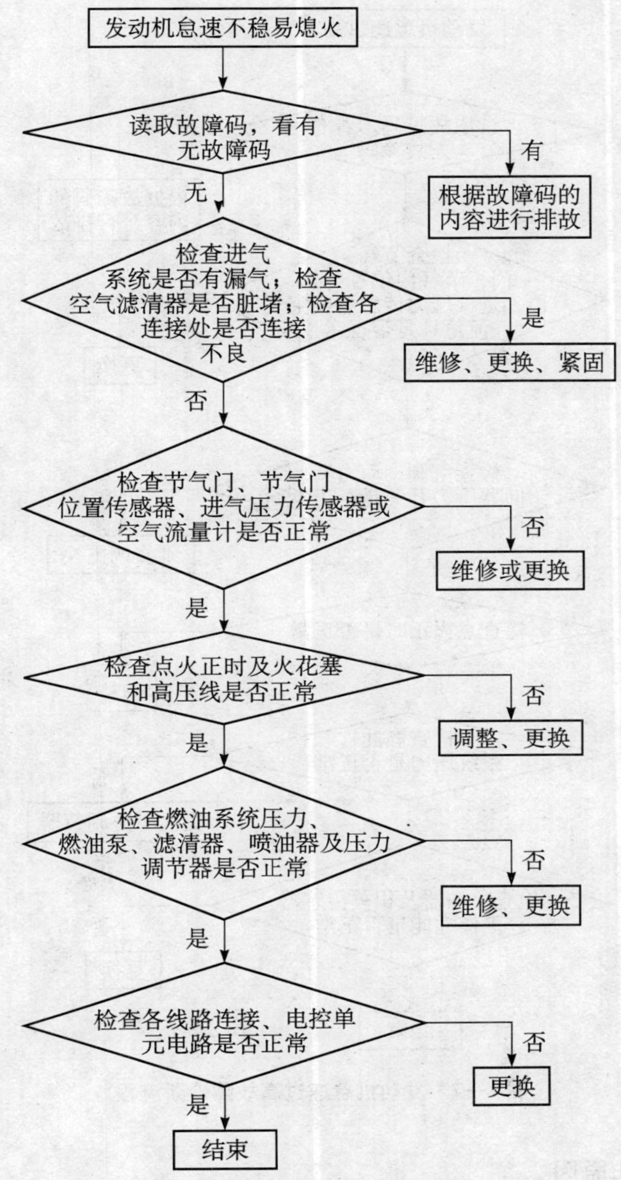

图 7—6　发动机怠速不稳易熄火故障诊断流程

学习任务四　发动机工作性能不良故障诊断

学习目标： 使学生能运用万用表、诊断仪以及示波器等仪器来诊断和排除发动机工作性能不良故障。

学习方法： 本任务为实践技能学习，学生分组在实验室由实训指导教师指导完成。

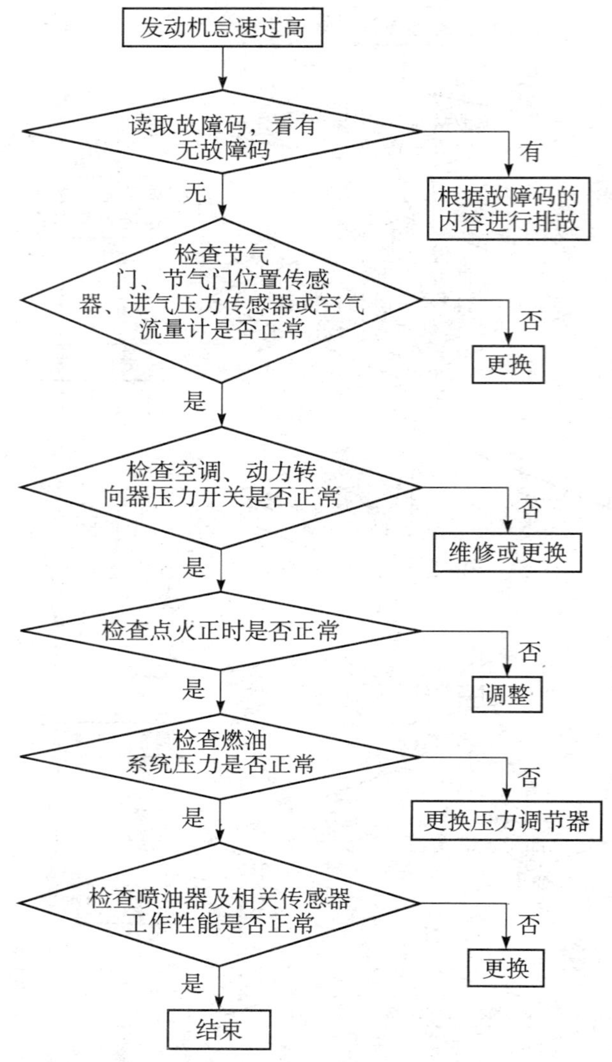

图 7—7　发动机怠速过高故障诊断流程

一、故障现象和原因

1. 故障现象

（1）混合气过浓。

（2）混合气过稀。

（3）发动机加速不良。

（4）爆震。

2. 故障原因

（1）燃油质量或标号不正确。

（2）空气滤清器堵塞或进气系统漏气。

(3) 个别缸喷油器或火花塞失效。
(4) 点火正时不正确。
(5) 节气门位置传感器、空气流量计/进气压力传感器、爆震传感器故障。
(6) 燃油压力调节器失效。
(7) 气缸压力过低。
(8) 电控单元故障。

二、故障诊断流程

(1) 发动机混合气过浓故障诊断流程。
发动机混合气过浓故障的诊断流程如图 7—8 所示。

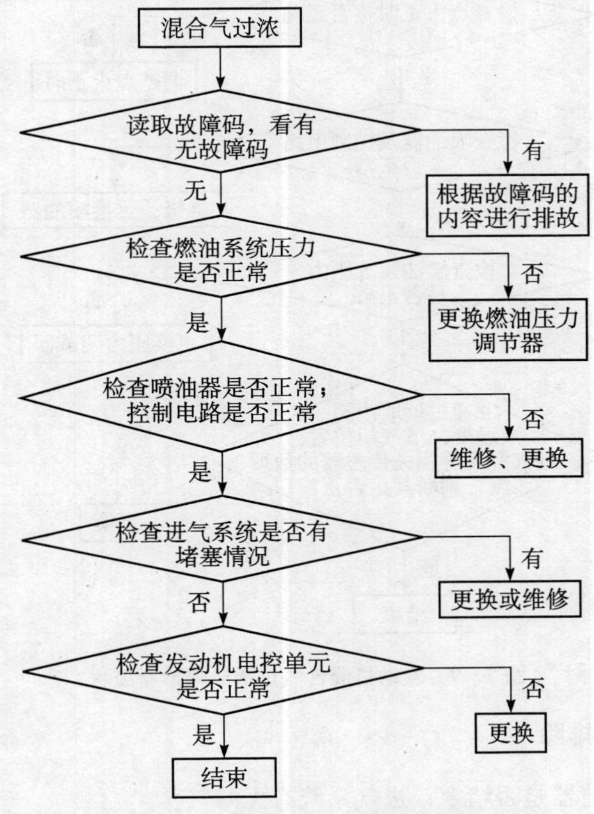

图 7—8 发动机混合气过浓故障诊断流程

(2) 发动机混合气过稀故障诊断流程。
发动机混合气过稀故障的诊断流程如图 7—9 所示。
(3) 发动机加速不良故障诊断流程。
发动机加速不良故障的诊断流程如图 7—10 所示。
(4) 发动机爆震故障诊断流程。
发动机爆震故障的诊断流程如图 7—11 所示。

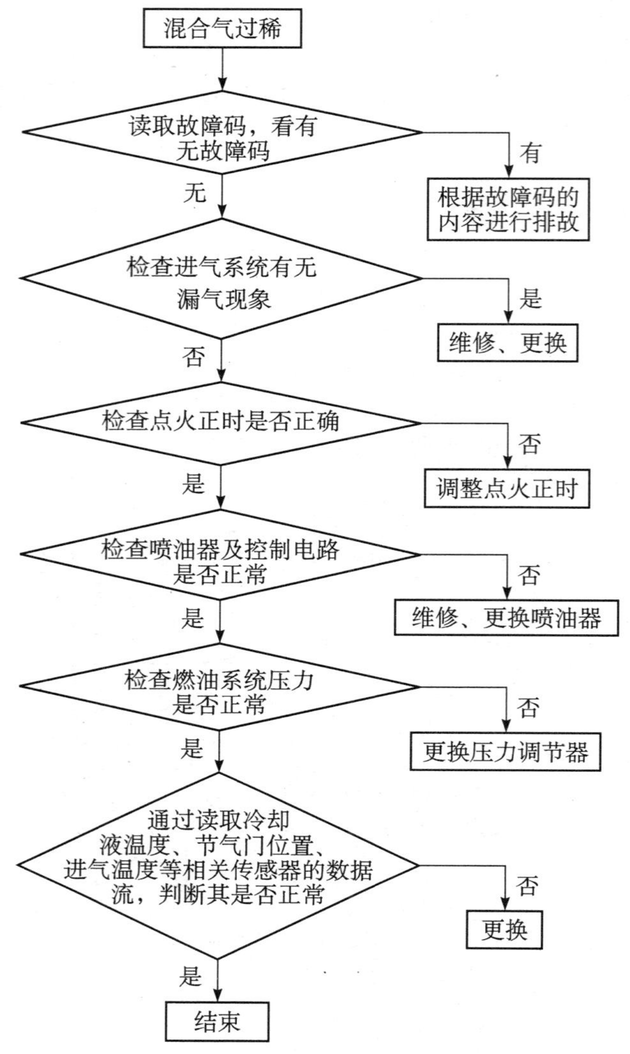

图 7—9　发动机混合气过稀故障诊断流程

三、故障诊断与排除

（1）检查空气滤清器是否堵塞；进气系统有无漏气。

（2）检查燃油质量、标号是否正确。

（3）检查空气流量计、进气压力传感器、爆震传感器和线路。

（4）检查点火正时。

（5）检查喷油器、控制电路。

（6）检查燃油系统压力。

（7）读取冷却液温度、节气门位置、进气温度等相关传感器的数据流。

（8）检查氧传感器。

（9）检查电控单元。

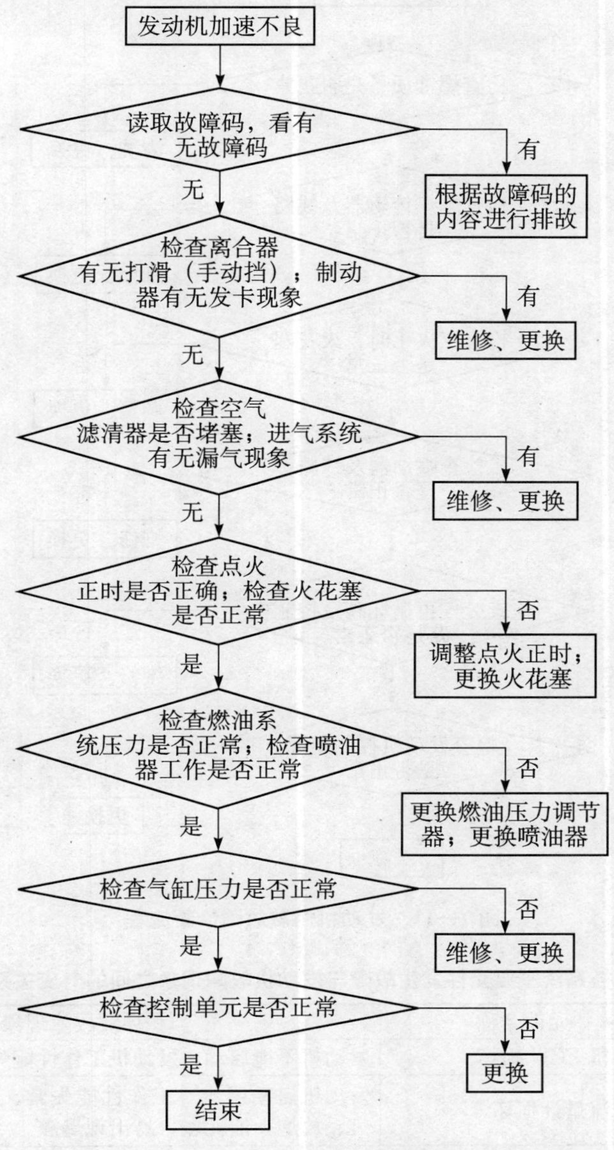

图 7—10　发动机加速不良故障诊断流程

知识与能力拓展

在诊断电控发动机故障时，需要维修人员熟练掌握不同电气元件或其电路发生故障时的现象，这样对快速、准确诊断故障部位非常重要。电控系统主要元件发生故障与发动机故障现象之间的对应关系如表 7—1 所示。

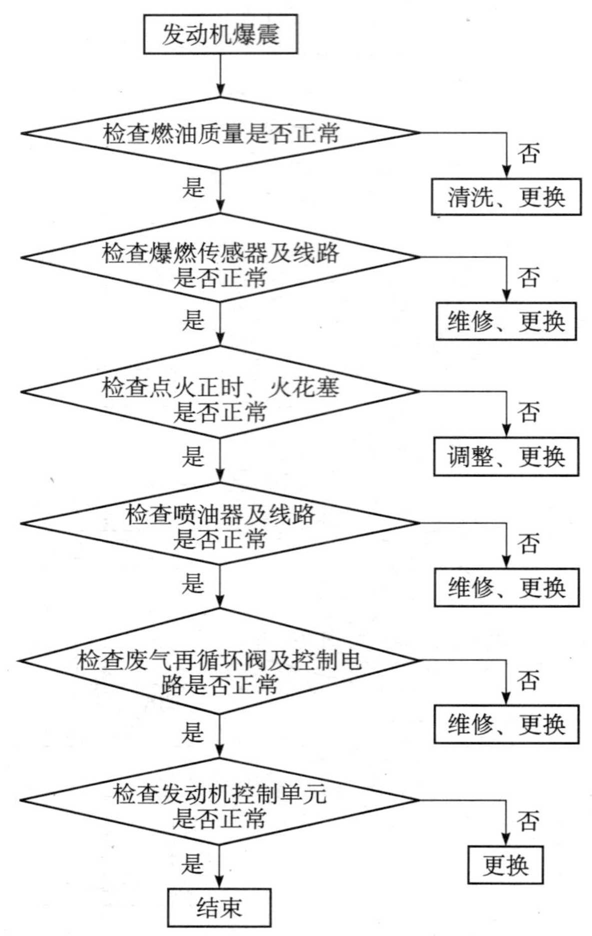

图 7—11　发动机爆震故障诊断流程

表 7—1　　电控系统主要元件发生故障与发动机故障现象之间的对应关系

序号	元件名称	导致故障现象
1	发动机 ECU 损坏	发动机不能启动，发动机工作性能失常
2	空气流量计损坏	发动机启动困难，工作性能失常，怠速不稳，加速时回火、放炮，油耗多，易出现爆震
3	进气压力传感器	发动机启动困难，工作性能失常；怠速不稳，油耗多
4	大气压力传感器	发动机工作性能不良，怠速不稳
5	节气门位置传感器	发动机启动困难，怠速不稳，工作性能不良，易熄火
6	进气温度传感器	怠速不稳，工作性能不良，易熄火，油耗多
7	冷却液温度传感器	发动机启动困难，怠速不稳，工作性能不良，易熄火
8	怠速控制阀	发动机启动困难，怠速不稳，发动机失速
9	P/N、P/S、A/C 开关	发动机不能启动，怠速不稳，易熄火
10	曲轴/凸轮轴位置传感器	发动机不能启动，怠速不稳，间歇性熄火
11	喷油器	发动机启动困难，工作不稳，易熄火，
12	电动燃油泵	发动机不能启动，或运转时熄火

续前表

序号	元件名称	导致故障现象
13	燃油压力调节器	发动机启动困难，工作性能不良，怠速不稳，易熄火
14	曲轴箱强制通风	发动机不能启动或启动困难，无怠速或怠速不稳，加速不良
15	电控节气门	发动机不能启动或启动困难，工作性能不良
16	氧传感器	发动机工作性能不良，怠速不稳，油耗多，排放污染指标增加，空燃比失常
17	废气再循环阀	发动机过热，发动机不能启动或启动困难，发动机动力不足，减速熄火，易爆震，油耗多
18	活性炭罐电磁阀	发动机工作性能不良，怠速不稳，空燃比失常
19	爆震传感器	易爆震，点火正时不准，发动机工作失常
20	点火控制器	发动机不能启动，无高压火花，次级电压过低，怠速不稳
21	点火信号发生器	发动机不能启动，发动机工作不稳，怠速不稳，易熄火
22	可变配气相位电磁阀	发动机工作时易抖动，易爆震，怠速不稳，动力不足

学习测试

测试1：指出冷却液温度传感器安装位置，描述冷却液温度传感器的作用。

测试2：指出节气门位置传感器安装位置，描述节气门位置传感器的作用。

测试3：指出进气温度传感器安装位置，描述进气温度传感器的作用。

测试4：指出空气流量计传感器安装位置，描述空气流量计传感器的作用。

测试5：指出进气压力传感器安装位置，描述进气压力传感器的作用。

测试6：指出曲轴/凸轮轴位置传感器安装位置，描述曲轴/凸轮轴位置传感器的作用。

测试7：指出喷油器安装位置，描述喷油器的作用。

测试8：指出怠速控制阀安装位置，描述怠速控制阀的作用。

测试9：指出燃油压力调节器安装位置，描述燃油压力调节器的作用。

测试10：指出霍尔传感器安装位置，描述霍尔传感器的作用。

测试11：指出爆震传感器安装位置，描述爆震传感器的作用。

测试12：指出氧传感器安装位置，描述氧传感器的作用。

测试13：指出燃油泵安装位置，描述燃油泵的作用。

测试14：指出点火系统部件安装位置，描述点火系统部件的作用。

工作单1

姓名____________ 日期________________

发动机启动困难故障诊断

完成此工作单后，你将应该能够熟练诊断并排除发动机启动困难故障。

工具和材料：数字万用表、示波器、诊断仪、正时枪、燃油压力表。

所检测汽车的描述

汽车型号：＿＿＿＿＿＿＿＿＿＿发动机型号：＿＿＿＿＿＿＿＿＿＿

步骤

1. 用故障诊断仪调取的故障码是：＿＿＿＿＿＿＿＿＿＿＿＿＿＿，故障码含义是：＿＿＿＿＿＿＿＿＿＿＿＿＿＿＿＿＿＿。

2. 若无故障码，检查步骤如下：

（1）进气管是否漏气：＿＿＿＿＿＿＿＿＿＿＿＿＿＿，若漏气请修复。

（2）空气滤清器是否脏堵：＿＿＿＿＿＿＿＿＿＿＿＿＿，若脏堵请清洗。

（3）怠速控制阀工作是否正常：＿＿＿＿＿＿＿＿＿＿，若不正常请修复。

（4）燃油压力是否正常：＿＿＿＿＿＿＿＿＿＿＿＿＿，若不正常请修复。

（5）点火正时是否正常：＿＿＿＿＿＿＿＿＿＿＿＿＿，若不正常请修复。

（6）空气流量计、冷却液温度传感器、启动开关及线路是否正常：＿＿＿＿＿＿＿＿＿＿＿＿＿＿＿＿＿＿＿＿＿＿＿＿＿＿＿＿＿＿。

3. 读取各传感器数据流，描述如下：＿＿＿。

4. 结论：＿＿＿。

指导老师评语：

＿＿＿。

老师签名：　　　　　　年　　月　　日

工作单 2

姓名＿＿＿＿＿＿　日期＿＿＿＿＿＿＿

发动机怠速不稳故障诊断

完成此工作单后，你将应该能够熟练诊断并排除发动机怠速不稳故障。

工具和材料：数字万用表、示波器、诊断仪、正时枪、燃油压力表。

所检测汽车的描述

汽车型号：＿＿＿＿＿＿＿＿＿＿发动机型号：＿＿＿＿＿＿＿＿＿＿

步骤

1. 用故障诊断仪调取的故障码是：＿＿＿＿＿＿＿＿＿＿＿＿＿＿，

故障码含义是：____。

2. 若无故障码，检查步骤如下：

(1) 进气管是否漏气：____________________，若漏气请修复。

(2) 空气滤清器是否脏堵：____________________，若脏堵请清洗。

(3) 基本怠速是否正常：____________________，若不正常请修复。

(4) 点火正时和火花塞工作是否正常：____________，若不正常请修复。

(5) 燃油压力是否正常：____________________，若不正常请修复。

(6) 喷油器工作性能及线路是否正常：____________，若不正常请修复。

3. 读取各传感器数据流，描述如下：____________________

____

____

____

____

____。

4. 结论：________________________________

____

____

____

____。

指导老师评语：

____

____

____。

老师签名：　　　　　　年　　月　　日

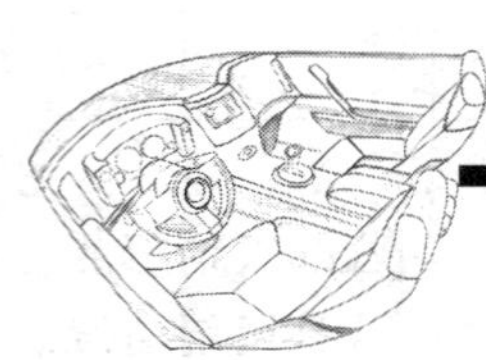

附录Ⅰ

典型汽油机电控燃油喷射系统电路图

一、桑塔纳 AJR 发动机 M154 电控燃油喷射系统控制电路图

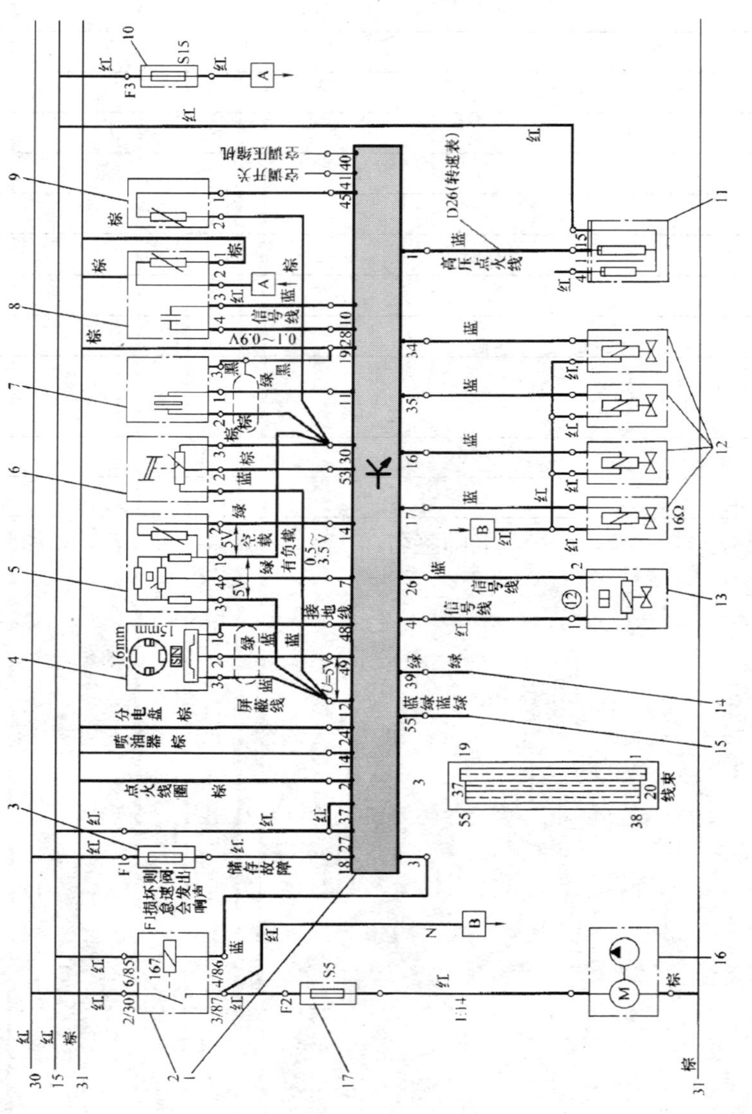

注释：1—发动机控制单元；2—燃油泵继电器；3—ECU 熔丝；4—霍尔传感器；5—进气歧管压力传感器；6—进气温度传感器；7—爆震传感器；8—氧传感器；9—冷却液传感器；10—氧传感器加热丝；11—点火线圈；12—喷油器；13—怠速调节器；14—接地线；15—故障诊断仪接地线；16—电动燃油泵；17—燃油泵保险丝

M154 电控燃油喷射系统控制电路图

二、桑塔纳 AJR 发动机 M382 电控燃油喷射系统控制电路图

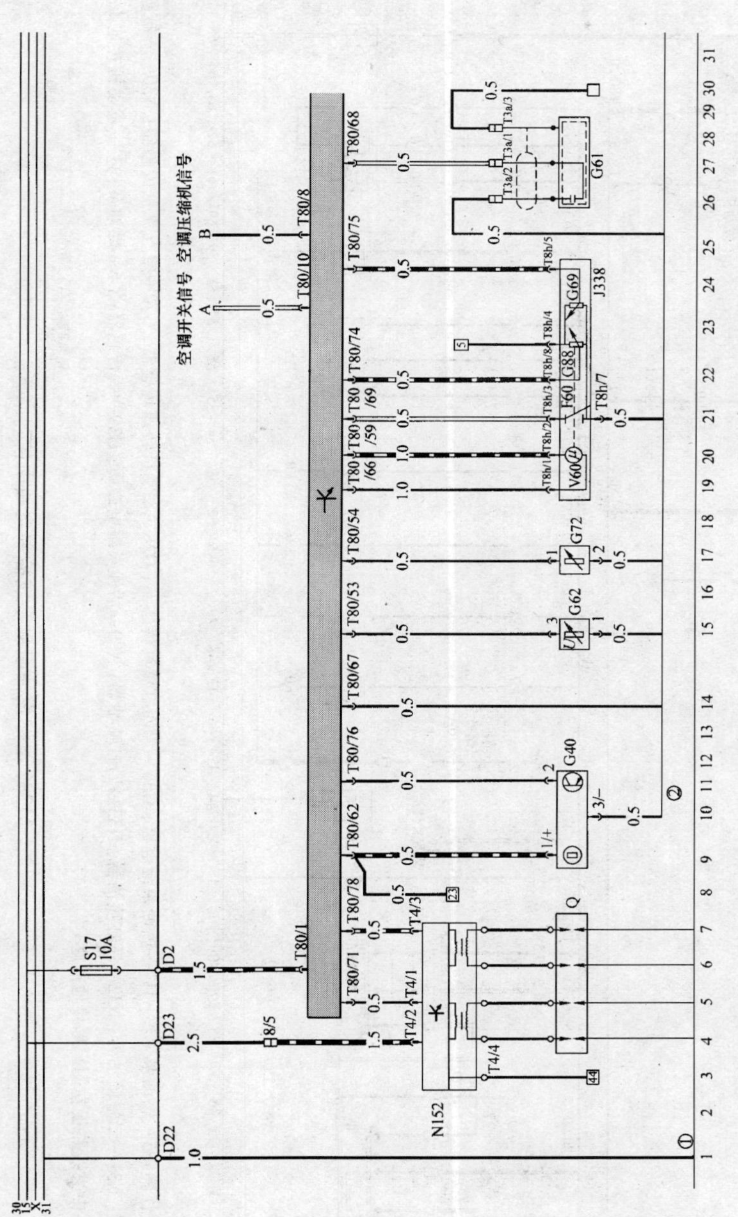

注释：S17—发动机 ECU 熔丝；Q—火花塞；G40—霍尔传感器；G62—冷却液温度传感器；G72—进气温度传感器；J338—节气门控制组件；G61—一缸爆震传感器；V60—节气门定位器；G88—节气门定位电位计；F60—怠速开关；G69—节气门电位计；①—发动机接地点；②—传感器到 ECU 接地线

M382 电控燃油喷射系统控制电路图(一)

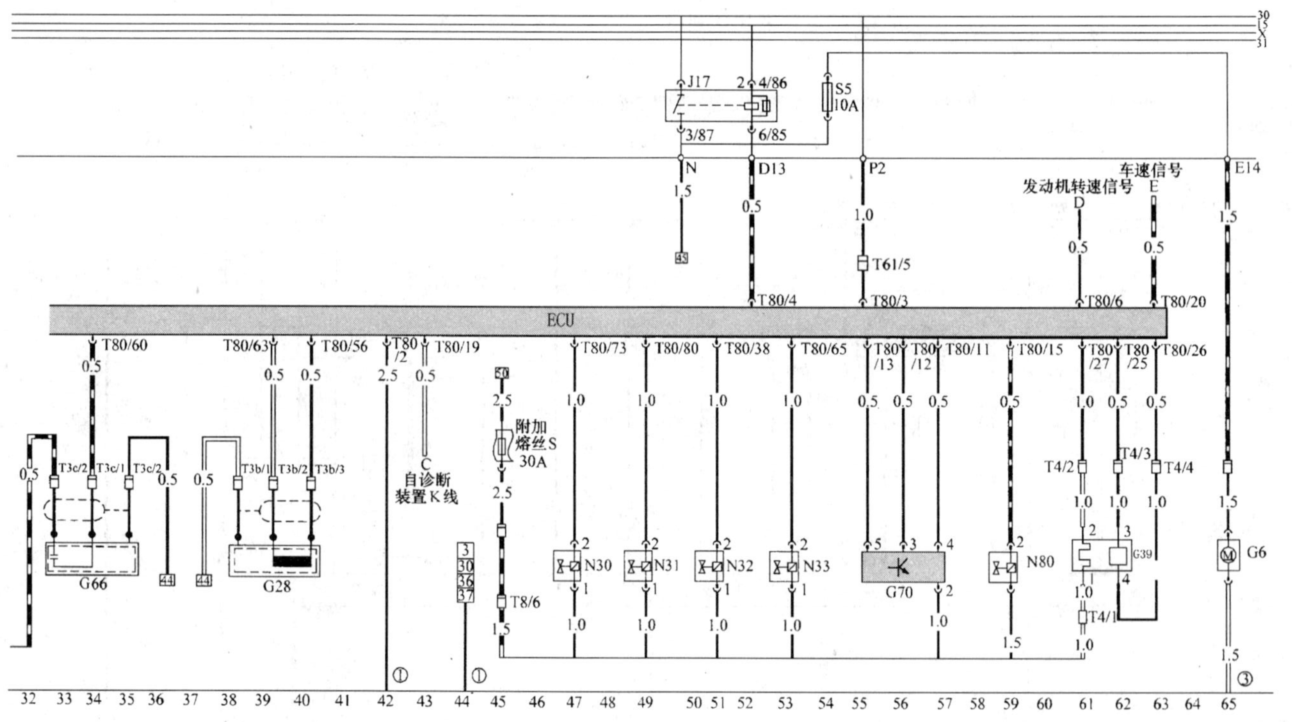

注释:S5—燃油泵熔丝；J17—燃油泵继电器；G66—三四缸爆震传感器；G28—发动机转速传感器；G70—空气流量传感器；N30—一缸喷油器；N31—二缸喷油器；N32—三缸喷油器；N33—四缸喷油器；N80—活性炭罐电磁阀；G39—氧传感器；G6—燃油泵；①—发动机接地点；③—中央线路板左侧星形接地插座

M382 电控燃油喷射系统控制电路图(二)

三、奥迪 ANQ 型 1.8L 发动机电控燃油喷射系统控制电路图

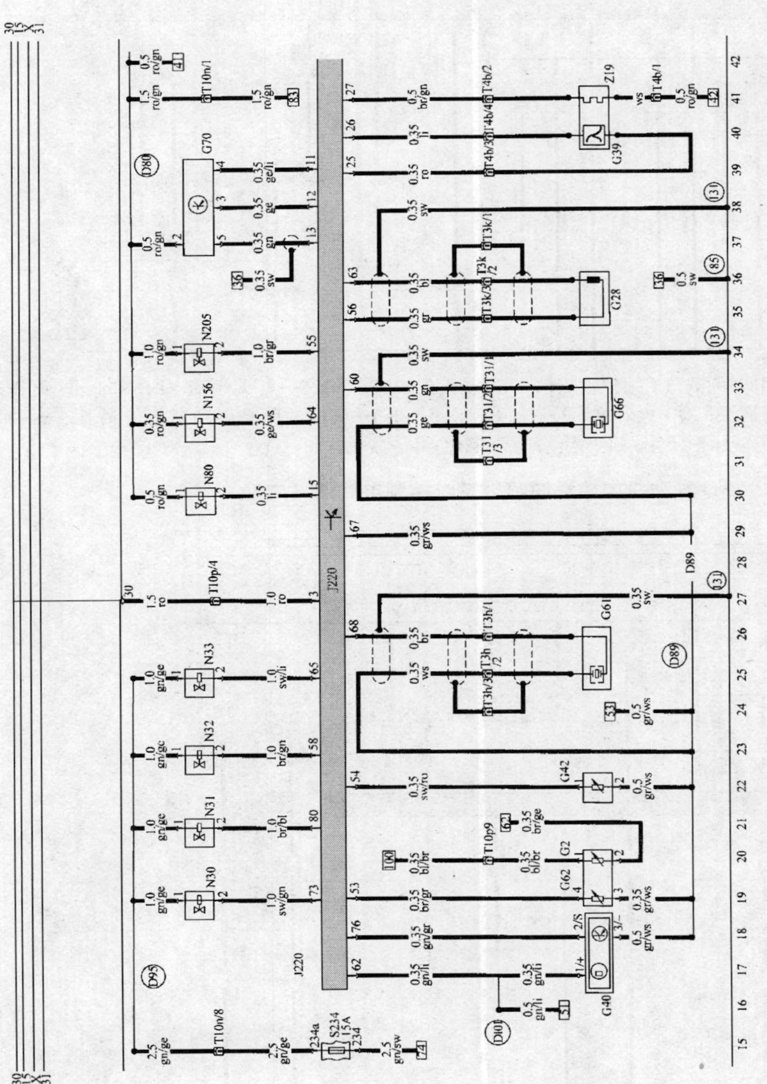

注释：G2—冷却液温度传感器；G40—霍尔传感器；G42—进气温度传感器；G61—爆震传感器；G62—冷却液温度传感器；J220—电控单元；N30—一缸喷油器；N31—二缸喷油器；N32—三缸喷油器；N33—四缸喷油器；G28—发动机转速传感器；G39—氧传感器；G70—空气流量传感器；N80—活性炭罐电磁阀；N156—进气歧管转换阀；N205—凸轮轴调整阀；Z19—氧传感器加热器；ws—白色；sw—黑色；ro—红色；br—棕色；gn—绿色；bl—蓝色；gr—灰色；li—紫色；ge—黄色

ANQ 发动机电控燃油喷射系统控制电路图(一)

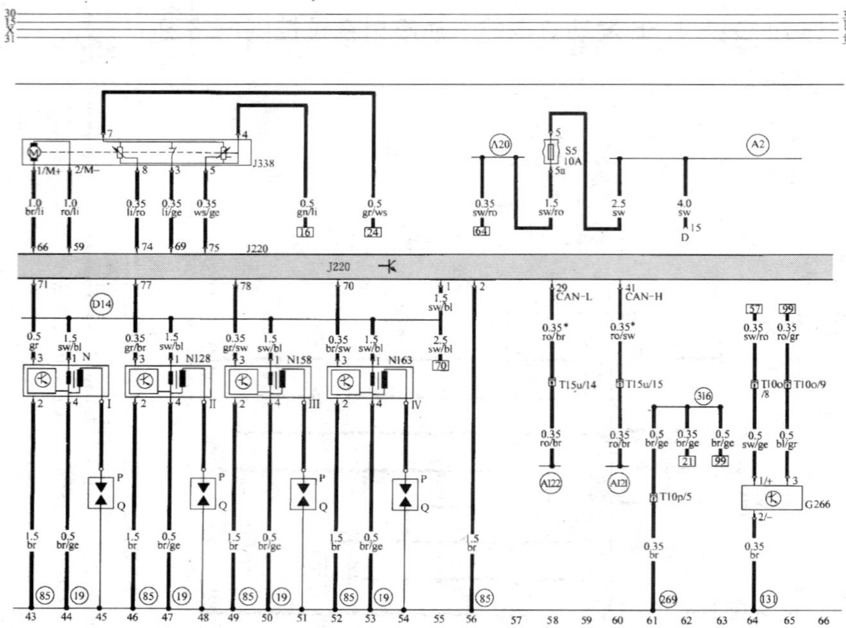

注释：J220—电控单元；J338—节气门控制单元；N—点火线圈 1；N128—点火线圈 2；N158—点火线圈 3；N163—点火线圈 4；P—火花塞插头；Q—火花塞；D—点火开关；G266—机油油面高度和温度传感器；ws—白色；sw—黑色；ro—红色；br—棕色；gn—绿色；bl—蓝色；gr—灰色；li—紫色；ge—黄色

ANQ 发动机电控燃油喷射系统控制电路图（二）

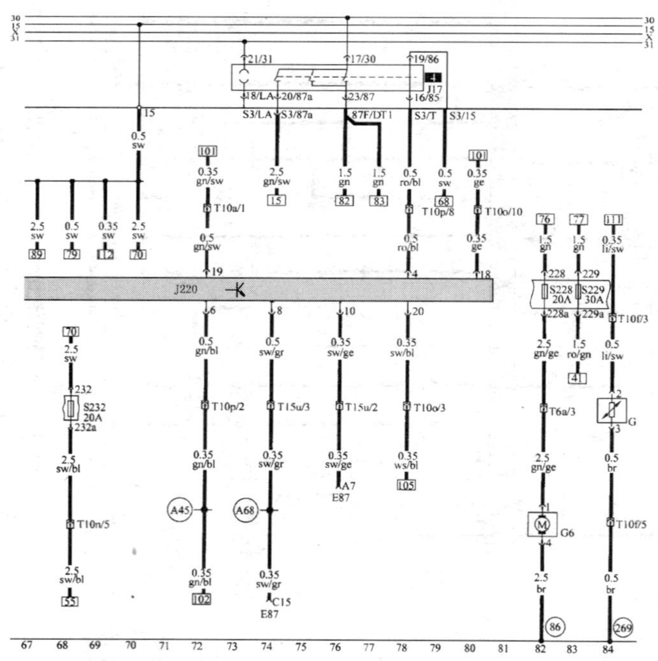

注释：E87—空调控制和显示单元；G—燃油表传感器；G6—燃油泵；J17—燃油泵继电器；J220—发动机电控单元；S228—保险丝 1；S229—保险丝 2；ws—白色；sw—黑色；ro—红色；br—棕色；gn—绿色；bl—蓝色；gr—灰色；li—紫色；ge—黄色

ANQ 发动机电控燃油喷射系统控制电路图（三）

四、奥迪 AWL 型 1.8T 发动机电控燃油喷射系统控制电路图

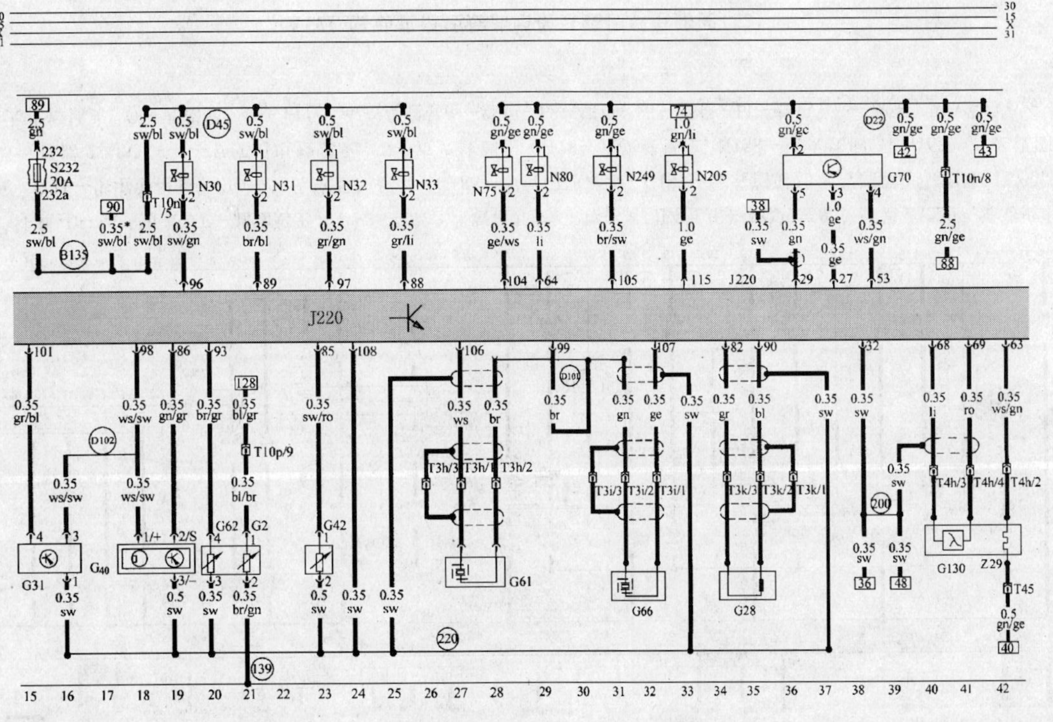

注释：G2—冷却液温度传感器；G31—增压压力传感器；G42—进气温度传感器；G61—爆震传感器；G62—冷却液温度传感器；J220—电控单元；N30—一缸喷油器；N31—二缸喷油器；N32—三缸喷油器；N33—四缸喷喷油器；G28—发动机转速传感器；G66—爆震传感器；G70—空气流量传感器；G130—副氧传感器；N75—增压压力限制阀；N80—活性炭罐电磁阀；N249—涡轮增压器循环阀；N205—凸轮轴调整阀；ws—白色；sw—黑色；ro—红色；br—棕色；gn—绿色；bl—蓝色；gr—灰色；li—紫色；ge—黄色

AWL 发动机电控燃油喷射系统控制电路图（一）

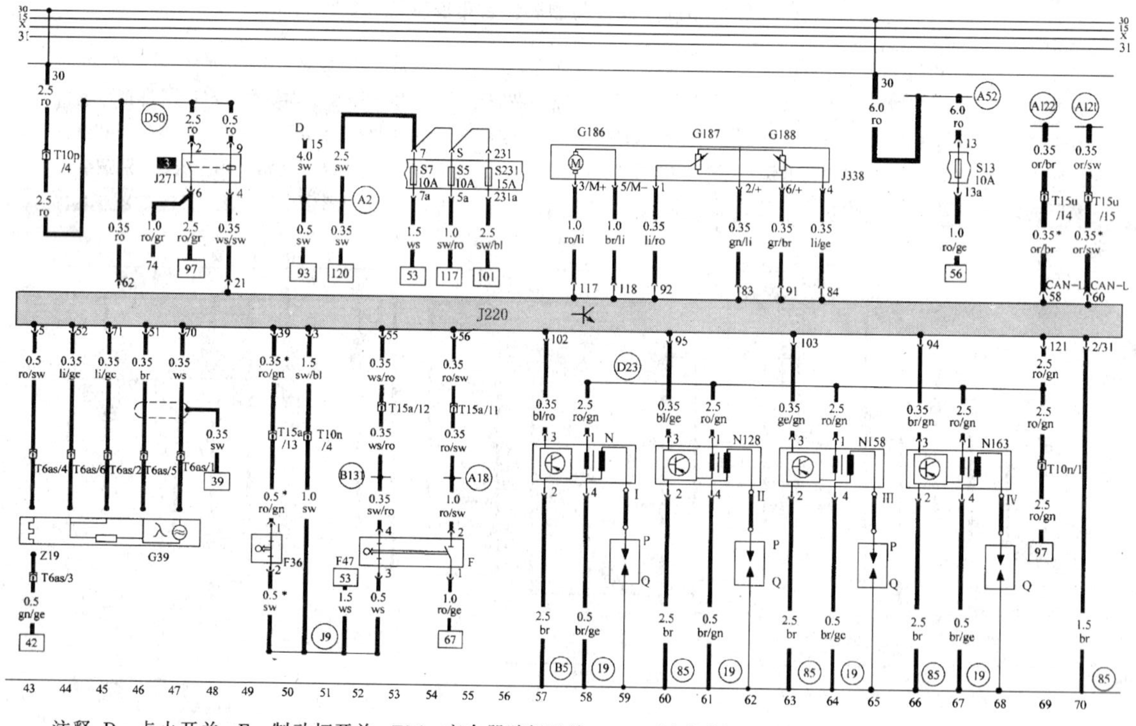

注释:D—点火开关；F—制动灯开关；F36—离合器踏板开关；F47—制动踏板开关；G39—氧传感器；J220—发动机电控单元；J271—供电继电器；Z19—氧传感器加热器；G186—节气门驱动器；G187—节气门驱动器传感器 1；G188—节气门驱动器传感器 2；J338—N—节气门电控单元；N—点火线圈 1；N128—点火线圈 2；N158—点火线圈 3；N163—点火线圈 4；P—火花塞插头；Q—火花塞；ws—白色；sw—黑色；ro—红色；br—棕色；gn—绿色；bl—蓝色；gr—灰色；li—紫色；ge—黄色

AWL 发动机电控燃油喷射系统控制电路图(二)

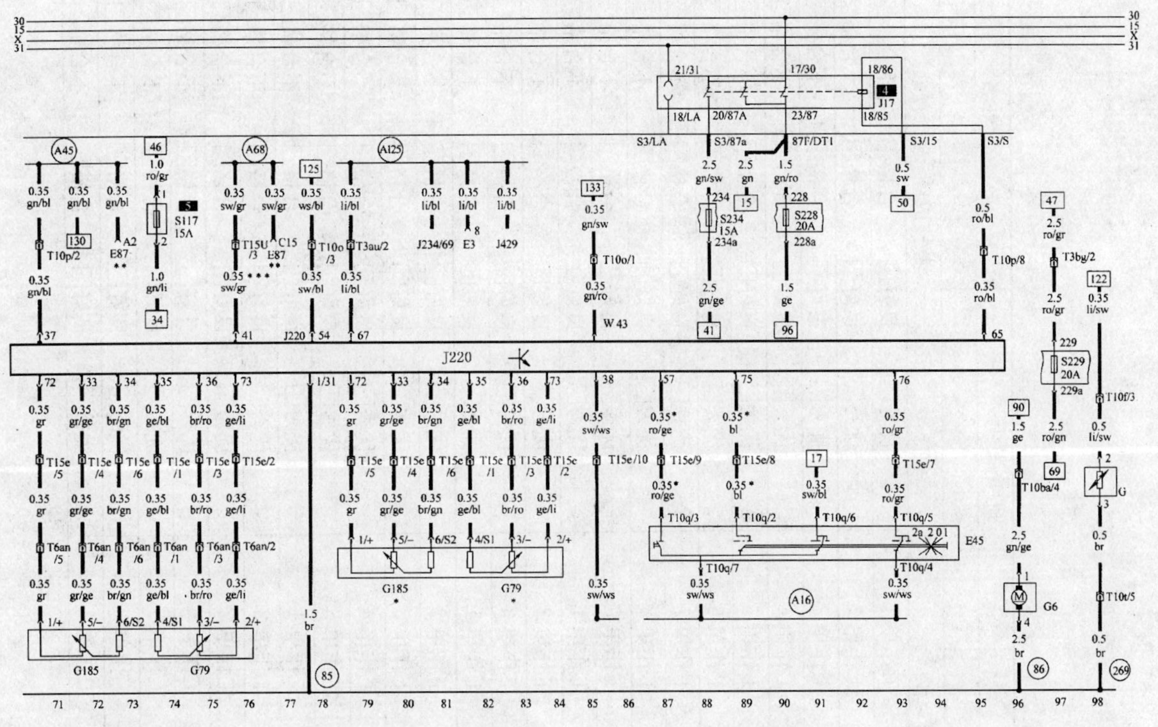

注释:E3—报警灯开关；E87—空调控制和显示单元；G79—加速踏板位置传感器 1；G185—加速踏板位置传感器 2；J234—安全气囊电控单元；J429—中央门锁电控单元；S117—执行元件保险丝；E45—车速控制开关；G—燃油表传感器；G6—燃油泵；J17—燃油泵继电器；S228—保险丝 1；S229—保险丝 2；S234—保险丝 3；ws—白色；sw—黑色；ro—红色；br—棕色；gn—绿色；bl—蓝色；gr—灰色；li—紫色；ge—黄色

AWL 发动机电控燃油喷射系统控制电路图(三)

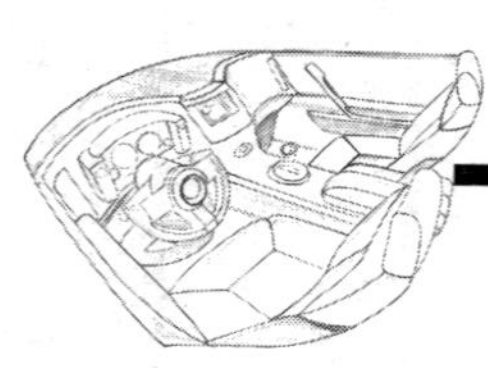

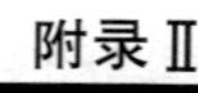

附录Ⅱ

工作单成绩汇总

<table>
<tr><td colspan="2">专业</td><td colspan="2">班级/学号</td><td>姓名</td></tr>
<tr><td colspan="2"></td><td colspan="2"></td><td></td></tr>
<tr><td colspan="2">项目内容</td><td colspan="3">考核成绩</td></tr>
<tr><td rowspan="9">第 2 章</td><td>工作单 1</td><td colspan="3">优秀□ 良好□ 合格□ 不合格□</td></tr>
<tr><td>工作单 2</td><td colspan="3">优秀□ 良好□ 合格□ 不合格□</td></tr>
<tr><td>工作单 3</td><td colspan="3">优秀□ 良好□ 合格□ 不合格□</td></tr>
<tr><td>工作单 4</td><td colspan="3">优秀□ 良好□ 合格□ 不合格□</td></tr>
<tr><td>工作单 5</td><td colspan="3">优秀□ 良好□ 合格□ 不合格□</td></tr>
<tr><td>工作单 6</td><td colspan="3">优秀□ 良好□ 合格□ 不合格□</td></tr>
<tr><td>工作单 7</td><td colspan="3">优秀□ 良好□ 合格□ 不合格□</td></tr>
<tr><td>工作单 8</td><td colspan="3">优秀□ 良好□ 合格□ 不合格□</td></tr>
<tr><td>工作单 9</td><td colspan="3">优秀□ 良好□ 合格□ 不合格□</td></tr>
<tr><td rowspan="3">第 4 章</td><td>工作单 1</td><td colspan="3">优秀□ 良好□ 合格□ 不合格□</td></tr>
<tr><td>工作单 2</td><td colspan="3">优秀□ 良好□ 合格□ 不合格□</td></tr>
<tr><td>工作单 3</td><td colspan="3">优秀□ 良好□ 合格□ 不合格□</td></tr>
<tr><td rowspan="5">第 5 章</td><td>工作单 1</td><td colspan="3">优秀□ 良好□ 合格□ 不合格□</td></tr>
<tr><td>工作单 2</td><td colspan="3">优秀□ 良好□ 合格□ 不合格□</td></tr>
<tr><td>工作单 3</td><td colspan="3">优秀□ 良好□ 合格□ 不合格□</td></tr>
<tr><td>工作单 4</td><td colspan="3">优秀□ 良好□ 合格□ 不合格□</td></tr>
<tr><td>工作单 5</td><td colspan="3">优秀□ 良好□ 合格□ 不合格□</td></tr>
<tr><td rowspan="5">第 6 章</td><td>工作单 1</td><td colspan="3">优秀□ 良好□ 合格□ 不合格□</td></tr>
<tr><td>工作单 2</td><td colspan="3">优秀□ 良好□ 合格□ 不合格□</td></tr>
<tr><td>工作单 3</td><td colspan="3">优秀□ 良好□ 合格□ 不合格□</td></tr>
<tr><td>工作单 4</td><td colspan="3">优秀□ 良好□ 合格□ 不合格□</td></tr>
<tr><td>工作单 5</td><td colspan="3">优秀□ 良好□ 合格□ 不合格□</td></tr>
<tr><td rowspan="2">第 7 章</td><td>工作单 1</td><td colspan="3">优秀□ 良好□ 合格□ 不合格□</td></tr>
<tr><td>工作单 2</td><td colspan="3">优秀□ 良好□ 合格□ 不合格□</td></tr>
<tr><td colspan="5">指导老师评语：
____
____
____________________。
老师签名：　　　　年　月　日</td></tr>
</table>

参考文献

[1] 邹长庚等编．现代汽车电子控制系统构造原理与故障诊断．北京：北京理工大学出版社，2000.

[2] 冯渊主编．汽车电子控制技术．北京：机械工业出版社，2001.

[3] 冯崇毅主编．汽车电子控制技术．北京：机械工业出版社，2001.

[4] 刘越琪主编．发动机电控技术．北京：机械工业出版社，2002.

[5] 杨杰民等编著．现代汽车柴油机电控系统．上海：上海交通大学出版社，2002.

[6] 林晨主编．桑塔纳 2000 轿车维修手册．北京：机械工业出版社，2002.

[7] 汪立亮等主编．汽车电控系统故障诊断检修实例．北京：金盾出版社，2002.

[8] 凌永成，李雪飞主编．电控汽车故障诊断与维修．北京：人民邮电出版社，2003.

[9] 林平主编．汽车电喷发动机故障速查快修．北京：电子工业出版社，2003.

[10] 朱军编著．电子控制发动机电路波形分析．北京：机械工业出版社，2003.

[11] 舒华，姚国平主编．汽车电子控制技术．北京：机械工业出版社，2004 .

[12] 张西振主编．汽车发动机电控技术．北京：机械工业出版社，2004.

[13] 董辉主编．汽车用传感器．北京：北京理工大学出版社，2007.

[14] 张西振主编．柴油机电控技术．北京：机械工业出版社，2004.

[15] 姚美红，陈涛主编．最新汽车传感器检测数据手册．沈阳：辽宁科学技术出版社，2004.

[16] 赵雨旸主编．增压器．北京：化学工业出版社，2005.

[17] 徐生明主编．现代汽车典型电控系统结构原理与故障诊断．西安：西安电子科技大学出版社，2006.

[18] 杨智勇，代中利主编．汽车发动机电控系统维修数据手册．北京：机械工业出版社，2008.

[19] 汤定国主编．汽车发动机构造与维修．北京：人民交通出版社，2005.

图书在版编目（CIP）数据

汽车发动机电控技术/杨洪庆主编．—2版．—北京：中国人民大学出版社，2012.6
21世纪高职高专规划教材．汽车运用与维修系列
ISBN 978-7-300-15967-6

Ⅰ.①汽… Ⅱ.①杨… Ⅲ.①汽车-发动机-电子系统-控制系统-高等职业教育-教材 Ⅳ.①U464

中国版本图书馆CIP数据核字（2012）第126491号

21世纪高职高专规划教材·汽车运用与维修系列
汽车发动机电控技术（第二版）
主　编　杨洪庆
副主编　刘映凯　孔祥宇

出版发行	中国人民大学出版社		
社　　址	北京中关村大街31号	**邮政编码**	100080
电　　话	010－62511242（总编室）		010－62511398（质管部）
	010－82501766（邮购部）		010－62514148（门市部）
	010－62515195（发行公司）		010－62515275（盗版举报）
网　　址	http://www.crup.com.cn		
	http://www.ttrnet.com(人大教研网)		
经　　销	新华书店		
印　　刷	北京东君印刷有限公司	**版　　次**	2009年5月第1版
规　　格	185 mm×260 mm　16开本		2012年7月第2版
印　　张	13.75	**印　　次**	2012年7月第1次印刷
字　　数	322 000	**定　　价**	27.00元

教师信息反馈表

为了更好地为您服务，提高教学质量，中国人民大学出版社愿意为您提供全面的教学支持，期望与您建立更广泛的合作关系。请您填好下表后以电子邮件或信件的形式反馈给我们。

<table>
<tr><td>您使用过或正在使用的我社教材名称</td><td></td><td>版次</td><td></td></tr>
<tr><td>您希望获得哪些相关教学资料</td><td colspan="3"></td></tr>
<tr><td>您对本书的建议（可附页）</td><td colspan="3"></td></tr>
<tr><td>您的姓名</td><td colspan="3"></td></tr>
<tr><td>您所在的学校、院系</td><td colspan="3"></td></tr>
<tr><td>您所讲授的课程名称</td><td colspan="3"></td></tr>
<tr><td>学生人数</td><td colspan="3"></td></tr>
<tr><td>您的联系地址</td><td colspan="3"></td></tr>
<tr><td>邮政编码</td><td></td><td>联系电话</td><td></td></tr>
<tr><td>电子邮件（必填）</td><td colspan="3"></td></tr>
<tr><td>您是否为人大社教研网会员</td><td colspan="3">□ 是，会员卡号：________
□ 不是，现在申请</td></tr>
<tr><td>您在相关专业是否有主编或参编教材意向</td><td colspan="3">□ 是　　□ 否
□ 不一定</td></tr>
<tr><td>您所希望参编或主编的教材的基本情况（包括内容、框架结构、特色等，可附页）</td><td colspan="3"></td></tr>
</table>

我们的联系方式：北京市海淀区中关村大街 31 号
中国人民大学出版社教育分社
邮政编码：100872
电话：010-62515912
网址：http：//www.crup.com.cn/jiaoyu/
E-mail：jyfs_2007@126.com